천 번의 붓질 한 번의 입맞춤

천 번의 붓질 한 번의 입맞춤

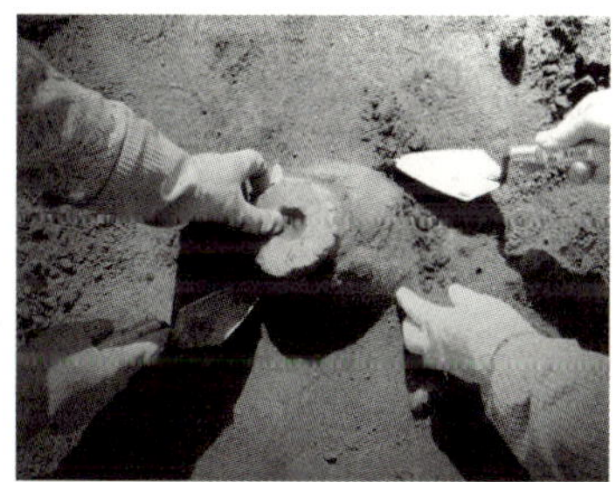

고고학 발굴 이야기

진인진

매장문화재는 과거와 미래를 잇는 징검다리입니다

이건무__문화재청 청장

우리는 신문이나 텔레비전에서 새로운 문화재를 발견했다는 보도를 심심찮게 접합니다. 이들 문화재는 때로는 수천수만년 세월을 뛰어넘어 나타나기도 하고, 때로는 역사적 논쟁을 단번에 해결하기도 합니다. 이처럼 오늘날까지 우리가 새로운 과거와 만날 수 있는 건 이들 유물이 대부분 매장문화재이기 때문입니다. 매장문화재는 글자 그대로 땅속에 묻혀 있는 문화재를 말합니다. 땅속에 잠들어 있던 토기조각이나 돌도끼는 물론이고 백제금동대향로나 금관, 그리고 집터나 절터, 옛무덤 들이 모두 매장문화재입니다. 물론 아직까지 우리가 찾아내지 못한 문화재들이 땅속 어딘가에서 잠들어 있을 것입니다. 고고학자들이 오늘도 땀을 흘리며 흙을 파내고 있는 까닭이 여기에 있습니다.

고고학자들은 왜 땅속 유물을 찾아내려고 할까요? 앞서 말했듯이 고고학 발굴은 역사와의 새로운 만남을 전제로 합니다. 예를 들어 우리는 역사를 배울 때 대부분 과거에 씌어진 역사서에 의존할 수밖에 없습니다. 하지만 역사서는 기록된 내용이 턱없이 부족하고, 때로는 진위 여부를 확인하기도 어렵습니다. 하지만 땅속에서 나온 고고학자료에는 거짓이 없습니다. 따라서 발굴된 매장문화재 하나가 잘못된 역사 기록을 바로잡는 경우도 적지 않습니다.

나아가 매장문화재는 역사 기록에 빠진 선조들의 생생한 숨결을 전해줍니다. 역사서는 대부분 굵직한 사건이나 왕조 중심의 내용으로 채워져 있습니다. 그것만으로는 당시 사람들이 어디에서 살고, 무엇을 먹고, 어떤 옷을 입었는지를 밝혀내기가 어렵습니다. 하지만 매장문화재는 선조들의 생활상을 눈앞에서 보듯 생생하게 재현해냅니다. 이 때문에 땅속을 뒤지는 고고학자에게는 때로 화려한 금관보다 조그만 볍씨와 토기조각 하나가 더 소중하게 다가오기도 합니다.

이처럼 매장문화재 발굴은 '현재와 과거의 구체적인 대화'를 가능케 하는 아주 중요한 분야입니다. 나는 고고학 연구와 발굴조사에 땀 흘려온 분들이 그 힘겹고 지난한 발굴과정과 출토된 매장문화재가 지닌 의미 등을 생생하게 들려줄 창구가 필요하다고 늘 생각해왔습니다. 그리고 좀더 쉬운 용어와 설명으로 일반인과 가까워질 수 있는 고고학이 되어야 한다는 바람을 가지고 있었습니다. 그러던 차에 마침 이 책이 나오게 되었으니 기쁘기 그지없습니다. 이 책을 통해 선조들이 만들고 가꾸어온 문화유산의 소중한 의미를 더 많은 사람들이 느낄 수 있을 거라 믿습니다. 나아가 우리가 어떠한 유산을 남겨서 '미래와의 대화'를 이어갈지 생각해보는 계기가 되기를 바랍니다.

한국문화재조사연구기관협회와 고고학계 중진 여러분의 도움으로 뜻있는 책이 세상에 나올 수 있었습니다. 깊이 고마운 마음을 전합니다.

2009년 여름

3부... 왕조시대의 뒤안길에서 역사의 숨결을 줍다

고려시대 · 조선시대

1부

바람과 물과 땅이 들려주는 옛 노래

세계 구석기 역사의
지형도를 바꾸다

배기동 한양대학교 문화인류학과 교수

아슐리안 주먹도끼 발견

전곡리 유적은 우리나라에서 발견된 구석기 유적 가운데 아슐리안형 주먹도끼가 최초로 발견된 곳이다. 아슐리안 주먹도끼는 두 손을 합장한 듯한 모양을 지닌 석기, 곧 양쪽면을 다듬어서 만든 돌도끼를 의미한다. 아슐리안 주먹도끼는 그동안 아프리카와 유럽에서만 발견되었다. 그런데 동아시아 지역에서는 처음으로 지난 1978년에 전곡리에서 발견된 것이다.

그동안 서양 고고학계에는 하버드대학 모비우스 교수가 주장한 '동아시아에는 아슐리안 주먹도끼 없다'는 학설이 절대적이었다. 이 학설에 따르면 아시아의 동부지역에서는 돌의 한쪽을 다듬은 찍개가 주를 이루며, 따라서 양면날 돌도끼는 무슨 이유인지 발달하지 못했다는 것이다. 그런데 전곡리 유적에서 아슐리안 주먹도끼가 발견된 것이다. 세계 고고학계는 한바탕 혼란에 휩싸였으며, 아직도 그와 관련한 논쟁이 진행중이다. 전곡리를 비롯하여 아시아에서 출토된 주먹도끼들을 아슐리안 석기로 보아야 하는가? 아슐리안이 어디까지 퍼져 있었나? 아슐리안형 도구를 사용하던 사람이 그렇지 않은 사람과 다른 점은 무엇인가?…… 이러한 논쟁의 발단이 바로 전곡리에서 출토된 주먹도끼인 것이다. 베이징원인*의 화석이 발견된 저우커우뎬周口店 동굴유적과 함께, 전곡리 유적은 세계 구석기시대의 역사와 문화를 이해하는 데 무척 중요한 열쇠임에 틀림없다.

전곡리는 높다란 산 사이로 한탄강이 휘감아 도는 곳에 자리하고 있다. 이곳 주변은 현무암의 독특한 절리현상**이 보여주는 깎아지른 절벽이 절경을 이룬다. 겸제 정선도 한탄강변의 여러 경관을 그림으로 남긴 것으로 보아 조선시대에 이미 명성이 자자한 명승지였을 것이다.

그런데 이제 한탄강은 단순히 자연명승지가 아니라, 오랜 세월 인류와 함께 숨쉬며 흘러온 역사적 공간으로 주목받고 있다. 지난 30년간

전곡리 모래점토층에서 발굴된 아슐리안 수벽도끼. 높이 17.9cm

* **베이징원인** 20~70만년 전에 살았던 직립 원인으로, 도구와 불을 사용했으며 무리를 이루어 생활했다. 자바원인과 함께 호모 에렉투스를 대표한다.
** **절리현상** 암석은 거의 대부분 깨지기 쉬운 균열면을 지니고 있다. 이 균열면이 바람과 물 같은 자연 조건에 오랫동안 노출되면서 깎여나가는 현상을 일컫는다. 대부분 절리현상은 수평보다는 수직으로 나타난다.

고고학계는 한탄강과 임진강을 따라서 유적조사를 실시했으며, 그 결과 구석기 유적뿐 아니라 고구려시대의 성터도 곳곳에서 발견되었다.

임진강과 한탄강 유역은 대부분 현무암으로 이루어져 있다. 현무암은 현재 북한지역에 있는 오리산에서 분출된 것으로 보인다. 오리산에서는 50만년 전과 17만년 전 두 차례에 걸쳐 크게 화산폭발이 일어났는데, 이때 뿜어져 나온 용암현무암은 그 일대를 뒤덮었다. 이 현무암 대지 위에 강이 흐르던 시절부터 살아온 구석기인들이 남긴 유적들이 발견되고 있다. 전곡 유적도 그중 하나인 셈이다. 한반도의 다른 강 유역에 비해서 오래된 구석기 유적이 많이 남을 수 있었던 것은 빠르게 침식되는 현무암의 특성 때문이다. 강이 현무암을 빠르게 침식

한탄강에 자리잡고 있는 전곡리 유적 전경

함으로써 강바닥이 낮아지고 강변의 상대적으로 높은 언덕 위에 있던 구석기 유적들이 잘 보존될 수 있었던 것이다.

조용한 시골 읍내에 나타난 낯선 사람들

지난 1977년, 동두천 주둔 미군병사 그레그 보웬은 한탄강 유원지에 놀러갔다가 인근 밭에서 예사롭지 않은 돌들을 발견했다. 일반인들이 볼 때는 그저 구르다가 부서진 돌조각처럼 보였겠지만, 미국에서 고고학을 전공했던 보웬은 그 돌들이 구석기시대 주먹도끼라는 사실을 확신했다.

보웬은 자신이 발견한 주먹도끼들을 당시 서울대학교 고故 김원용 교수에게 가져갔다. 국내 고고학계뿐 아니라 프랑스의 저명한 구석기 학자인 보르드 교수는 이 놀라운 발견에 크게 흥분했으며, 그 결과를 세계 고고학계에 제출했다. 동아시아에서 최초로 아슐리안 주먹도끼가 확인되는 순간이었다.

당시 전곡리는 일반인들이 가기 힘든 오지였다. 민통선이 가까운데다 서울에서 이곳까지 오려면 여러 번 검문을 받아야 했다. 전곡리는 연천군에 소속되어 있는데, 일대에 많은 군부대들이 있어서 면회를 위해서 전국에서 오는 사람들이 머무는 곳이었다. 거리에는 술집, 여관, 다방 같은 유흥업소들이 즐비하였고 유난히 젊은 아가씨들이 많은 것도 이 도시의 특징이었다.

발굴단은 읍내에서 금세 유명인사가 되었다. 군인이 아닌 민간인들이 한꺼번에 들락거리는 광경도 흔치 않았고, 신문과 텔레비전에서도 소개되었으니 그럴 만도 했다. 게다가 박정희 대통령이 보낸 김경원 대통령비서실장이 유적을 방문하기까지 했으니 온 마을 사람들은 흥분에 휩싸였다. 덕분에 발굴단은 통행금지가 있던 그 시절에도 심야까지 술을 마실 수 있는 특별손님 대접을 받았다. 읍내의 밥집 아가씨들이 발굴단 총각들을 보기 위해 5리나 되는 길을 하이힐을 신고 식사를 배달해주는 진풍경도 연출되었다.

전곡리 유적은 여러 가지 점에서 한국 유적 발굴 보존사에 남을 것이다. 선사 유적으로 사적지 규모가 가장 크고, 현재까지 15차에 이르는 발굴 횟수도 가장 많고, 언론에서 가장 많이 취재한 유적일 것이다. 또 대통령이 직접 금일봉을 주어 발굴단 사무실을 지어준 유일한 유적이자, 지난 30년 동안 세계 저명 고고학자들이 가장 많이 찾은 유적이기도 하다.

전곡리 유적은 젊은 고고학도들을 다수 배출한 것으로도 유명하다. '전곡스쿨'이라고 불러도 좋을 듯하다. 1979년 제1차에서 7차까지의 80년대 발굴과정에서 함께 발굴한 학생들은 이제 한국 고고학계를 이끌어가는 학자들이 되었다. 아마도 이렇게 많은 고고학자들이 한 유적 발굴에 참여한 경우는 전곡리가 유일할 것이다.

전곡리 유적을 둘러싼 논쟁

전곡리 유적을 둘러싼 논쟁은 지금까지도 뜨겁게 진행되고 있다. 특히 아슐리안 주먹도끼 연대에 대한 논쟁은 아직도 결론이 나지 못했다. 아슐리안 주먹도끼는 백만년 전쯤부터 십만년 전까지 사용했던 것으로 추정된다. 오랜 시기에 걸쳐 호모 에렉투스와 호모 사피엔스가 사용한 도구였던 셈이다. 물론 전곡리 유적이 발견되기 전까지 이 아슐리안 주먹도끼를 사용한 흔적은 유럽과 아프리카 권역에서만 발견되었다.

하지만 전곡리 유적이 발견되면서 이 가설은 심각한 혼란에 휩싸였다. 지난 2008년에는 세계의 저명한 구석기 고고학자 수십명이 모여 이 문제를 해결하기 위한 특별한 국제세미나도 개최하였고 앞으로 전곡에서 제2차 토론이 이루어질 전망이다.

한국 고고학계 안팎에서도 전곡리를 둘러싼 논쟁이 치열하다. 애초에 전곡리 유적이 형성된 시기를 세계적인 분포에 맞춰 30만년 전후로 추정했다. 그런데 열형광법 측정을 한 결과 유적이 5만년 전에 형성되었을 것이라는 주장이 제기되었다. 이처럼 추정 연대 간에 큰 차이가 나면 혼란스러울 수밖에 없다. 이 밖에 전곡리 형성 연대를 놓고도 의견이 분분하다. 과연 구석기인들은 어느 시기에 이곳 전곡리에 모여 살고 있었을까?

최근에는 유적지 퇴적층 상부에서 2만5천년 전의 화산재와 10만년 전의 화산재가 발견되었다. 두 화산재 층은 약간의 틈을 두고 쌓여 있는데, 유물은 이보다도 2미터 아래에서 나타나고 있다. 따라서 시간의 흐름에 따라 흙이 퇴적되는 두께를 산술하면 전곡리 유적이 30만

전곡리 유적 층위 모습

년 전에 형성되었다는 결론에 이른다. 물론 이 연대 측정방법도 여러 예상치 못한 자연현상을 정확히 계산에 넣지 않았기 때문에 확실한 것은 아니다. 한편 최근 한국 과학자들의 연구에서는 유적이 최소 20만년 전에 시작된 것으로 발표되었다. 이런 연구결과로 보았을 때, 아직 모든 학설들이 논란의 여지가 있지만, 전곡리 유적은 20~30만년 전 사이에 형성되었을 가능성이 많은 것으로 보인다.

전곡리 유적의 퇴적물, 즉 땅의 형성과정에 대한 논쟁도 뜨겁다. 발굴 초기에는 막연하게 빙하시대에 바람에 실려와서 쌓인 흙이라고 추정했다. 뒤이어 물이 흙모래를 운반해서 쌓았을 가능성이 제기되었다. 또한 붉은 점토층은 산의 흙이 비탈면을 따라 내려와서 쌓인 것이라고 설명하는 학자도 있었다. 또다른 한편에서는 빙하시대에 서해 바닥이 드러났을 때 바람에 실려와서 쌓인 것이라는 반론이 나왔다.

최근 들어 일본의 풍성토뢰스 분야 전문가인 어느 교수는 시베리아와 중국 북부에서 날아온 황토 퇴적층이라는 새로운 학설을 주장하고 있다. 한중일 공동연구단은 이러한 퇴적층이 전곡리뿐 아니라 중국 양쯔강 일대와 동만주 지역에서도 널리 분포하는 것을 확인했다. 특히 산둥지방에서는 일본에서 실려간 화산재들이 쌓인 풍성토층이 전곡리 유적층과 동일하게 발견되어서 전곡리 유적의 연대를 추정하는 데 중요한 단서를 제공하기도 하였다.

이처럼 전곡리 유적은 수많은 학설들을 낳으며 논쟁의 중심에 놓여 있다. 이 논쟁의 결과는 결국 인류 진화와 확산 과정을 밝히는 데 결정

적인 역할을 할 것이다. 따라서 나는 이 논쟁이 더욱 뜨겁고 치열하게
진행되기를 바란다.

기억하고 싶은 얼굴들

연천 전곡리에서는 해마다 구석기축제가 열린다. 2009년 올해로 17
회를 맞았으니, 참 오랫동안 사람들의 사랑을 받은 고고학 축제인 셈
이다. 전곡리 구석기축제는 사실 밀려드는 민원들이 발단이었다. 민
원은 관청 부서에서 받는 것이 보통이지만 당시 발굴현장 책임자였던
나에게도 화살이 날아오는 경우가 많았다. 구석기 유적은 역사시대
고분이나 건물 터처럼 화려한 유물이 없어서 일반인들이 그 중요성을
알기에는 어려운 점이 있었다. 전곡리 유적이 역사교과서에 소개되기
는 하였지만, 정작 유적을 구경하러 온 사람들은 황량한 벌판에 제대
로 된 간판조차 없어서 발길을 돌리는 경우가 허다했다. 무엇보다 황
량한 벌판뿐인 곳을 보호한다는 명목으로 주민들이 겪는 불편은 이만
저만이 아니었다.

　나는 학계뿐만 아니라 일반인들도 전곡리 유적의 의미와 가치를 공
유할 수 있는 방법을 찾아나섰다. 그 결과 1993년 첫 해에는 유명한
전위미술가인 무세중씨와 한양대학교 문화인류학과 학생들이 함께
마당극을 신명나게 벌여주었다. 4월 초, 대지의 싸늘함이 가시지 않
은 시기에 벌거벗고 춤추기란 쉽지가 않았음에도 열성을 다해준 그
고마움은 말로 다 표현할 수 없을 정도다. 이 행사와 함께 발굴단 사무
실을 개조하여 전곡리 유적의 의미와 발굴과정을 보여주는 전곡구석
기유적관을 열었다. 이 작은 전시관을 여는 데에는 당시의 호암미술
관 부관장이던 이종선 선생과 국립박물관 고고부장이던 고故 한영희
선생의 도움이 컸다.

　그 후에 행사를 5월로 옮겼으며, 이제는 5일 동안의 행사기간에 70

전곡리 구석기축제 모습. 어린 학생들이
구석기시대를 이해하는 데 도움을 주는
교육의 장이다.

만명 정도가 찾아오는 큰 행사가 되었다. 전곡리 구석기축제가 앞으로 더 발전하여 일반인들이 구석기시대를 이해하는 데 조금이나마 도움이 될 수 있기를 바란다.

전곡리 발굴은 내 인생을 바꾸는 계기가 되기도 하였다. 원래 삼국시대를 전공했지만 이 발굴에 참여하면서 구석기시대로 전공을 바꾸었다. 게다가 발굴을 취재하던 기자를 아내로 맞이하게 되었으니 보통 인연이 아니다. 덕분에 요즘도 당시 동료들로부터 "발굴은 하지 않고 연애를 했구먼." 하며 놀림을 받기도 한다. 이뿐이 아니다. 1986년 발굴과정에서 포클레인 작업 도중 땅속에 묻혀 있던 대전차지뢰를 발견한 사건이 있었다. 우리 부부는 그 근처에서 발굴작업을 하고 있었는데, 간발의 차로 화를 면할 수 있었다. 인생항로도 바꾸고, 목숨도 건지고, 결혼도 하였으니, 이게 다 전곡 구석기 땅신의 보살핌 덕분이 아닐까.

지난 30년간 전곡리 유적은 나에게 학문뿐 아니라 인생을 배우게 한 유적이다. 이제는 많은 부분이 국유화되었지만, 상당기간 동안 전곡리 유적 안은 사유지로 남아 있었다. 이 때문에 재산권을 행사하지 못하여 고통을 받는 사람들이 많았다. 그중에서도 한 노부부의 사연은 지금도 가슴을 아프게 한다. 남편은 군인이었는데 어렵사리 마련한 땅이 유적지로 묶이면서 어려운 생활을 이어가다가, 결국 남편은 죽었고 부인 홀로 어렵게 살고 있다. 그처럼 어려운 형편에도 부부는 나를 비롯한 발굴단을 늘 웃는 얼굴로 편안하게 대해 주셨다. 그리고 한동안 유적 해설자로 일하였으니 그분의 살신성인 정신을 잊을 수가 없다. 수만 평의 땅이 사적으로 묶여 엄청난 재산상의 손실을 입었는데도 항상 발굴단에 도움을 주었던 이동우 선생도 전곡리 유적 발굴과정에서 기억되어야 할 분이다. 그분은 고故 김원용 선생의 비를 세운 땅을 선뜻 기부해주셨다.

전곡리 유적을 이야기할 때 반드시 거론되어야 할 인물이 또 한 분 있다. 바로 2차 발굴 때 인부반장을 했던 고故 임종태씨다. 임종태씨는 국가의 녹봉을 받는 사람은 아니지만, 명예유적관리인으로 정말 헌신적으로 전곡리 유적을 발굴, 보존해오셨다. 그분이 없었더라면 아마도 전곡리 유적은 엄청나게 훼손을 입었을 것이다. 최근 작고하신 임종태씨의 명복을 빈다.

2010년에는 전곡리 유적에 연천군민의 염원이었던 멋진 유적박물관이 들어서게 된다. 프랑스 건축가가 디자인한 이 박물관은 뱀을 형상화하여 곡선의 묘미를 살린 자연친화적인 건물이다. 또한 박물관 주변은 구석기시대의 자연식생이 복원된 공원이 들어설 예정이다. 전곡리 유적은 예전의 황량한 벌판이 아니라 아름다운 현대건축물이 들어선 명소로 새롭게 태어난, 가장 사랑받는 선사 유적이 될 거라고 믿는다. 또한 세계 인류 기원 문화유산으로 등재될 것을 믿어 의심치 않는다.

동굴 속에서 발견한 구석기인의 삶과 자취

: 제천 점말동굴 유적

한창균 한남대학교 역사교육과 교수

한약재로 팔려갈 뻔한 구석기 유물

중국 베이징에서 남서쪽으로 42km쯤 떨어져 있는 저우커우뎬동굴 유적은 베이징원인 화석이 발견된 곳으로 유명하다. 저우커우뎬동굴 유적이 세상에 빛을 보인 과정은 참으로 극적이다.

1914년 중국으로 건너간 스웨덴의 지리학자이자 고고학자 요한 안데르손은 어느 날 중국인들 사이에서 한약재로 쓰이던 오래된 뼈를 우연히 손에 넣게 되었다. 사람들은 그 뼈가 병을 고치는 데 탁월한 효능을 지닌 용골한약재로 쓰이는 단단하게 굳은 짐승 화석이라고 했다. 하지만 안데르손은 대번에 선사시대 유물임을 알아보았다. 안데르손과 그의 동료들은 1920년대 초부터 용골이 나왔다는 저우커우뎬 일대에 대한 탐사를 벌이기 시작하여, 마침내 아주 오랜 인류 조상의 것으로 생각되는 어금니를 찾아냈다. 뒤이어 1927년에 캐나다의 해부학자 데이비드슨 블랙은 그 이빨의 주인공을 베이징원인Sinanthropus pekinensis으로 이름을 붙여 학계에 보고하였다. 안데르손과 블랙 등이 아니었다라면 베이징원인의 어금니 화석도 어쩌면 한약재로 팔려 나갔을 것이다. 정말 아찔한 순간이었다.

뒤이어 중국 구석기 고고학의 개척자 페이원중도 1929년에 거의 완벽한 형태로 보존된 베이징원인의 머리뼈를 세상에 내보였다. 이로써 저우커우뎬 동굴유적은 동북아시아를 대표하는 구석기 유적으로 인정받았고, 유네스코가 선정한 세계문화유산이 되었다.

그런데 저우커우뎬동굴 유적에 얽힌 이야기는 50여년 뒤 우리나라 점말동굴 유적 발굴과정에서도 유사하게 재현된다. 1970년대 초반으로 거슬러 올라가보자. 당시 남한 고고학계에는 북한 고고학계가 굵직한 성과를 올렸다는 소식이 심심찮게 들려왔다. 북한 고고학자들은 1960년대 초반에 함경북도 장덕리 유적에서 털코끼리매머드 화석을 발견했다. 우리나라에서 털코끼리 화석이 발견된 것은 1930년대에 함경북도 두만강유역의 강안리 유적에 이어 두번째이다. 털코끼리 화석은 구석기시대에 한반도에도 빙하시대가 있었음을 보여주는 중요한 증거이다.

뒤이어 1960년대 후반에 평양 상원군 검은모루동굴 유적에서 대형 젖먹이동물하이에나, 쌍코뿔소, 넙적큰뿔사슴, 원숭이 등의 화석을 발굴했다는 소식도 들렸다. 북반구 온대지역에 위치한 평양 근교에서 열대성 내지 아열대성 동물들이 어울려 살았다는 내용 자체가 대단히 놀랍고 흥미로운 이야기였다. (1970년대에는 북한에 관한 모든 소식이 남한에 직접적으로 들어올 수 없었기 때문에 검은모루동굴 유적 발굴 소식은 대부분 일본을 거쳐서 전해졌다.)

이에 남한 고고학자들 몇몇도, 북한에서 출토된 유적과 비슷한 유적이 있을 거라는 기대 속에, 동굴유적 탐사에 나섰다. 당시 연세대학교 사학과 손보기 교수도 그중 한 명이었다. 손보기 교수와 발굴단은 동굴이 많은 제천, 단양 지역을 몇 차례 조사해보았지만 특별한 성과를 얻지 못했다. 그러던 중에 제천 한약재 시장에 오래된 짐승 뼈들이 팔리고 있다는 소식이 들려왔다. 손보기 교수는 곧장 한약재 시장을 수소문한 끝에, 주민들이 '용굴'이라 부르는 제천시 송학면 포전리 점말동굴에서 그 뼈가 나왔음을 알게 되었다.

처음 찾아간 점말동굴은 얼마 전까지 걸인들이 구들을 놓고 살았던 탓에 이미 상당부분 파손된 상태였다. 게다가 마을 사람들에 따르면, 몇 해 전에 지뢰탐지기를 가진 도굴꾼들이 굴속의 가장 넓은 부분에 지름 2m, 깊이 2.7m 정도의 구덩이를 파서 큰 뼈와 뿔 들을 캐갔다고 했다. 손보기 교수는 낙담했지만 그래도 뭔가 남아 있을 거라는 일말의 기대를 가지고 연세대학교박물관 발굴단과 발굴조사에 들어갔다. 그런데 이곳 땅속에서 구석기 유물이 하나둘 모습을 드러내기 시작했다. 그야말로 예상치 못한 결과였다. 저우커우뎬동굴 유적 발견과정에 버금가는 극적인 순간이었다.

점말동굴은 1973년부터 80년까지 7차에 걸쳐 발굴되었다. 용굴에

남겨진 구석기인들의 생활 모습을 찾기 위한 노력은 매우 조심스럽
고 세밀하게 진행되었다. 매번 1~2㎝ 두께의 깊이로 발굴조사가 이
루어졌다. 그럴 때마다 유물을 닦고, 사진을 찍고, 분석시료를 채취
하고, 발굴일지와 유물대장을 기록하는 작업이 수없이 되풀이되었
다. 발굴기간 동안 넉넉하지 못한 발굴 살림으로 공휴일이나 휴식 시
간을 맛보기도 어려웠다. 때로는 추운 겨울의 매서운 찬바람에도 아
랑곳하지 않고 빠듯한 일정에 맞추어 발굴조사가 진행되었다. 이처
럼 열악한 환경에서도 손보기 교수는 조사기간 내내 현장에 머물며
손수 작업을 이끌었다. 고고학자의 책임과 역할을 다시금 일깨워준
본보기였다.

점말동굴 전경과 입구. 입구로 들어가는
사람 모습이 보인다.

점말동굴은 제천역에서 동북쪽으로 약 7.5㎞ 떨어진 곳에 있다. 조사 당시 점말은 30가구 정도가 모여 사는 작은 산골마을이었다. 마을 사이로 흐르는 개울을 따라 20분 정도 걸어 올라가면 용두산해발 873m 동남쪽 기슭으로 뻗어내리는 산줄기 중턱 아래쪽에 30m 높이의 바위벽이 병풍처럼 둘러쳐 있는 곳이 나타난다.

동남쪽을 바라보는 병풍바위 아래쪽으로 규모가 작은 여러 개의 동굴이 있다. 그 가운데 구석기인들의 자취는 '용굴'에만 남아 있었다. 용굴은 동서쪽으로 뚫려 있으며, 굴의 입구는 해발 430m에 해당한다. 굴의 길이는 12~13m, 너비는 2~3m, 높이는 최대 7m이며 동굴 안에는 4~5m 두께의 퇴적물이 쌓여 있다. 퇴적물은 구석기시대 중기부터 후기에 걸쳐 쌓인 것으로 보인다.

용굴 바로 옆에 있는 굴에서는 사철 맑은 물이 흘러나온다. 이 물은 골짜기를 타고 작은 개울을 이루며 점말 주민의 생활용수로 쓰이고, 마을을 지나며 펼쳐진 송학들판을 적셔준다. 병풍바위는 산골 바람을 잠재우며 가두어준다. 그리고 맑은 날이면 햇볕이 용굴 안까지 가득 들어와 아늑하다. 이 동굴 일대가 구석기인들의 생활터전으로 훌륭한 입지 조건을 두루 갖추었음을 그대로 보여준다.

동굴 퇴적층 속에 묻힌 동물의 뼈는 오랜 세월 토양과 기후 작용 등의 영향을 받으며 화석이 된다. 한국의 한데유적야외유적은 토질이 산성을 띠고 있어 동물 뼈와 같은 유기물이 오랜 시간 보존되지 못한다. 이에 견주어 석회암 동굴에서 쌓인 퇴적물은 동물 뼈가 화석화되는 데 좋은 조건을 지녔다. 우리나라 구석기시대 동물화석이 거의 대부분 석회암 동굴 유적에서 출토되는 까닭도 이 때문이다. 점말동굴을 비롯하여 단양 금굴·상시 바위그늘·구낭굴, 영월 연당 쌍굴, 평창 기화리 쌍굴 등은 모두 석회암 지대에 분포한다.

땅속에 묻힌 유물을 에워싸고 있는 퇴적물을 가리켜 바탕물질이라

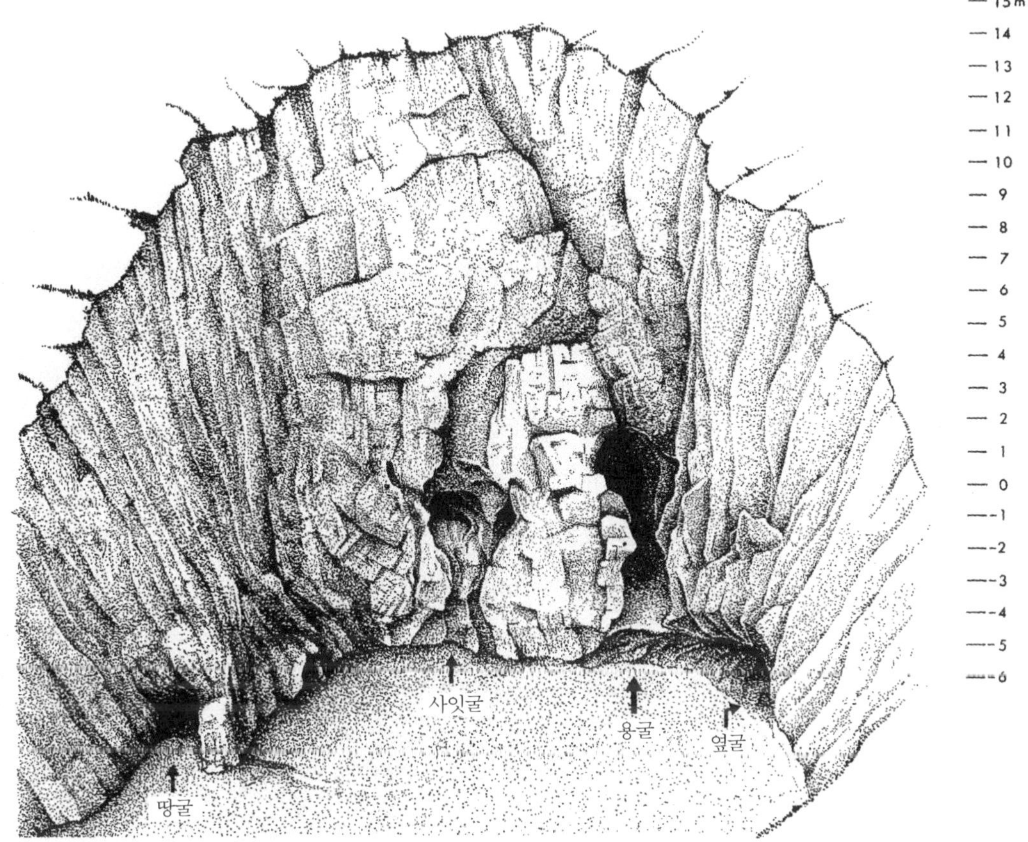

고 한다. 바탕물질의 형성과정은 그 퇴적물이 쌓일 당시의 자연환경을 이해하는 데 큰 도움을 준다. 점말동굴의 바탕물질은 주로 흙과 석회암 낙반석으로 구성되어 있다. 흙은 물이나 바람에 실려 들어왔으며, 낙반석은 굴 천정과 벽에서 풍화작용으로 떨어진 것들이다.

점말동굴의 바탕물질 속에는 당시 구석기인들이 남긴 자료가 여러 형태로 남겨져 있었다. 크고 작은 짐승들의 뼈, 다양한 쓰임새를 지녔던 뼈연모^{뼈 또는 뿔을 떼거나 갈아 만든 도구}, 땔감으로 쓰였던 숯조각, 불 땐 자리 등이 여러 문화층에서 발견되었다. 그렇지만 석기는 매우 드물었다.

점말동굴에 살았던 구석기인들이 어떤 식물을 양식거리로 활용했는지 분명하게 알기는 어렵다. 다만 꽃가루 분석 결과 밤나무, 참나

털코뿔소 앞발뼈 길이 40.3㎝

큰곰 아래턱뼈 길이 25.1㎝

큰원숭이 머리뼈(맨 위), 아래턱뼈(가운데), 앞발뼈(맨 아래, 길이 14.1㎝)

호랑이 앞발뼈(위), 종아리뼈 길이 28.5㎝

무, 은행나무 흔적이 발견되었는데, 이들 나무의 열매를 일상적으로 먹었을 가능성이 높다. 풀꽃가루로는 명아주와 쑥 등이 확인되었다. 점말동굴 유물 가운데 가장 많이 나온 것은 동물화석이다. 쥐와 박쥐 종류를 제외하고, 동물화석을 분류하면 아래와 같다.

- 짝발굽 동물 : 들소, 사슴, 노루, 고라니, 꽃사슴 등
- 외발굽 동물 : 털코뿔소
- 육식성 동물 : 하이에나, 호랑이, 표범, 불곰, 반달곰, 여우, 너구리, 오소리, 족제비, 수달 등
- 토끼류 : 토끼
- 영장류 : 짧은꼬리원숭이

위 목록은 갖가지 짐승 고기로 가득 찬 푸줏간을 연상시킨다. 더불어 용굴 퇴적층에서는 불을 피웠던 자리, 숯조각, 그리고 불에 탄 뼈가 발견되었다. 구석기인들이 이들 동물을 잡아먹었다는 증거인 셈이다. 그러나 이들 짐승을 모두 구석기인들이 잡아먹었을지는 미지수이다. 어쩌면 그중에는 다른 육식동물의 먹잇감으로 희생된 동물이 포함되었을 수도 있기 때문이다. 실제로 일부 사슴 뼈 가운데는 하이에나와 같은 육식동물의 이빨 자국이 남아 있기도 했다. 이런 뼈들은 구석기인들의 사냥활동과 직접적으로 관련짓기 어려운 유물이다. 또한 자연사한 것으로 보이는 박쥐 뼈도 여러 지층에서 출토되었다. 이러한 흔적은 점말동굴이 항상 구석기인들의 살림터로만 활용되지 않았으며, 어느 시기에는 몇몇 동물들의 보금자리로 쓰였을 가능성을 보여준다. 더불어 점말동굴에서 출토된 각종 짐승 뼈에

서 구석기인과 육식동물의 자취를 정확하게 구분하여 가려내는 작업
은 또다른 과제로 남아 있다.

　목록에 나온 동물 가운데는 털가죽을 얻을 수 있는 동물이 있다. 호
랑이와 표범 등이 여기에 속한다. 러시아 알타이지방의 데니소바
Denisova 동굴에서는 3만년 전 후기 구석기의 초기 유적에서 뼈바늘이
발굴되었다. 점말동굴에서는 뼈바늘이 발견되지 않았지만, 당시 구석
기인들은 짐승 털가죽으로 옷을 만들어 입었을 게 분명하다.

사슴을 기리다

점말동굴 동물화석 가운데 가장 많이 출토된 것은 사슴 종류이다. 지
금까지 점말동굴에서는 8천 점에 이르는 사슴 뼈가 발굴되었다. 이 가
운데 뼈의 생김새가 확실하게 드러난 뼈는 4천6백 점에 이른다. 이는
사슴 175마리에 해당한다. 정말 엄청난 양이다.

　구석기인에게 사슴은 정말 요긴한 짐승이었다. 사슴의 고기와 내
장과 골수는 그들에게 먹을거리를 제공해주었고, 가죽과 뿔과 뼈는
그들의 살림에 필요한 생활용품을 만드는 데 쓸모가 많았을 것이다.

꽃사슴 아래턱뼈(아래, 길이 21.1cm)

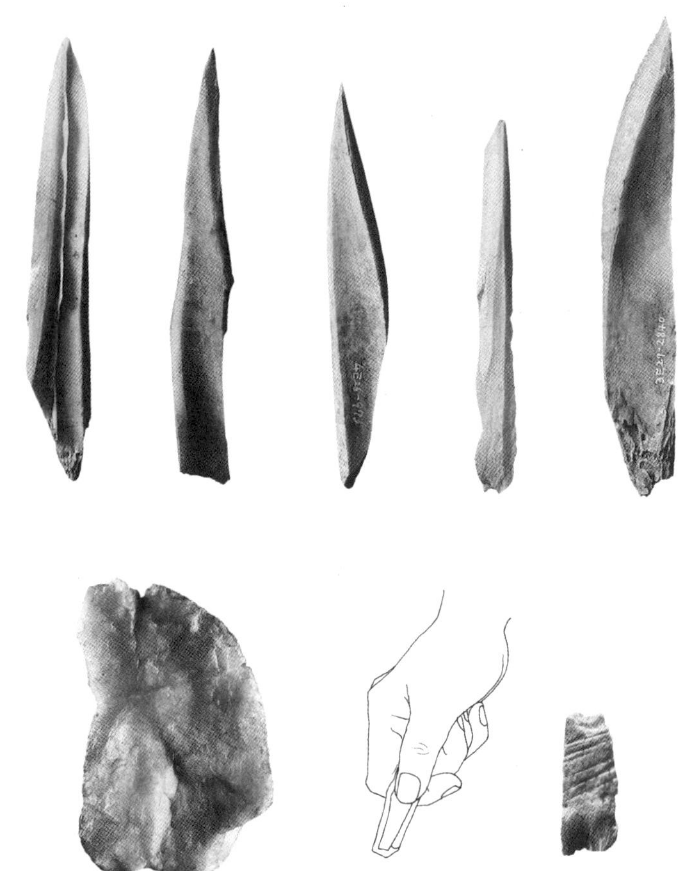

잔손질되어 도구로 사용된 각종 뼈. 맨 왼쪽
길이 9.5㎝

자르개(왼쪽, 길이 7.2㎝). 뼈연모를 사용하는
모습(가운데). 자른 흔적이 남아 있는 뼈(오른
쪽, 길이 2.2㎝)

선사인들은 사슴을 사냥한 다음 능숙한 손놀림으로 가죽을 벗기고 부
위별로 고기를 발랐을 것이다. 그들은 내장과 피에 이르기까지 어느
것 하나 버리지 않고 알뜰하게 소비했다. 사슴 뼈 가운데에는 날카로
운 석기의 흔적이 나타나기도 했다. 뼈에 붙은 살을 발라내면서 생긴
상처일 것이다.

점말동굴에서 발굴된 사슴들은 대부분 가을부터 초겨울에 잡혔던
것으로 보인다. 사슴 고기를 먹어본 사람들은 이 시기의 맛을 으뜸으
로 친다. 구석기인들도 그 맛을 알았던 걸까?

사슴의 쓸모를 이런 식으로만 해석하려는 우리 생각을 안다면 구석기인들은 무엇이라 대답할까? 아마도 그들은 "신들린 샤먼*의 머리 위에 얹힌 사슴뿔의 모습을 당신들은 한번쯤 머릿속에 그려본 적이 있느냐? 당신들이 흔히 상상하는 것과는 달리, 우리는 배고픔만을 해결하려고 사냥하는 것이 아니다!"라고 강변할지도 모르겠다. 문득 동물을 중심으로 이루어진 선사인의 신화세계가 구석기시대의 동굴벽화에 표현되었을 가능성을 이야기했던 프랑스 선사학자 앙드레 르루아구랑의 견해를 음미해본다. 어떤 방식으로건 그 많은 사슴들은 선사시대 사람들이 생활을 꾸려가는 데 둘도 없는 도움을 주었을 것이고, 덕분에 우리는 …… 사슴을 기린다. 끝으로 점말동굴과 관련된 사진자료 게재를 허락해준 연세대학교 박영철 박물관장님에게 고마운 마음 전한다.

* **샤먼** 사물에 깃든 신령, 정령 들과 영적으로 교감하며, 주술을 통해 앞날을 내다보고 병을 고치는 사람. 본디 시베리아 퉁구스족의 샤머니즘 종교 지도자를 일컫는 말이지만, 아메리카 인디언 주술사와 우리나라 무당도 샤먼으로 볼 수 있다.

한반도 빗살무늬토기문화의 자취

: 강동 암사동 유적

이강승 충남대학교 고고학과 교수

시간을 되돌려놓은 을축년 대홍수

암사동 유적이 발견된 것은 1925년 을축년 여름 장마 때였다. 을축년 장마는 역사에 남을 만한 커다란 홍수를 불러왔다. 유례가 없을 만큼 엄청난 대홍수는 그 피해가 너무 커서 당시 일본총독부가 긴급하게 피해를 조사하여 민심을 달랠 정도였다. 그런데 을축년 대홍수는 예상치 못한 결과를 가져왔다. 한강가의 퇴적층이 송두리째 뒤집히면서 수천년이 넘도록 묻혀 있던 신석기시대 유적이 지표면에 드러난 것이다. 을축년 대홍수 덕분에 남한에서 가장 큰 빗살무늬토기문화[*]를 대표하는 암사동 유적을 발견하게 되었으니 고마워해야 할지 난감하다.

홍수가 지나간 뒤, 경성제국대학 교수였던 일본 학자 요코야마가 현장을 답사하였다. 그가 남긴 보고서를 보면 강가에 널려 있는 토기 소삭이 자로 몇 번을 실어날라도 남을 만큼 많았다고 기록하고 있다. 이것만 봐도 유적 규모가 얼마나 컸던가를 짐작할 수 있다. 암사동 유적에는 요코야마 교수 말고도 유물에 관심을 가졌던 호사가들이 몰려들었다. 광복 후 요코야마 교수는 일본으로 돌아가면서 발굴 유물과 사진, 도면 자료를 거의 대부분 국립중앙박물관에 넘겨주었다. 하지만 다른 이들이 모은 유물로는 교토대학 교수를 지냈던 우메하라 교수의 수집품, 도쿄대학 인류학교실 수집품 들이 있는데, 모두 그 당시 일본으로 가져간 유물들이다.

당시 일본이 우리나라 선사시대 문화재를 수집한 시기는 공식적으로는 1915년에 조선총독부박물관을 만든 이후로 알려졌지만 실제로는 그보다 빠르다. 예를 들어 총독부 학무국에 근무하던 도리이는 1909~15년 사이에 한국은 말할 것도 없고, 만주와 시베리아에 이르는 광대한 지역의 유적을 뒤져 자료를 수집하였다. 일제는 1915년에 그동안의 업적을 홍보하여 통치에 이용하기 위해서 경복궁에서 양식 건물을 짓고 물산공진회라는 박람회를 열었다. 박람회가 끝나자 그

건물을 어떻게 쓸까 궁리하다가 조선총독부박물관을 세우기로 하고, 그해 12월에 문을 열었다. 총독부박물관은 그 이듬해부터 한반도의 선사시대 자료를 수집했는데, 이때의 자료들은 우리나라 고고학의 초기 연구에 적지 않은 영향을 미쳤다. 식민통치를 홍보하기 위하여 만든 건물이 우리나라 고고학의 기초를 마련한 박물관이 된 것은 역사의 한 아이러니가 아닐 수 없다.

암사동 유적을 정리한 이는 일제 강점기에 총독부박물관 주임을 하다가 일본으로 돌아가 교토대학 교수를 지낸 아리미츠 교이치이다. 아리미츠는 암사동 유물 가운데서 붉은색이 나는 민무늬토기* 조각들을 발견했다. 이 민무늬토기는 빗살무늬토기와 아주 다른 형태를 띠고 있었다. 또 유물 가운데는 빗살무늬토기시대 석기로는 보기 어려운 발달된 돌칼, 돌도끼, 가래, 반달칼 등도 눈에 띄었다. 아리미츠는 암사동 유적이 여러 시대에 걸친 복합유적이라는 사실을 알아냈다. 빗살무늬토기시대 유적과 더불어 민무늬토기시대의 문화층도 포함되어 있었던 것이다. 발굴현장에 참여하지 않고도 유물을 주의 깊게 관찰하여 복합유적이라고 파악해낸 아리미츠는 나름대로 관찰력이 뛰어난 인물이었던 것 같다.

한편 당시 유적을 발굴했던 요코야마 교수는 빗살무늬토기 문화층을 파고 만든 구덩이에서 한식漢式토기가 나왔다고 기록하고 있다. 그러면서 빗살무늬토기문화에 이어서 한식토기문화가 나타났다고 해석하였다. 이에 따라 일본 학자들은 신석기시대의 빗살무늬토기문화 이후에 민무늬토기문화, 한식토기문화가 이어졌다고 판단한 것으로 보인다. 당시에는 중국이 한반도에 직접적으로 문화를 전파했다는 생각이 지배적이었으므로 한식토기 문화층의 존재가 당연한 것으로 받아들여졌을 것이다. 또 그때에는 청동기시대라는 개념이 없었던 때이므로 민무늬토기 문화층이 있다는 사실은 인식했지만 시기 구분은 하지 않았다.

나중에 밝혀진 사실이지만, 그 토기는 원삼국시대*에 북한강유역의 토기문화를 대표하는 중도식토기였다. 즉 한식토기가 아니라 한반도에서 자체적으로 발전한 토기였던 것이다.

고고학에 스민 분단의 아픔

암사동 유적을 다시 발굴 조사한 것은 1960년대부터이다. 을축년 홍수의 위력을 들어온 후대 사람들은 유적이 홍수에 쓸려 모두 없어진 것으로 짐작했다. 따라서 현지 답사하는 이들은 지표면에 흩어져 있는 토기조각을 수집하는 것으로 만족해야 했다. 그러다가 1962년, 장충고등학교에서 이곳에 야구장을 만들려고 땅을 파다가 빗살무늬토기 파편들을 발견했다. 그때서야 비로소 학계에서는 유적이 지하에

* **원삼국시대** 가야를 포함한 삼국시대의 초기단계로 기원전 1세기~서기 3세기경까지 시기를 일컫는다. 과거에는 이 시기를 삼한시대 또는 부족국가시대로, 고고학계에서는 김해시대 또는 초기철기시대로 불렀다. 최근 들어 고고학계에서는 삼국시대와 유기적으로 연결되는 개념으로서 원삼국시대라는 용어를 사용한다.

1975년도 암사동 전경. 미사리 방향으로 아차산이 보인다. 1925년 홍수가 일어난 뒤 모래밭으로 남아 있었으나 이제는 시가지가 형성되었다.

1975년 조사가 이루어졌던 유적 전경.
돼지와 닭을 키우던 농가들이 들어서 있
었다.

아직 살아남아 있을 가능성에 주목하였다.

그리하여 1967년에 한국대학박물관협회가 주관하여 조사단을 구
성했는데, 서울의 대학 박물관들이 지역을 나누어 발굴을 실시하였
다. 그러나 이때의 발굴방법은 매우 거칠고 미숙했다. 집터 유구*를
제대로 확인하지 못하고 지층을 차례로 파내려가면서 유물을 수습하
다가, 맨 마지막 바닥에 나타나는 화덕자리를 확인하는 것으로 조사
를 마쳤다. 발굴보고서도 나오지 않았고, 단편적인 자료조차 모두 여
기저기 흩어져 남아 있지 않다. 다만 이 조사를 계기로 암사동 유적에
발굴할 유물이 아직 많이 남아 있다는 것을 확인한 것이 수확이라면
수확이었다.

1960년대 당시 우리 고고학계 상황은 열악하기 그지없었다. 발굴
시설도, 전문인력도, 사회적 인식도 턱없이 부족했다. 그나마 국립박
물관이 고고학 연구의 중추적인 역할을 하며 고군분투했다. 국립박물

관은 1960년대에 우리나라 선사시대 유적 중에서 가장 특징 있는 고인돌지석묘 유적을 전국적으로 발굴조사하였으며, 그 연구 결과를 담아 《한국지석묘연구》(국립박물관 1967)를 펴냈다. 이 책은 일제강점기에 잘못 알려졌던 청동기시대를 제대로 이해하는 데 결정적인 역할을 하였다.

하지만 여전히 고고학 연구는 걸음마 단계였다. 예를 들어 한반도 신석기시대를 연구할 만한 자료는 일본 학자들의 단편적인 보고서밖에 없었다. 암사동 유적에 대해서도 아리미츠 교수가 유물을 정리해서 펴낸 《조선즐목문토기의 연구》(1962)가 고작이었다. 이에 견주어 북한에서는 고고학 발굴 성과가 제법 빠르게 진행되고 있었다. 대동강유역의 궁산 유적1950년, 금탄리 유적1954년, 지탑리 유적1957년 같은 주요 유적을 속속 조사하였으며, 이를 통해 대동강유역(한반도 중서부지역) 신석기문화의 양상을 구체적으로 밝혀내고 있었다.

한반도 중서부지역의 신석기문화를 밝히는 데는 한강유역 유적을 발굴 조사하는 것이 또하나의 숙제로 남아 있었다. 발굴 전에 북한 자료를 참고할 수 있으면 좋겠지만, 당시에는 북한에서 씌어진 발굴보고서를 보는 것조차 금기였다. 일본 학자들이 쓴 논문에 인용된 단편적인 내용을 보며 북한의 연구성과를 어렴풋이 짐작할 뿐이었다. 분단이 빚어놓은 비극이었다. 이런 어려운 상황에서 국립박물관은 조심스럽게 암사동 유적 발굴조사에 들어갔다.

한강을 따라 흐른 선사 인류의 숨결

1971년에 시작한 발굴조사는 75년까지 네 차례에 걸쳐 진행되었다. 유적에서는 여러 시대의 문화층이 중첩되어 있었다. 먼저 경작지로 이용된 지표면 아래에 독무덤옹관묘, 건물터, 기와가 묻힌 백제시대 문화층을 확인하였다. 그 아래 회흑색 모래층에서는 청동기시대 민무늬

토기, 반달칼과 함께 빗살무늬토기가 나왔다. 이것이 빗살무늬토기 영향이 남아 있는 청동기시대 사람들이 살던 흔적인지, 나중에 자연 현상으로 두 시대의 유물이 섞이게 된 것인지는 알 수 없다. 어쨌거나 청동기시대 문화층이 나타난 것은 틀림없다. 다음으로 어떤 유물도 발견되지 않은 모래층이 나오고, 그 아래에서 신석기시대 집터와 유물 들이 나오는 빗살무늬토기 문화층이 확인되었다.

신석기시대 문화층을 좀더 살펴보자. 집터들은 지름 3~6m, 깊이 1m 안팎의 원형이나 모서리가 둥그런 네모꼴이다. 집터 바닥 가운데에는 냇돌을 꽂아 만든 원형이나 네모꼴 화덕이 있는데, 이는 신석기시대 집터의 전형적인 모습이다. 집터 주변에서 기둥을 박았던 기둥 구멍이 나오고, 나무로 엮었던 벽체가 불탄 채 발견되었다. 또 집터

빗살무늬토기(높이 22.2cm)와 토기조각들

옆에서 불탄 흔적이 있는 돌이 구덩이에 쌓여 있었다. 돌을 불에 달구어 요리를 해먹었던 야외 화덕으로 추정된다.

이곳에서 출토된 빗살무늬토기는 대부분 대동강유역에서 나온 토기와 같이 바닥이 뾰족했다. 한강유역과 대동강·재령강 유역이 신석기시대에 하나의 문화권을 이뤘음을 보여주는 증거이다. 최근 신석기 유적 발굴조사 결과, 신석기시대 토기는 강원도 양양 오산리 유적을 경계로 그 아래 지역에서는 바닥이 둥글거나 뾰족한 토기가, 그 위 지역에서는 바닥이 납작한 토기가 분포하는 것으로 구분된다.

토기에는 생선 뼈 모양을 닮은 빗살무늬를 비롯하여 여러 가지 기하학적인 무늬가 새겨져 있었다. 입구와 몸뚱이, 바닥의 무늬가 각각 구분되는 서해안유역 3부위식토기*가 대부분이었다. 그중에는 토기 전체가 같은 무늬로 채워진 것도 있는데, 무늬를 새긴 수법이나 종류가 매우 다양하여 한반도 중서부지역 신석기 편년의 기준이 되고 있다.한편, 이런 토기의 유형은 북방유라시아 토기와 깊은 연관관계를 지니고 있다.

토기 말고 주목할 만한 유물로, 새 뼈와 도토리가 있다. 아마 신석기인들이 먹고살던 양식이었을 것이다. 또 돌을 떼어 만든 뗀석기타제석기도 많이 출토되었다. 나무를 자르거나 땅을 파는 데 썼던 돌도끼,

* **3부위식토기** 아가리와 몸뚱이 바닥 세 부분의 무늬가 서로 다르게 새겨진 토기를 일컫는다. 한반도 중서부지역은 3부위식토기의 존재 유무에 따라 크게 세 단계로 구분된다. 곧 3부위식토기가 나타나는 전기(암사동, 미사리 등), 토기 형태가 뒤섞이고 바닥 무늬만 없어진 중기(암사동, 미사리, 가도 등), 아가리에만 무늬가 남은 후기(금탄리, 연평도, 시흥 등)로 나뉜다.

돌도끼(크기 12.6cm)와 그물추(오른쪽)

가죽에 남아 있는 기름덩어리나 나무껍질을 긁어내는 긁개, 뼈나 단단한 물질을 깨는 찍개, 납작한 자갈돌의 양끝을 떼내어 만든 그물추도 나왔다. 세계적으로 보자면 신석기시대는 돌을 갈아 만든 간석기^{마제석기}가 많이 나오는 시대이다. 이에 견주어 암사동 유적을 비롯한 한반도 신석기시대 유적에서는 뗀석기가 나오는 것이 하나의 특징이라고 할 수 있다.

물론 암사동 유적에서는 끌같이 생긴 돌끌을 비롯하여 창끝이나 화살촉, 곡식의 이삭을 꺾어 자르는 반달돌칼, 곡식을 갈아먹는 데 사용한 갈돌과 갈판, 농사 도구인 괭이와 보습, 돌낫 같은 간석기도 나

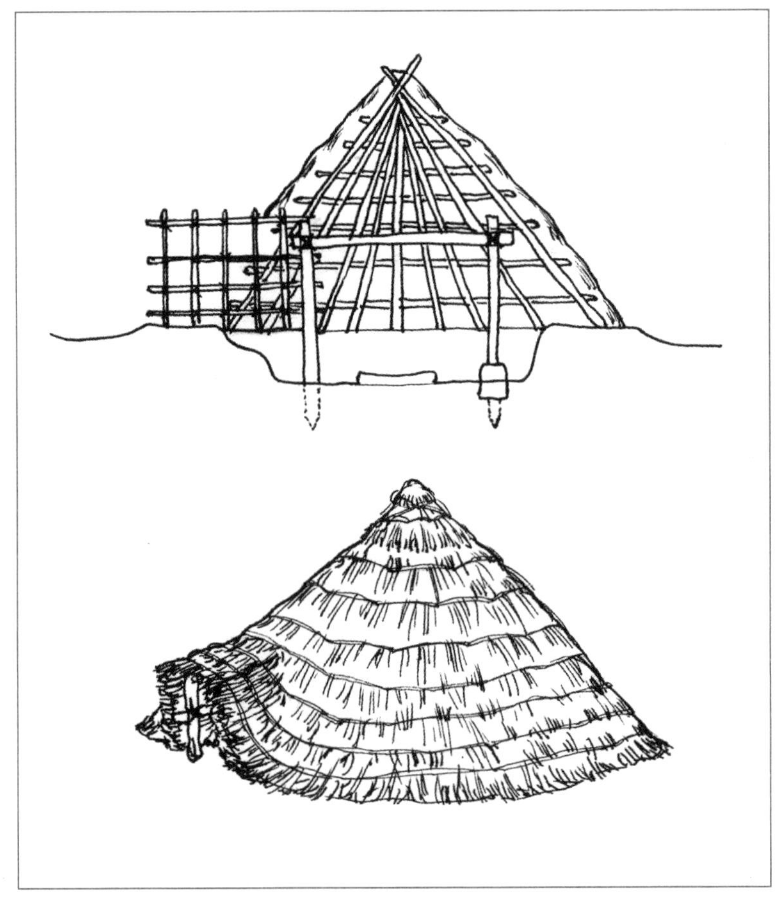

움집 내부 구조와 외부 모습(아래)

왔다.

　이들 유물로 보아 암사동 유적에 거주하였던 신석기인들은 그물을 이용하여 한강의 고기를 잡았고, 활로 사냥을 하고 초보적인 농사도 지었던 듯하다. 그들이 그물을 사용했다는 것은 이미 실을 꼬아 그물을 만들 줄 알았고, 나아가 바구니나 실로 헝겊을 엮어 짜는 편물 기술을 터득했다는 것을 알 수 있다. 그들은 도토리를 갈돌과 갈판에 갈아서 불에 조리해서 떫은맛을 없애고 먹었을 것이다. 한편 민속자료에 따르면 도토리는 가죽을 다루는 데 사용했을 가능성도 있다. 이 같은 여러 가지 농사짓는 도구들은 같은 문화권인 대동강의 궁산이나 지탑리, 남경 유적 등에서도 그대로 나타난다.

　암사동 신석기 유적의 연대는 기원전 4500~2000년에 걸쳐 분포하고 있으며, 이 가운데 기원전 4500~3500년의 흔적이 집중적으로 나타난다. 암사동 유적은 신석기시대 유적으로는 아주 큰 취락 규모를 자랑한다. 강과 낮은 지형이 생활터전으로 매우 유리했다는 것을 말

오늘날 암사동 선사 주거지에 복원된 움집

해준다.

　이렇게 암사동에는 신석기시대부터 백제시대까지 유적이 층층이 쌓여 있었다. 맨 위 현대인의 경작지까지 포함해서 한반도 인류의 발자취가 한 공간에서 확인되고 있는 셈이다. 암사동 유적 발굴조사가 사람들에게 한강유역을 현대인의 생활공간으로서 가치뿐만 아니라 역사적 공간으로서의 가치 또한 되새겨보는 계기가 되기를 바란다.

생태계와 인간의 역사가 공존하는 습지 유적

: 창녕 비봉리 유적

임학종 국립김해박물관 관장

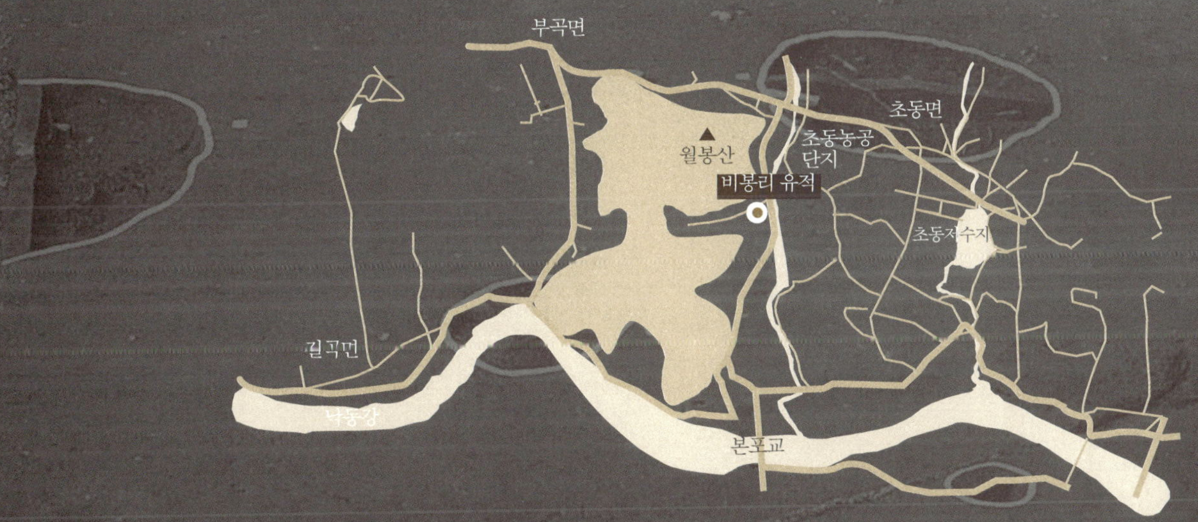

비봉리 유적은 우리나라에서 처음으로 발굴된 신석기시대의 습지 유적이다. 습지 유적이란 인간이 생활을 꾸려가던 곳에 훗날 지형변화에 따른 퇴적이 이루어지고, 거기에 다시 물이 차 덮여 있는 유적을 말한다. 따라서 습지 유적 발굴 대상은 사람이 살던 흔적이나 인공 구조물뿐만 아니라, 습지라는 독특한 자연지형까지 포함된다.

습지는 유적 유물이 습기를 머금은 개흙에 덮여 있거나 물속에 잠겨 있기 때문에 썩지 않고 원형을 보존하는 경우가 많다. 여러 시설과 구조물, 생활도구, 먹을거리 자료를 고스란히 확보할 수 있는 것이다. 따라서 이런 유물들을 통하여 당대의 생활상을 생생하게 복원하기에 아주 유리하다. 더불어 습지에는 나무와 풀, 꽃가루, 물고기와 동물의 뼈가 그대로 남아 있어 당시의 자연환경도 추정할 수 있다.

습지는 흔히 생태계의 보고, 혹은 생물종 다양성의 산실로 이야기된다. 이제, 여기에 한 가지 더 덧붙여야 할 듯하다. 어떤 습지는 오래전 인간의 삶의 흔적이 깃든 현장이기도 하다. 그 사례가 바로 비봉리 습지 유적이다. 그 이야기를 조금씩 풀어보도록 하겠다.

지난 2004년 봄, 대학에 있는 동료로부터 전화가 왔다. 창녕 부곡리에서 조개더미^{패총}가 발견되었으니 한번 가보라고 했다. 태풍 '매미' 때문에 침수된 양수장을 새로 짓다가 약간의 조개껍데기가 나오고, 신석기와 청동기 시대의 토기조각이 출토되었다는 이야기였다. 조개더미는 바닷가에 있는 것이 보통인데, 하는 의구심을 가지고 현장을 찾았다.

그러나 현장을 둘러보던 나는 그만 몸이 굳어지고 말았다. 조개더미는 민물조개인 재첩이 대부분이었지만 간혹 굴도 있었으며, 솔방울과 나뭇가지도 더러 보였다. 한눈에 보기에도 습지 유적이 분명했다. 게다가 신석기를 대표하는 빗살무늬토기와 청동기를 대표하는 민무늬토기도 눈에 띄었다. 신석기와 청동기 시대가 겹쳐져 있는 유적이었다.

우리는 토기와 조가비, 나뭇가지 몇 조각을 수습해서 곧장 창녕군
청으로 차를 몰았다. 군청으로 향하는 도중에 우리 전화기는 이미 문
화재위원 두 분과 통화중이었다. 아주 중요한 유적이 발견되었으니
공사를 중단하고 문화재 발굴조사에 들어가야 한다고 강조했다. 다행
히 공사는 중단되었고, 그 뒤로 몇 가지 행정절차를 거쳐 국립김해박
물관에서 유적을 발굴하게 되었다.

다시 현장을 가보고는 유적을 발견한 것 자체가 신기한 일임을 알
게 되었다. 청도천을 따라 높게 쌓아올린 제방과 그 위에 놓인 지방도
로가 유적의 바로 옆을 지나고, 이 도로에서 마을로 들어가는 작은 길
이 유적 위를 덮고 있었다. 더구나 급격한 경사를 이루는 산자락이 끝

발굴중인 비봉리 유적 전경. 바로 옆에
구조물이 새로 짓는 양수장이다.

나는 곳은 곧바로 논이었기 때문이다. 게다가 유적 위에는 7~8m 가량의 흙이 덮여 있었다. 양수장 공사를 위해 흙을 깊이 파내지 않았더라면 도저히 찾을 수 없는 유적이었던 것이다. 나중에 알고 보니 이 근처를 지표조사*하고 있던 발굴기관의 조사원이 처음 발견하여 신고를 했다고 한다.

먼 옛날 바닷물이 드나들던 땅

우여곡절 끝에 6월부터 유적의 범위와 성격을 알아보기 위해 예비 발굴에 들어갔다. 2004년 여름은 유난히 더웠다. 40여 일 고생 끝에 유적의 범위와 성격을 파악했다. 공사구역 대부분은 신석기시대 유적지였고, 그보다 위쪽으로는 청동기시대 유적지였다. 갖가지 유물이 온전하게 보존된 습지 유적이었던 것이다. 그해 연말부터 본격적인 발굴조사에 들어갔다. 주초에는 박물관의 일을 보고, 나머지는 발굴현장에서 보냈다. 당연히 주말은 반납되었고, 가족은 다시 가장을 잠시 잃게 되었다. 이듬해 8월까지 계속된 발굴조사에서 비봉리 유적은 우리나라 신석기 연구에 중요한 여러 자료를 쏟아냈다.

비봉리 발굴현장에서는 고고학자의 상식을 벗어나는 몇 가지 유물이 출토되었다. 바다에서 서식하는 굴이나 상어와 가오리, 복어, 숭어의 뼈가 나오는가 하면 바다처럼 깊은 물에서만 사용하는 이음식낚싯바늘이 나오기도 하였다. 그래서 발굴 초기에는 비봉리에서 바다까지는 소금 덜기는 하시만, 비봉리 선사인들이 바닷가 사람들과 교류를 했거나 바다까지 나가서 어업활동을 한 흔적이라고 생각했다. 하지만 발굴이 진행되고 바다와 관련된 자료의 수가 늘어나면서부터 혹시 여기까지 바닷물이 들어오지는 않았을까 하고 의심을 하게 되었다. 상식을 뛰어넘는 엉뚱한 생각이었다. 그러나 고고학적 분석에 따르자면 이 유적 일대까지 바닷물이 들어왔음이 분명하였다.

고심 끝에 우리는 당시에는 여기까지 바닷물이 들어왔을 거라는 가설을 세웠다. 그리고 그 가설을 뒷받침할 근거를 추적했다. 우리의 예상은 그대로 들어맞았다. 습지의 여러 층위에서 흙을 채취하여 분석한 결과 식물성 플랑크톤의 일종인 바다 규조가 발견되었다. 신석기시대에는 이곳까지 바닷물이 들어왔음을 확인한 것이다. 바다 규조가 지금껏 남아 있던 까닭은 물론 이곳이 습지였기 때문이다.

비봉리 유적에서부터 철새도래지로 유명한 주남저수지 일대를 대산평야라고 한다. 그런데 신석기시대 어느 시점에 지구 기온이 올라가 바닷물이 불어났으며, 그 영향으로 낙동강 하구의 바닷물이 양산 물금협곡을 지나 이곳까지 흘러들어왔을 것이다. 바닷물이 멀리 경상북도 고령까지 들어갔다고 추정하는 소수 학자들이 있었지만 거의 무시당하는 터였는데, 이제 그 가설이 힘을 얻게 된 셈이다. 결국 신석기 어느 시기에 비봉리 일대와 낙동강 중·하류의 밀양시 초동면과 상남면, 삼랑진 일대, 그리고 창원 동읍 다호리 동쪽, 김해시 진영읍의 낮은 지대는 바닷물에 잠겨 있었다는 뜻이다. 만약 오늘날 이런 일이 벌어지면 지금의 김해공항과 강가 낮은 지역은 모두 바닷속에 잠긴다. 새삼 지구온난화의 위기와 환경의 중요성을 절감한다.

이 거대한 호수는 민물과 바닷물이 넘나들었으니 민물고기와 바닷물고기가 함께 잡혔을 게 틀림없다. 비봉리인들은 호수 가장자리 어디쯤 생활터전을 마련했을 것이다. 그리고 통나무로 만든 배를 타고 이 황금어장에서 이음식낚시나 그물로 물고기를 잡았을 것이다. 물론 그들이 호수에만 기대어 생활했던 것은 아니다. 뒷산에서는 멧돼지와 사슴을 몰고, 도토리를 줍고 달래를 캤을 것이다. 역시나 습지유적에서는 그때 먹고 버린 고기 뼈와 조가비 같은 음식의 일부가 출토되었다.

또한 비봉리 유적에서는 열을 지어 만들어진 도토리 저장 구덩이가 여럿 발견되었다. 땅을 파서 만든 구덩이는 유(U) 자 모양이거나, 입

도토리 저장 구덩이 전경

9호 도토리 저장 구덩이에서 출토된 망태기

구가 좁고 아래쪽으로 갈수록 넓어지는 플라스크 모양 두가지였다. 신석기 사람들은 뒷산에서 따온 도토리를 이 구덩이에 넣고 나무를 엮어 뚜껑을 덮었던 것으로 보인다. 이제 구덩이는 바닷물이 들어올 때에는 물에 잠기게 되고 빠져나가면 드러나게 된다. 이런 과정을 몇 번 반복하고 나면 도토리의 떫은 맛이 없어진다. 이때 도토리를 건져 음식을 만들어 먹었던 것이다. 자연을 이용한 신석기 사람들의 지혜가 놀랍다. 실제 이 구덩이 안에서는 많은 도토리와 가래, 솔방울이 다 썩지 않고 남아 있었다. 또하나, 이 구덩이는 밀물과 썰물이 들고 나던 경계를 알려주는 지표이다.

4호 도토리 저장 구덩이. 구슬처럼 보이는
게 도토리이다.

도토리 저장고 안에서 나온 망태기도 풀로 만든 유물 중에서 가장
오래된 것이다. 망태기는 씨줄 한 가닥과 날줄 두 가닥을 꼬아서 만들
었는데, 아마 도토리나 씨앗을 담는 데 사용했을 것이다. 구덩이 바닥
에 꽂힌 채 출토된 칼 모양 목기는 뚜껑을 묶어두던 시설물로 보인다.

똥 좀 찾으셨어요?

유적에서 출토된 토기조각 가운데 하나에는 멧돼지가 그려져 있었다.
토기조각이 너무 작아서 전체 모습을 알 수 없었지만, 멧돼지 앞에는
함정이 있고 뒤에는 돌창을 든 사냥꾼이 쫓아가는 그림이었지 않을까
하고 즐거운 상상을 해보았다.

토기조각 안에 불에 탄 음식물이 눌러붙은 흔적도 보였다. 도토리
가루 반죽 위에 사슴의 가슴살을 올려 만든 피자 같은 것일까? 신석기
사람들에게는 맛있는 음식이 타서 속상한 일이었겠지만, 우리 고고학
자에게는 중요한 정보를 제공해주는 고마운 유물이다. 많은 동물 뼈

멧돼지가 그려진 토기조각

똥 화석. 길이 3.8cm

가운데 개 뼈도 확인되었다. 야생 들개가 아니라 사람들이 기르던 개였다. 선사시대 가축의 역사를 더 오래전으로 끌어올려야 할 것이다.

유적을 발굴하는 과정에서 똥 화석이 한 점 나왔다. 우리나라에서 처음 발견된 고고학적 유물이자 가장 오래된 유물이다. 이 똥을 분석하면 똥 주인이 섭취한 음식물을 알 수 있으며 기생충도 밝힐 수 있다. 우리는 이 똥을 만지고 냄새를 맡고 킥킥거리면서, 여기저기 자랑하고 다녔다. 또 현장에서 처음 똥 화석이 나온 뒤로는 흙을 일일이 체로 걸러서 똥을 찾기에 열심이었다. 목요일 아침에 발굴현장에 들어가면 조사원과 아주머니 들에게 처음으로 하는 인사가 "똥 찾았어요?" 였다. 남들 눈에는 아마 반쯤 정신이 나간 사람들로 보였을 것이다.

그런데 똥화석도 그렇고 불에 탄 음식물도 그렇고, 우리나라에는 아직 이것을 제대로 분석하여 성분을 알아낼 수 있는 시설과 연구진이 갖춰져 있지 않다. 안타까운 일이다. 이 분야가 하루 빨리 자리 잡기를 기대한다.

꿈에 그리던 통나무배를 찾다

비봉리 습지 유적에서 신석기시대 유물이 숱하게 쏟아져나왔지만, 내 마음속에는 늘 어떤 아쉬움이 남았다. 바로 신석기시대 사람들이 호수에서 고기잡이를 할 때 타고 다니던 배가 보이지 않았기 때문이다. 그 아쉬움을 남기고 어느덧 발굴조사를 마무리해야 할 시점이었다. 하루는 더위에 지쳐 일찍 잠이 들었는데 아침에 일어나니 뭔가 뒤

숭숭했다. 간밤 꿈 때문이었다. 십자가처럼 생긴 어떤 물건 위에 놓인 끈을 잡고 한참을 걸어갔더니 거기에 이상하게 생긴 나뭇조각이 놓여 있었다. 몸이 불편하다는 핑계로 약간 늦게 현장에 도착했다. 쉬는 시간에 조사원들을 모아놓고 십자가를 그리고 끈을 표시한 다음 "이것이 무엇처럼 보이느냐?"고 물었더니 모두 멀뚱멀뚱했다. 내가 "이 십자가는 우리가 파놓은 트렌치이고, 이 끈을 따라 흙을 파보면 배가 한 척 묻혀 있을 것 같다."고 했더니 모두들 고개를 혼들었다. 더위를 먹은 듯하니 며칠 쉬는 것이 좋겠다는 눈치였다. 그러나 나는 확신했다. 그 끈의 끝에는 분명 배가 있을 거라고. 그리고 내 꿈은 현실이 되었다.

조사원 가운데 작은 포클레인을 갖고 싶어하는 친구가 있었다. 그 말을 듣고 나는 농담으로 이 현장에서 배를 찾는 사람에게 포클레인을 사주기로 약속했나. 곳곳에서 나오는 나뭇조각을 열심히 관찰하라는 뜻도 있지만, 그만큼 배가 출토되기를 꿈꾸고 있다는 뜻이었다.

그러던 어느 날, 발굴현장을 총괄하던 조사원이 급한 일로 외출을 하고 그 자리를 내가 잠시 맡게 되었다. 그런데 바로 그때 일이 터지고 말았다. 발굴터를 살펴보던 내 눈에 나뭇조각 하나가 들어왔다. 느낌이 이상했다. 개흙을 조심조심 파헤쳤더니 그 나뭇조각은 완만하게 휘어진 커다란 모습을 드러냈다. 배가 틀림없었다. 오랜 시간의 강을 건너 신석기시대 통나무배와 대면한 것이다. 나도 모르게 환호성을 터트리자 모든 조사원들이 다 모여들었다. 그날 저녁, 나는 하마터면 포클레인을 살 뻔한 돈을 아낀 기념으로 술을 샀고, 모두들 통나무배 이야기로 이야기꽃을 피웠다.

통나무배의 재료는 200년쯤 자란 소나무였고, 안쪽은 불에 탄 흔적이 또렷했다. 신석기 사람들은 아름드리 소나무를 돌도끼로 찍어 넘어뜨리고, 불로 그을리면서 속을 파서 배를 만들었을 것이다. 불로 그을리는 것은 나무를 쉽게 파내려는 목적도 있지만, 해충이 나무를 좀

비봉1호 배 출토 상태, 8천년 전 비봉리 선사인들의 생활모습을 뚜렷이 보여주는 마지막 퍼즐조각이다.

먹는 걸 막는 지혜도 숨어 있다. 이로써 비봉리에 살던 신석기 사람들의 생활모습을 그려낼 마지막 퍼즐조각을 찾아낸 것이다.

이 통나무배는 여러모로 고고학사에 새로운 기록을 세웠다. 무엇보다 제작연도가 8천년 전으로 거슬러 올라가며, 이는 동아시아에서 가장 오래된 배로 손꼽힌다. 이웃 일본에서는 섬나라답게 조몬繩文시대*의 배가 백 척도 넘게 발굴되었다. 하지만 이 배들은 모두 비봉리 배보다 2천년 늦게 만들어졌다. 다만 최근 중국 저장성浙江省 콰후차오跨湖橋에서 출토된 나무배가 비봉리 배와 비슷한 시기에 만들어진 것으로 밝혀졌을 뿐이다. 우리는 이 통나무배를 '비봉1호'로 이름지었다.

아쉽게도 비봉1호는 아직 일반인들에게 공개되지 않았다. 국립중앙박물관 보존과학실로 옮겨져 보존 처리중이기 때문이다. 5년쯤 뒤면 박물관에서 8천년 전 통나무배를 직접 볼 수 있을 것이다. 한편, 우리는 뒤이어 '비봉2호'도 발굴해냈다. 비봉1호보다는 작고 파손이 심한 상태였다.

다시 비봉호를 꿈꾸며

비봉리 유적을 발굴하는 과정에서, 그리고 출토된 유물을 바탕으로 신석기시대의 생활상을 재구성하는 과정에서 많은 분들의 도움을 받았다. 규조 성분을 분석해서 이 지역이 6천여년 전에는 바다였다는 사실을 밝혀준 황상일 선생님, 도토리와 가래, 씨앗 등을 분석해서 신석

기 사람들의 먹을거리와 생태계를 정리해준 이경아 선생님, 일본과
한국을 오가며 동물유체를 모두 분류해준 카네코 히로마사金子浩昌 선
생님, 비봉1호가 무슨 나무로 만들어졌고 수령은 얼마인지를 밝혀준
박상진 선생님, 발굴 초기부터 보고서가 나오기까지 하나부터 열까지
마음써주고 함께 기뻐해준 정징원, 이건무, 이상길 선생님, 현장에서
땀 흘리고 고생한 이정근, 송영진 학형과 조사원들 …… 이 밖에도 온
갖 도움을 준 모든 분들에게 고마운 마음, 미안한 마음 전한다.

이제 비봉리는 물에 잠겨 있다. 발굴조사가 끝난 뒤에 다시 양수장
공사를 마무리했기 때문이다. 확언컨대 비봉리 유적은 빙산의 일각만
조사되었다. 하다못해 청동기시대 유적은 손도 대지 못했다. 물속 어
디쯤에는 더 많은 유물이 잠들어 있을 거라고 믿는다. 나는 여전히 다
시 이 유적을 조사하는 꿈을 꾼다. 내가 아테나이를 구한 테세우스는
아니지만, '비봉호'가 우리 신석기시대 배와 문화 연구에서 아리아드
네의 실타래가 되기를 간절히 바란다.

청동기시대의 삶과
영혼이 깃든 곳

: 진안 여의곡 유적

김승옥 전북대학교 고고문화인류학과 교수

물은 사람들 사이를 흐르고

대학에서 고고학을 가르치다보면 종종 "가장 기억에 남는 유적 조사는 뭐예요?"라는 질문을 받는다. 나는 "물 조사입니다."라고 답한다. 특정 지역의 유적 이름이 나올 거라 기대한 학생들은 '아니, 생뚱맞게 무슨 물 조사? 설마 마시는 물은 아니겠지.' 하는 표정이다. 그럴 때마다 "여러분, 살아가는 데 가장 소중한 것이 무엇인가요? 물이죠? 여러분과 나도, 과거와 현재도 이건 마찬가지예요. 그래서 나는 물과 관련된 문화재 조사가 아주 흥미롭고 가장 기억에 남습니다."라고 덧붙인다. 물 유적 중에서도 기억에 남는 곳으로는 1991년 전남 순천 주암댐과 2001년 전북 진안군 용담댐 공사 전에 발굴 조사했던 유적을 꼽을 수 있겠다.

주암댐 조사에서는 청동기시대와 원삼국시대의 대규모 취락인 대곡리 유적을, 용담댐에서는 여의곡 유적을 만날 수 있었다. 두 유적에서는 학술적 성취도 컸지만, 한편으로는 삶의 의미와 방향을 되새기곤 했던 뜻 깊은 시간이었다. 수몰지구를 조사하는 동안 고향을 등져야 하는 수몰민의 아픔과 한, 댐 공사로 얻는 것과 잃은 것, 인간의 이기로 매장될 위기에 놓인 유적들…… 우리가 잊어서는 안될, 그러나 쉬이 잊혀가는 현실과 대면하며 수많은 고민을 나누곤 했다. 발굴에 참여한 학생들과 나는 유적을 조사하면서 헤아릴 수 없이 많은 대화를 나눴다. 요즘도 그때 함께 활동했던 발굴단 학생들을 만나면 마치 엊그제처럼 그때를 떠올리곤 한다. 두 유적 가운데 여의곡 유적을 좀 더 찬찬히 들여다보도록 하자.

밭 유적에서 청동기시대 사람들의 지혜를 줍다

용담댐은 금강 상류지역에 건설되었다. 이 일대는 동쪽 백두대간과 서쪽 호남정맥으로 둘러싸여 진안고원을 이루고 있다. 발굴단은 1995

여의곡 유적 전경. 금강과 정자천이 만나
는 곳이라 넓은 평야를 이루고 있다.

년부터 용담댐 수몰지구 조사에 들어갔다. 여의곡에서 수많은 유적
유물이 발견되었으며, 방사성탄소 연대 측정 결과로 볼 때 여의곡 유
적은 기원전 8세기 전후에 형성된 것으로 확인되었다. 가장 전성기는
6~7세기 정도이며, 일부 늦은 시기의 유적은 기원전 4세기까지 존재
하였던 것으로 판단된다.

여의곡 유적은 집터, 무덤, 밭, 도랑구상, 고인돌 덮개돌상식 운반 길,
돌무더기 유구 등 청동기시대 취락의 모든 요소를 한눈에 볼 수 있는
커다란 규모이다. 왜 이처럼 넓은 유적이 여의곡에서 발견되었을까?
여의곡은 상전면에서 흘러오는 금강과 정자천이 하나로 모이는 곳에
자리 잡고 있다. 그 일대에는 충적지가 넓게 형성되어 있어 농사를 짓
기에 더없이 좋은 조건이었다. 게다가 둘레의 높은 산악지대에도 산

54

짐승과 열매 등 먹을거리가 풍성했을 것이다. 풍부한 수량과 넓은 들, 깊은 산은 사람들이 살아가기에 알맞은 환경이었다. 덕분에 여의곡은 금강 상류에서 선사시대 이래로 가장 큰 취락으로 발전할 수 있었다.

특히 이곳에서는 호남지역 최초의 청동기시대 밭농사 유적이 발견되었다. 밭농사 유적은 1,300평 정도였지만 훼손되거나 조사되지 않은 지점을 고려하면 이보다 훨씬 큰 규모의 밭이 경작되었을 것이다. 밭은 고랑과 두둑을 가지런히 정돈한 모습으로, 오늘날과 거의 똑같은 형태를 띤다. 밭고랑은 산에서 강 쪽으로 이루어져 있다. 즉 산의 등고선과 직각으로 고랑을 만들어 산에서 물이 찬찬히 흘러내

발굴중인 밭과 고인돌 운반 길 도랑 모습

리며 밭고랑을 적시도록 설계한 것이다. 청동기시대 사람들의 지혜
로운 영농법에 다시 한번 감탄할 뿐이다. 발굴단은 밭에서 흙을 채집
해 식물 규소체 분석으로 당시 재배한 농작물을 조사했다. 이 분석에
따르면 여의곡 사람들은 조, 피, 율무, 기장 등과 벼를 재배했을 가능
성이 높다. 여의곡 사람들은 이 밭에서 간돌검 같은 다양한 석기를
사용하여 집단으로 농사를 짓고 수확해서 저장용 토기 그릇에 담아
가구별로 보관하거나 지하실의 저장시설에 보관했다가 함께 나누어
먹었을 것이다.

삶과 죽음의 흔적들

여의곡 유적의 집터는 모두 둥그런 형태를 띠고 있었다. 집 내부 중앙
에는 타원형 작업 구덩이를 파고 구덩이 양끝에 기둥을 세운 흔적이
보인다. 고고학계에서는 이러한 집터를 부여 송국리 집터 발견 이후
'송국리형 집터*'라고 부른다. 이들 집터는 강가의 충적지, 충적지와
야산이 만나는 지점, 야산 꼭대기의 평탄지 등에서 모두 일곱 곳이 발
견되었다. 물론 원래는 이보다 훨씬 많은 집이 존재했을 것이다. 나중
에 자세히 살펴보겠지만, 고인돌이 모여 있는 형태로 보아 여의곡 사
회는 3~4기의 무덤이 기본 단위가 되는 가족 또는 세대 별로 공동체
를 꾸려갔던 것으로 보인다.

여의곡에서 조사단을 놀라게 한 또하나의 유적은 두 개의 거대한 도
랑 흔적이었다. 도랑은 길이 120m 안팎, 폭 1.5~2m로 파여 있었다. 이
러한 도랑은 수백명이 동원되어야 축조가 가능하다. 청동기시대 취락
의 규모를 다시금 짐작할 수 있는 대목이다. 그렇다면 이 도랑의 기능
은 무엇이었을까? 먼저, 도랑은 주거공간과 밭 및 분묘 공간을 사이로
남북 방향으로 길게 파여 있다. 즉 두 영역을 구분하는 기능을 했던 것
이다. 또 큰비가 내릴 때는 야산에서 한꺼번에 흘러내리는 물로부터 취

락지대를 보호하는 기능도 했을 것
이다.

예나 지금이나 사람이 살아가는
데는 집과 농경지가 가장 중요한 공
간이다. 그런데 한때는(때로는 지금
도) 이보다 더 중요하게 여기는 신
성한 공간이 있었다. 바로 조상의
영혼을 모시는 묘지이다. 이집트 피
라미드에서 알 수 있듯 고대인들에
게 죽음은 끝이 아니라 또다른 시작
이다. 고대인들은 죽은 이에게 편안

동그런 형태의 집터. 한가운데 타원형 구덩이를 파고, 양끝에 기둥을 세운 흔적이 보인다.

한 안식처를 제공하기 위해 무덤을 만들고 그 안에 생전에 썼던 물건
을 껴묻어준다. 무덤은 죽은 이가 언젠가 새 생명으로 탄생할 때까지
편안하게 쉬는 또다른 형태의 '집'이다.

여의곡 유적에서는 65기의 무덤이 발견되었다. 사실 1차 조사 당시

도랑 유구와 단면 모습(오른쪽 위)

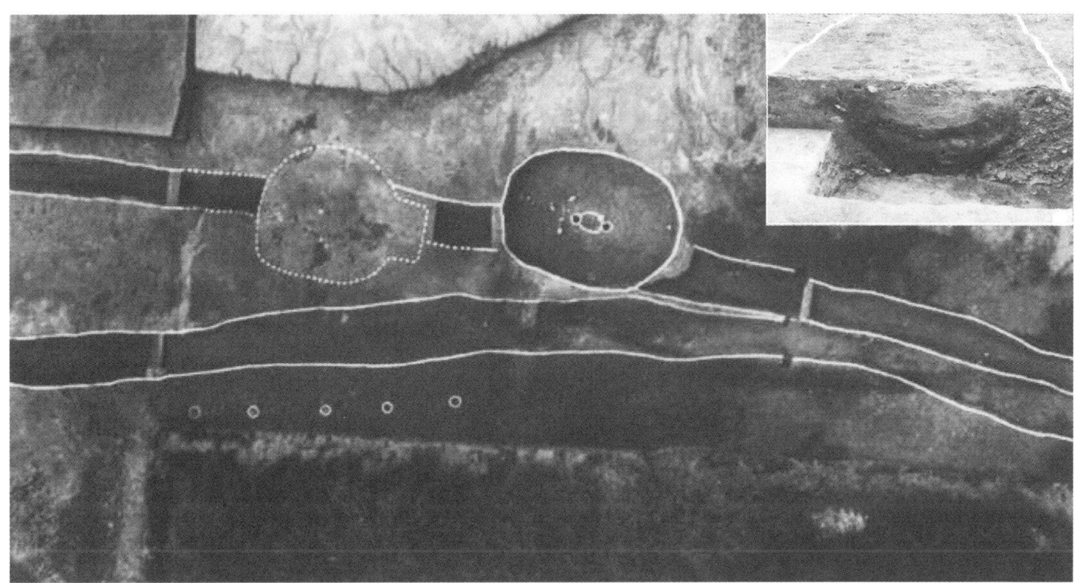

지표면에 덮개돌^{상석}이 노출된 고인돌은 3개 정도에 불과했다. 그런데 조사가 거의 끝나갈 즈음 인근 논에 고인돌이 더 있을 것 같은 예감이 들었다. 고심 끝에 발굴을 의뢰한 수자원공사에 통사정을 하여 인근 논에 시굴 구덩이를 설치할 수 있었다. 그때만 해도 발굴단은 논에서 고인돌을 찾는다 하더라도 극소수에 불과할 거라 예상했다. 그러나 예측은 완전히 빗나갔다. 수십 기의 고인돌이 쏟아져나온 것이다. 진안고원의 차가운 겨울바람에 살이 에이고, 여름 한낮 햇볕에 살이 타 들어가던 지난 고통스런 기억들이 한순간에 사라진 일생일대의 순간이었다. 그날 저녁만큼은 소주잔을 기운차게 털며 고고학의 낭만과 가치, 발굴과정에서 생긴 이야기들은 나누느라 밤새는 줄 몰랐다.

고인돌은 금강이 흐르는 방향에 따라 정연하게 배치되어 있다. 여의곡 고인돌은 기존 유적에서 보이는 고인돌에 견주어 형태가 서로 달랐다. 기존 유적의 고인돌들은 대부분 탁자식이나 바둑판식으로 배치되어 있다. 그런데 여의곡 고인돌은 크고 작은 돌을 네모꼴이나 타원형으로 평평하게 간 다음 고인돌을 하나 또는 서너 기씩 배치한

고인돌 발굴 모습

형태였다.

　고인돌 무덤에서는 돌칼과 돌화살촉을 비롯한 석기와 토기 등이 아주 많이 출토되었다.* 유물은 무덤 안뿐만이 아니라 무덤 주변에서도 깨어진 상태로 다량 발견되었다. 무덤 주변에 이들 토기를 놓아두는 게 장례 절차의 일부였던 것이다.

　청동기시대 고인돌 덮개돌 무게는 수 톤에서 수백 톤에 이른다. 엄청난 무게의 덮개돌을 채석해서 운반하기 위해서는 전문적인 장인을 비롯해서 수백 명의 노동력이 필요하다. 따라서 아무나 고인돌에 묻힐 수 없었다는 건 너무나 자명한 일이다. 더불어 계층에 따라 고인돌의 크기나 형태, 껴묻거리^{부장품}에서 차이를 보일 수밖에 없다. 이들 고인돌은 청동기사회의 계층 분화를 보여주는 뚜렷한 증거물이다.

　이러한 사회적 불평등이 여의곡 고인돌에서도 확연하게 나타난다. 여의곡 고인돌은 공동묘지 형태를 취하고 있지만 외따로 만들어진 무덤 형태와 서너 개 무덤이 함께 모여 있는 형태로 나눌 수 있다. 예를 들어 1호와 2호는 단독 묘로서 다른 무덤군과 떨어져 있다. 또한 두 무덤 모두 돌덧널^{석곽} 형태이고, 덮개돌과 묘역의 규모가 압도적으로 크고, 묘역의 한쪽에 네모꼴의 제단이 설치되어 있다. 물론 껴묻거리도 월등하게 많았다. 또한 3호, 4호, 5호는 한 묘역에 모여 있었지만 무덤의 구조와 형태, 출토 유물 등에서 1호, 2호와 거의 똑같은 모습을 띠었다. 따라서 이들 고인돌은 다른 고인돌에 견주어 사회 지배층(개인과 가족)의 무덤이라고

고인돌에서 출토된 간돌검

*무덤에서 출토된 껴묻거리로는 토기 외에도 간돌검, 홈자귀, 돌도끼(석부), 돌끌(석착), 대팻날, 가락바퀴(방추차), 그물추, 갈돌, 갈판 등 다양한 석기 유물이 출토되었다. 그중에서도 돌화살촉은 90개, 간돌검은 44개로 단일 무덤 유적으로는 가장 많은 양이 발견되었다.

덮개돌을 들어낸 2호 고인돌 모습

덮개돌을 들어낸 3, 4, 5호 고인돌 발굴 모습(5호 오른쪽 끝)

할 수 있다.

한편 3~5호는 매우 흥미로운 배치를 보여주고 있다. 즉 이들 고인돌 중 5호는 매장 방향이 3호, 4호와 직각으로 배치되어 있으며, 덮개돌과 묘역의 규모가 월등하게 작다. 이들 무덤은 부부와 어린 자식이 묻힌 가족묘였을 가능성이 높다.

여의곡 무덤은 대부분 3~5호처럼 서너 개의 무덤이 한 단위로 구성된 형태를 띤다. 말하자면 이 무덤 단위가 한 가족을 이루었던 것이다.

고인돌 덮개돌 운반의 미스터리를 풀다

고인돌을 가까이에서 본 사람들은 누구나 저렇게 육중한 무게의 덮개돌을 어떻게 운반했을까 의문이 들게 마련이다. 중장비와 철제 도구도 존재하지 않던 청동기시대에 도대체 무슨 재주로 저런 큰 돌을 옮길 수 있었을까? 이러한 의문은 고고학자들조차도 도무지 풀 수 없었던 미스터리로 남아 있었다. 그런데 이 오랜 고대사회의 신비를 여의곡 유적 발굴조사를 통해 비로소 풀 수 있었다.

유적을 한창 조사하던 어느 날, 기차의 레일 형태를 띤 폭 2m 안팎의 길이 발굴단의 눈에 들어왔다. 조사 초기에는 이 길의 성격을 도무지 알 수 없었다. 그러나 점차 해답이 보이기 시작했다. 레일 형태의 길은 세 곳에서 발견되었는데, 모두 고인돌을 향하고 있었다. 더불어 길 안쪽으로 자갈과 쪼갠 돌을 이용하여 통나무를 고정했던 흔적이 확인됐다. 이것은 바로 고인돌의 덮개돌을 운반하던 길이었던 것이다!

그동안 고고학계에서는 덮개돌 밑에 통나무들을 번갈아 끼워가며 굴리면서, 덮개돌을 옮겼을 거라고 추측했다. 그러나 이 방법은 여러 가지 기술적 문제점을 지니고 있었다. 예를 들어 운반이 비교적 쉬운 평평한 땅이라도 덮개돌의 무게 때문에 통나무가 구르지 못할 가능성이 높았다. 그러니 엄청난 노동력과 운반 시간이 필요했을 것이다. 게다가 비탈진 곳에서는 더욱더 곤란했을 게 분명하다. 그러나 통나무를 겹쳐서 레일 형태로 만들고 그 위에 덮개돌을 놓아 운반하면 이러한 문제가 말끔히 해결된다. 노동력과 운반 시간을 크게 절약할 수 있는 것이다. 고인돌 덮개돌 운반 길의 발견은 고인돌 축조의 비밀을 밝힐 수 있었던 획기적 사건이었다. 청동기시대 사람들의 지혜가 새삼 놀랍기만 하다.

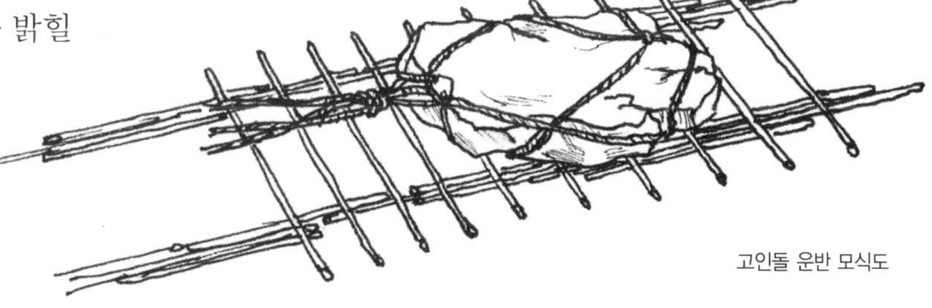

고인돌 운반 모식도

고인돌은 이처럼 여의곡 사회의 이모저모를 우리에게 알려주고 있다. 하지만 우리는 아직 청동기시대 여의곡의 모든 모습을 다 파악하지 못했다. 그러기는커녕 이제 겨우 여의곡의 아주 작은 부분만 엿볼 수 있었을 뿐이다. 고인돌은 우리가 미처 헤아리지 못한 훨씬 많은 비밀을 간직하고 있음이 분명하다.

우리는 이 땅에 살았던 사람들의 자취와 역사를 영원히 기억하고 지켜야 할 책임이 있다. 다행스럽게도 여의곡 유적은 현재 용담댐의 자연수목원 안에 원형 그대로 이전, 복원되어 있다. 여의곡 유적은 문화재가 과거와 현재, 미래를 연결하는 매개체란 사실을 다시 한번 체험하고 실감할 수 있는 역사의 현장이다. 가까운 휴일에 짬을 내어 여의곡을 찾아가보는 건 어떨까? 고대인들과의 만남을 통해 우리네 삶을 되돌아볼 수 있고, 앞으로의 삶의 방향과 문제를 진지하게 생각해 볼 수도 있을 것이다.

복원된 여의곡 고인돌

농경사회를 앞당긴
사냥술의 진화

: 춘천 천전리 유적

김권중 강원문화재연구소 팀장

구덩이의 정체를 밝혀라

선사시대 사람들의 생활모습을 떠올려보자. 하루의 대부분을 생존을 위한 사냥과 원시적인 농사일로 보냈을 것이다. 그래서 선사시대 유적은 주로 의식주와 관련되어 있다. 집터에서 나온 토기와 석기, 무덤의 껴묻거리, 조개더미의 음식물, 논밭의 씨앗 등이 전부이다. 문자도 금속문물도 존재하지 않던 시대이니 뭔가 색다른 유물이 등장할 리 없다. 그래서 선사 유적 발굴현장은 새로운 형태의 유물에 대한 기대치가 적다.

그런데 춘천 천전리 유적을 발굴하는 과정에서 이전에는 보지 못한 낯선 흔적이 발견되었다. 천전리 유적은 현재의 소양댐에서 서쪽으로 2km쯤 떨어진 들판에 자리 잡고 있다. 이곳에서 모두 147개에 이르는 타원형 구덩이들이 발견된 것이다. 이 구덩이들은 작게는 2개에서 많게는 10개까지 단위를 이루어 줄지어 파여 있었다. 구덩이는 대체로 길이 1.5~2.5m, 폭 1~1.5m, 깊이 1m~1.5m 정도의 크기이다. 아래로 내려 갈수록 폭이 점점 좁아져서 단면으로 보자면 와이(Y) 자나 브이(V) 자 형태를 띤다. 특히 좁은 구덩이 바닥 한가운데에는 막대기를 박은 구멍이 2개씩 나란히 뚫려 있었다. 그리고 유적 곳곳에서 이 구멍에 꽂아놓았던 것으로 보이는 뾰족한 나무막대기의 흔적이 출토되었다. 뾰족한 창끝이 위로 향하게 꽂힌 구덩이 모습은 흡사 전쟁터에서 사용된 살상용 부비트랩을 떠올리게 했다.

발굴 초기에 우리는 이 구덩이의 정체를 놓고 혼란에 빠졌다. 무덤일 가능성을 염두에 두었으나 껴묻은 유물이 전허 출토되지 않았고, 일반적인 형태의 무덤과는 구조와 깊이에서 크게 차이가 났다. 발굴이 계속되면서 구덩이들이 잇달아 발견되자 우리는 처음부터 다시 가설을 세워야 했다. 너른 들판에, 촘촘하게 줄지어서, 바닥이 좁은 구덩이들을 파놓은 까닭이 무엇일까? 결국 결론은 하나로 모아졌다. 바로 사냥에 쓰이던 함정이었다!

천전리 B지구 유적 전경. 촘촘하게 파인 구덩이들이 모두 함정이다.

　그동안 우리 문화재 발굴조사에서 함정이 발견된 경우는 흔치 않다. 몇몇 유적에서 거우 한두 곳 정도 흔적을 확인했을 뿐이다. 그러던 차에 이처럼 엄청난 수의 함정이 무더기로 발견된 것이다. 그러니 처음에 구덩이를 보고 함정을 떠올리지 못한 건 어쩌면 당연했다. 하지만 구덩이의 성격을 함정으로 결론짓자 모든 의문점들이 술술 풀리고 아귀가 맞아떨어졌다. 천전리 함정 유적은 선사시대 수렵활동과 생활모습을 이해하는 데 일대 전기를 마련해주었다.

선사시대 사람들은 어떻게 사냥했을까

기록에 따르면 동아프리카 탄자니아의 샴발라족은 길이 2m, 폭 1.5m, 깊이 1.75m 정도의 함정을 파서 주로 멧돼지를 사냥했다고 한

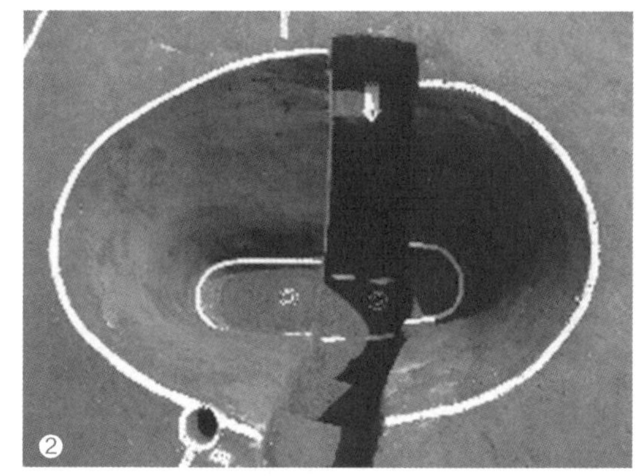

❶ ❷ 70호와 73호 함정 모습. 아래로 내려가면서 폭이 좁아진다.
❸ ❹ 75호와 83호 함정 단면 모습. 창을 꽂아두었던 흔적이 보인다.

다. 천전리 유적의 함정들도 크기가 샴발라족 함정과 비슷하다. 또한 46호와 48호 함정에서 출토된 유기물을 분석한 결과 젖먹이동물의 사체로 확인되었다. 따라서 이 구덩이들도 멧돼지 같은 고등동물을 잡기 위해 판 것으로 추정할 수 있다.

천전리 함정은 아래로 내려가면서 폭이 좁아지는데, 이런 형태는 동물이 빠졌을 때 움직임을 자유롭지 못하게 한다. 천정리 함정의 또 다른 특징은 구덩이 바닥에 살상용 창을 박아놓았다는 데 있다. 이는 독일의 민속학자 J. 리프스가 20세기 초에 정리한 남아프리카의 호텐토트족, 카피르족, 와헤헤족의 함정 구조나 일본 홋카이도 아이누족이 에조시카^{북해도에 서식하는 사슴의 일종}를 사냥할 때 설치했던 함정 구조와 닮았다.

민속자료에 따르면 함정을 이용한 사냥을 ‘구뎅이사냥’이라고 한다. 주로 평안도, 함경도, 강원도에서 많이 쓰던 사냥법이다. 구뎅이 사냥은 크게 ‘굴함정법’과 ‘장구뎅이법’이 있다. 굴함정법은 짐승이 다니는 길목에 폭이 좁은 구덩이를 한 길 깊이로 파고 밑바닥에 단단한 나무창을 거꾸로 꽂아놓은 다음, 구덩이 입구를 풀과 나무로 위장하는 방식이다. 천전리 함정이 바로 굴함정에 속한다. 이에 견주어 장구뎅이법은 짐승이 다니는 길목에 밑으로 내려갈수록 폭이 좁아지는 구덩이를 파고, 벽면에 방틀나무를 같은 길이로 잘라서 우물[井] 모양으로 둘러 짠 틀을 설치한 다음, 구덩이 입구에 살창이나 그물을 치는 방식이다. 두 가지 방법 모두 함정 사이에 장애물을 설치하고, 위장한 입구에 감자, 옥수수 이삭, 조 이삭, 콩깍지 같은 미끼를 두기도 한다.

천전리 함정 유적은 사냥감을 한곳으로 몰아서 함정에 빠뜨리는 몰이사냥 모습을 떠오르게 한다. 워낙 많은 구덩이가 줄지어 밀집되어 있기 때문이다. 하지만 몰이사냥을 하려면 그만큼 사냥감 개체수가 많아야 하고, 또 일정한 방향으로 몰아가기 위한 울타리 같은 구조물

에조시카(사슴의 일종)를 잡는 함정 모습
상상도

이 있어야 한다. 하지만 그런 흔적은 어디에도 없었다. 따라서 몰이사냥을 했을 가능성은 낮아 보인다. 대신 함정 사이사이에 가시덤불을 놓아 짐승들이 위장한 함정 위로 지나가게끔 유도하는 방법을 썼을 것이다.

농경사회로 가는 징검다리

이웃 일본에서는 유적 수천 곳에서 함정 수십만 개가 확인되었다. 이들 함정은 구석기시대에 첫선을 보이며, 주로 조몬시대에 집중되어 있다. 이에 견주어 우리나라 함정은 현재까지는 청동기시대에 등장한 걸로 조사되었다.

구석기시대와 신석기시대에는 보이지 않던 함정이 청동기시대에 갑작스럽게 등장한 까닭은 무엇일까? 아마도 본격적인 농경생활이 시작된 시기와 밀접한 관련이 있을 것으로 보인다. 청동기시대 사람들은 곡식을 재배하는 과정에서 논밭이 늘어나고, 이에 잉여생산물도 자연스럽게 증가했다. 그런데 이 과정에서 문제가 하나 생겼다. 논밭에 재배한 작물이 짐승들에게 심심찮게 피해를 입은 것이다. 최근에도 산짐승이 농작물을 파헤친 피해 사례가 보도되곤 하는데, 이 가운데 멧돼지는 사냥하기 어렵고 위험한 동물로 알려져 있다. 청동기시대 사람들도 비슷한 곤란함에 빠졌을 것이다. 그리고 그 해결 방법으로 함정을 생각해낸 건 어쩌면 당연해 보인다.

사냥은 선사시대 사람들이 생존하는 네 없어서는 안될 중요한 생활요소이다. 잡은 동물은 주요한 단백질 공급원이었을 뿐만 아니라 가죽, 뼈, 뿔 들까지 다양한 생활도구로 활용되었다. 그럼, 함정이 등장하기 전에는 어떻게 사냥을 했을까? 함정이 등장하기 전까지는 창, 화살, 사냥돌로 사냥감을 직접 맞히거나 올무, 덫을 놓는 사냥 방법을 썼다. 하지만 이런 사냥 방법은 사냥감을 찾으러 다녀야 하고,

느닷없이 멧돼지, 곰, 호랑이 같은 맹수와 맞부딪혀 위험에 빠질지도
모른다.

　하지만 함정 사냥법이 등장하면서 이 불편함이 순식간에 사라졌다.
나아가 사냥에 드는 시간을 줄임으로써 활발한 농경생활이 가능해졌
다. 드는 노동력에 견주어 잡은 동물도 적지 않았다. 이런 편리함과
효율성 때문에 함정 사냥 방법은 널리 이용되었을 것이다. 이런 사실
은 천전리 유적 안에서 함정이 넓게 퍼져나간 점으로도 확인할 수 있
다. 이처럼 함정은 획기적이고 유용한 사냥 기술이었으며, 농경사회
로 더욱 깊숙이 진입하는 데 큰 몫을 담당했다.

2천년 전의 타임캡슐

조현종 국립광주박물관 관장

직선도로 개통을 막아라

신창동은 광주 북서쪽을 흐르는 극락강^{영산강 지류}가에 자리한 마을이다. 이곳은 담양 가마골 용소에서 발원한 영산강이 병풍산 아래 광활하게 펼쳐진 들녘을 유유히 휘감아돌다가 양옆 구릉 때문에 다시 좁아진 협곡에 해당한다. 이런 지형은 빠른 물살이 많은 흙모래를 실어 날라 자연제방이 발달하게 마련이다. 또 홍수 때면 물이 제방을 범람하여 물웅덩이나 습지가 생겨나는데 이를 배후습지라고 한다. 지금도 극락강변 일대에는 이런 자연제방과 배후습지가 곳곳에 보인다. 신창동 유적은 이러한 배후습지성 호소^{湖沼}와 늪에 다시 흙모래가 쌓이면서 육지로 바뀐 곳이다. 신창동 유적에는 두터운 퇴적층이 여러 번에 걸쳐 또렷하게 드러난다. 신창동 유적이 온전한 상태로 보존된 것도 사람이 살던 문화층 위에 두터운 퇴적층이 쌓여 있었기 때문이다.

허허벌판이넌 신창동 유석은 1960년 봄, 한 주민의 제보로 처음으로 알려졌으며, 1963년 1차 발굴이 이루어졌다. 교과서에 나오는 신창동 독무덤터가 그곳이다. 그런데 이 유적 일대가 1992년 국도 1호선 개량공사로 심각하게 훼손될 위기에 놓였다. 광주—장성 구간 도로를 일직선으로 뚫는 바람에 도로가 유적의 중심부를 관통한다는 것이었다. 국립광주박물관은 유적 조사가 끝나면 도로를 개설한다는 전제로 발굴에 착수했다.

그런데 신창동 유적은 예상보다 높은 가치를 지닌 유물을 수없이 쏟아냈다. 초기철기시대의 사회상을 생생하게 보여주는 고고학의 보고였던 것이다. 구릉지대에서는 기원전 1~2세기 환호[*]와 토기를 굽던 가마, 밭, 집터 들이 확인되었으며, 특히 극락강가 평야에서는 두텁게 퇴적된 습지 유적이 우리나라에서 처음으로 발견되었다. 이 습지에서는 나무로 만든 머리빗과 굽다리접시^{고배, 다리가 높은 그릇}, 칠기^{칠그릇*}와 다양한 나무 농기구, 통발 같은 고기잡이 도구 그리고 두터운 벼껍질 층 등 지금까지 우리나라에서 출토된 유물들과는 성격이 확연히 다른

* **환호** 외부의 침입을 막기 위해 주거지 외곽을 따라 돌려가며 파놓은 구덩이. 구덩이 안에 물을 채워놓거나 무기를 설치하고 지표면을 위장했다.
* **칠기** 옻나무 껍질과 목재 사이에서 스며나오는 적갈색 액체를 바른 다음, 온도 25~30℃, 습도 75~85% 정도의 적당한 조건에서 말린 그릇. 당시 칠기 제작은 최첨단 산업이었다.

생활유물이 중심을 이루고 있었다. 2천년 전 농촌마을에서 사용되었던 생활기구 종합세트가 고스란히 드러난 셈이다.

출토 유물이 보고되자 국내 학계는 물론 일본 연구자들까지 발굴 현장에 찾아왔다. 이렇게 다양한 목제 유물과 식물 자료 들이 온전하게 출토될 수 있었던 까닭은 이곳이 습지였기 때문이다. 물은 공기 중의 산소를 차단함으로써 해충이나 곰팡이 같은 미생물이 번식하는 걸 막아준다. 따라서 유기물질로 된 유물이 형태를 유지할 수 있었던 것이다.

고고학이 과거 인류가 남긴 흔적을 발굴하고 연구해 그들의 생활모

신창동 유적의 개념도

습과 사회상, 나아가 의식까지를 복원하는 학문이라면 그 주요 연구
대상은 두말할 나위 없이 유적과 유물이다. 신창동 유적은 생활, 무덤,
생산을 망라하고 있어서 이러한 고고학의 목적에 제대로 부합하는 유
적임이 분명했다. 고고학계에서는 신창동 유적에 대한 본격적이고 광
범위한 발굴조사에 들어가야 한다고 주장했다. 그러자 도로 개발과
유적 보존 사이에서 논란이 일었고, 결국 후자 쪽으로 의견이 기울었
다. 도로를 우회하고, 체계적으로 유적을 조사해서 유적 전체의 모습
을 복원하기로 한 것이다. 더불어 습지 유적에 대한 조사방법, 출토될
유기물에 대한 보존처리체계 등 우리나라에서 처음으로 시도되는 여
러 발굴 조건에 충실히 대응하기 위해 얼마간의 시간이 필요하다는
데 의견이 모아졌다. 이로써 도로공사는 중단되고, 습지 유적은 다시
메워졌다.

두터운 벼껍질층에서 나온 유물들

그 뒤 2년여의 준비를 거쳐 1995년 5월 2차 조사가 시작되었다. 당시
기상청에서 예견한 '6월 장마' 소식은 발굴단을 한없이 어둡게 만들
었다. 하기는 장마가 아니더라도 이번 조사는 처음부터 끝까지 물과
의 싸움이 될 게 뻔했다.

　습지 조사는 여느 건조지 조사에 견주어 조사 도구와 방법 모두에
서 차이가 난다. 습지에 묻혀 있던 유물은 공기에 노출되면 빠르게 산
화가 진행된다. 따라서 햇볕과 공기를 차단해서 습기를 유지해야 한
다. 또한 미생물로부터 유물을 보호할 약품과 장비를 갖추어야 한다.

　만반의 준비를 갖춘 발굴단은 우선 지표에서 두께 1m 정도의 상부
퇴적층을 걷어내었다. 그러자 일부 지역에서 유적 퇴적층이 모습을
드러냈다. 유적 퇴적층은 한눈에 보기에도 다른 지층과 구별되었다.
곧 벼껍질이 압력에 눌려 생겨난 흑갈색 유기물층이 조사 구역 전체

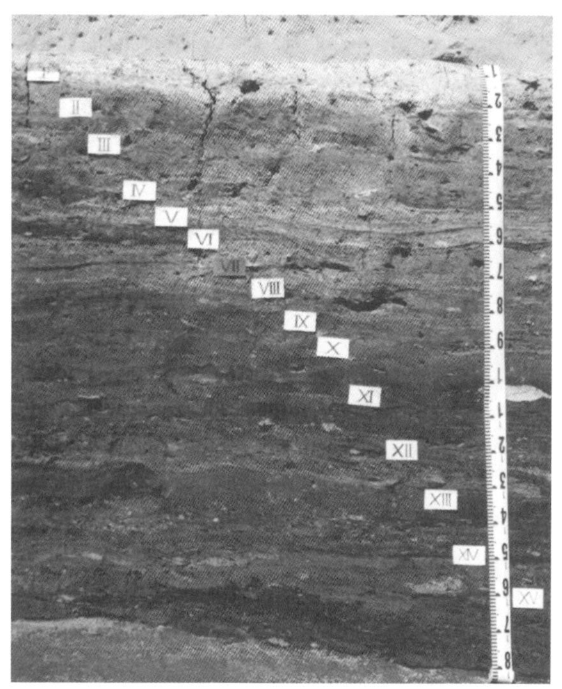

퇴적층 단면도. Ⅷ 층위 아래가 벼껍질이 포함된 유기물 층이다. 최대 두께 155cm로 단일 유적으로는 세계 최대이다.

벼껍질이 포함된 두터운 유기물층은 얼마나 많은 벼가 수확되었는지 가늠할 수 있게 해준다.

목재 발화구. 불을 얻는 도구이다. 양쪽에 난 구멍에 둥근 나무막대를 대고 빠르게 비벼 돌리면 마찰열이 생기고, 이때 생긴 불씨에서 불을 얻는다. 오른쪽에서 두 번째 길이 17.3cm

에 걸쳐 80~155cm 정도의 두께로 쌓여 있었다.

흑갈색 유기물층 아랫부분에서는 재첩, 우렁이, 다슬기 같은 민물조개류와 갖가지 물고기 뼈가 발견되었다. 이곳이 과거 호수나 습지였음을 보여주는 증거이다. 그런데 유기물층 윗부분은 구역에 따라 성분이 달랐다. 동쪽 구역에서는 토기를 굽고 난 재와 숯, 그리고 불에 탄 흙과 토기조각들이 섞여 있었다. 이곳에 토기 굽는 가마가 자리했던 게 틀림없다. 이에 견주어 서쪽 구릉 구역은 대부분 흙모래로 이루어져 있었다. 구릉에는 아마도 보리, 밀, 오이, 박 같은 작물을 재배하는 밭이 있었을 것이다. 밭의 부드러운 흙이 큰비에 쓸려 이곳에 퇴적되었을 가능성이 크다.

유적 퇴적층에서는 기원전 1세기경의 갖가지 유물들이 쏟아져나왔
다. 발화구를 비롯해서 문짝, 신발골*, 목검과 칼집, 괭이, 절구공이,
목태와 도태같은 칠기** 그리고 삿자리, 새끼줄, 빗자루까지 유물 목
록에 이름을 올렸다. 이들 유물은 대부분 '우리나라 최초'라는 수식어
가 따라붙는데, 놀랍게도 그 모양이 농촌마을에서 흔히 볼 수 있던
생활도구들과 다를 바 없었다.

* **신발골** 신발을 만드는 데 필요한
나무 형틀
** 칠기는 재료에 따라 나무그릇에
칠을 하는 목태(木胎), 흙그릇에
칠을 하는 도태(陶胎), 금속 그릇
에 칠을 하는 금태(金胎), 대나무
바구니 등에 칠을 하는 남태(籃
胎)로 나뉜다.

수준 높은 예술을 향유하다

뒤이어 3, 4차 조사가 1997년에 진행되었다. 당시 신창동 유적은 국내
외 고고학계는 물론이고 일반시민에게까지 관심을 끌었으며, 덕분에
발굴현장은 넘쳐나는 방문객으로 늘 분주하였다. 이때 출토된 대표적
인 유물로는 칠기를 만드는 데 쓰이는 옻 담는 그릇, 괭이 따위에 끼우
던 나무자루, 베틀에 딸린 바디와 실감개, 수레 부속품이 수레바퀴
축, 바퀴살, 가로걸이대가 있다. 이 가운데 바디는 동아시아에서 출토
된 유물 가운데 가장 완벽하게 보존된 형태로 국보급 유물이었다. 또
한 수레 부속품의 출현도 놀라웠다. 수레는 이 지역에 부족을 이끄는
실력자가 존재했고, 말이나 소를 능숙하게 다룰 수 있었으며, 넓은 길
이 닦이고 활발한 교역이 이뤄졌음을 보여주는 증거이다.

바디. 베틀 위쪽에서 당겨 내려서 천을 촘촘하게
짜는 데 필요한 도구. 바디는 지금도 중국 윈난을
비롯한 남아시아, 남아메리카, 아프리카 원주민들
사이에서 사용되고 있다. 길이 69.8㎝, 너비 8.0
㎝ 옆의 사진은 바디의 윗면을 확대한 모습

* **《삼국지》위서 동이전** 중국 서진 (265~316) 시기에 펴낸 《삼국지》 중 '위서'에는 부여, 고구려, 마한, 진한, 변한 등 한반도 일대에 나타난 고대국가들에 관한 기록이 있다. 각 국가의 제천의식과 풍속 들이 비교적 자세히 기록되어 있어 한반도 고대사 연구에 중요한 사료이다.

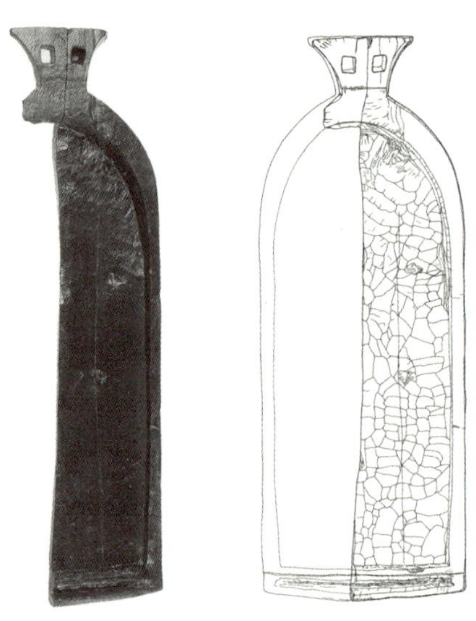

현악기 사진과 도면. 벚나무로 만들어졌으며, 길이 77.2㎝, 너비 15.9㎝(원래 너비는 최대 28.4㎝로 추정), 현은 10줄로 추정된다.

하지만 이 놀라운 유물들이 한순간에 빛을 잃을 만한 유물이 출토되었으니, 바로 현악기이다. 발굴된 현악기는 길이 77.2㎝, 폭 28.2㎝였다. 《삼국지》 위서 동이전*에는 "슬瑟이라는 악기가 있는데 그 모양이 중국 현악기인 축筑과 같다. 이것을 타면 소리와 곡조가 나온다."는 내용이 나온다. 이것으로 보아 현악기는 슬일 가능성이 많다. 뒤이어 유적에서 타악기로 보이는 유물도 출토되었다. 2천년 전 사람들이 현악기와 타악기를 연주하며 축제를 벌이는 장면을 떠올려보라. 초기철기시대 사람들이 수준 높은 예술을 향유했다는 사실은 오늘날 우리를 괜스레 들뜨게 한다. 우리 안에 그들의 피가 흐르고 있음에 마음이 뿌듯해지지 않는가!

발굴조사는 그 뒤로도 1998년까지 다섯 차례에 걸쳐 이루어졌다. 이를 바탕으로 조사단은 습지의 퇴적층 형성과정과 규모, 그리고 당대의 생활모습과 사회체계를 어느 정도 밝힐 수 있었다. 이제 2천년 전 신창동 모습을 재현해보자.

2천년 전 신창동 사람들의 생활모습을 상상하다

신창동 사람들은 주변을 경계하기 좋고 양지바른 산등성이에 억새와 갈대로 이엉을 얹은 집을 짓고 살았다. 마당이나 부엌 근처에는 싸리나무를 칡으로 동여 만든 빗자루가 두어 개쯤 널려 있었으며, 또 여기저기 세워놓은 농기구도 보였다.

마을 아래 나지막한 들녘에는 논을 만들고 물길을 낸 뒤 재배한 벼가 자라고 있었다. 그들은 나무자루가 달린 낫으로 벼를 수확하였다. 체계적인 농사법 덕분에 벼 수확량은 아주 많았다. 퇴적층에서 발견되는 두터운 벼 껍질층이 이를 증명한다.

그들은 농사일 틈틈이 그물로 물고기를 잡고, 활을 메고 나서서 노루와 같은 멧짐승을 사냥했다. 더불어 농한기에는 크고 작은 자귀나 도끼로 나무를 다듬어 나무그릇과 칠기를 만들었다. 특히 칠기 제작법은 당시에 가장 뛰어난 기술이었으며 주변 부족들과 교역을 하는 데 큰 몫을 담당했을 것이다. 유적의 습지 가장자리에 박혀 있던 지름 30㎝ 정도의 나무기둥들은 물가에 세워진 공방 건물의 기둥이었을 가능성이 많다. 또한 그들은 발화구로 언제나 필요한 불을 간단히 얻을 수 있었으며, 신발골로 다양한 크기의 신발을 제작할 수 있었다.

이처럼 뛰어난 기술을 바탕으로 잉여생산물을 축적한 그들은 부족의 실력자를 중심으로 질서를 유지하며, 다른 부족과 활발하게 교류했다. 수레로 많은 생산물을 한꺼번에 실어나르기도 했다. 그들은《삼

높이 80㎝ 정도의 큰항아리, 시루, 여러 크기의 용기, 지름 4~5㎝ 정도의 작은 그릇, 그리고 다양한 제사용 그릇이 출토되었다. 저장과 조리, 분배 등 쓰임에 따라 그릇 종류가 나뉘어 있다.

국지》위서 동이전에서 기록된 바와 같이 씨앗을 뿌리거나 수확을 할 때, 또한 마을의 안녕을 기원하며 한데 어울려 현악기와 타악기를 연주하며 춤과 노래로 하늘에 제사를 지내고 잔치를 벌였을 것이다.

물론 이런 상상은 부분적으로 과장되거나 오류가 있을 수 있다. 하지만 한 가지만은 확실하다. 신창동 유적은 2천년 전 그들이 우리가 생각하는 것보다 훨씬 풍성하고 다양한 삶을 꾸려갔음을 또렷이 보여 주었다는 점이다. 게다가 신창동은 여전히 발굴해야 할 유적지가 넓게 남아 있는 상태이다. 습지 유적뿐만 아니라 주변 구릉지대에서는 또 어떤 새로운 모습을 보여줄지 벌써부터 기대가 된다. 신창동 7만5천여 평 유적지는 역사 여명기의 생활모습과 사회문화를 이해하는 데 큰 도움을 준 곳으로 기억될 것이다.

청동기사회에 불어온 변화의 바람

┆ 울주 검단리 유적

안재호 동국대학교 고고미술사학과 교수

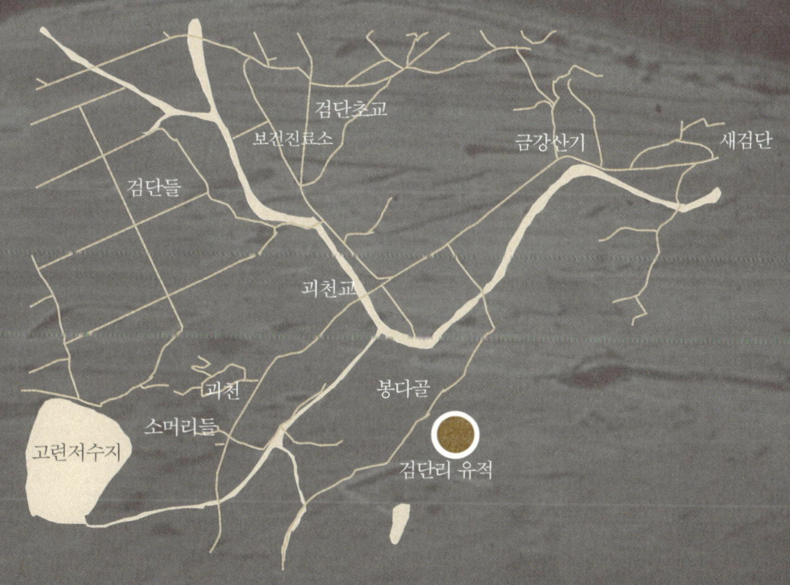

중장비로 유적을 발굴한다고?

1989년 봄기운이 피어오르던 어느 날이었다. 나는 한 지역신문을 보다가 그 자리에서 벌떡 일어났다. 검단리에 골프장을 만든다는 기사가 실린 것이다. 검단리는 청동기시대 유적이 출토될 가능성이 많은 지역으로 이제나 저제나 유물 발굴을 손꼽아 기다리던 곳이다. 그 중요한 유적지를 뒤엎고 골프장을 만들다니!

나는 부산대학교 박물관 연구원들과 현장으로 부랴부랴 지표조사를 나갔다. 가는 내내 유물을 확인하지 못하면 어쩌나 하는 걱정이 가득했다. 다행히 야산을 샅샅이 뒤져서 몇몇 민무늬토기 파편과 석기 조각을 찾을 수 있었다. 적은 양이었지만 청동기 유물이 틀림없었다. 우리는 경상남도 도청의 문화재 담당 연구관과 골프장 관련 업체에 이 유물을 내보이며 이 일대에 대한 발굴 허가를 요청했다. 고맙게도 골프장 건설 관계자들도 우리 의견을 십분 이해해주었다. 덕분에 이듬해 2월부터 검단리 유적 발굴에 들어갈 수 있었다.

초기 발굴과정에는 포클레인과 불도저를 동원했다. 유적지로 추정되는 곳의 토층을 중장비로 한꺼풀 벗겨낸 것이다. 유적 발굴과 중장

검단리 유적 전경. 유적을 가로질러 길고 둥그렇게 파인 구덩이가 환호이다.

비라니, 참 낯선 조합이다. 하지만 중장비는 이미 1986년 부산 복천동 고분과 하남 미사리 유적에서도 선을 보인 바 있다. 유적 문화층 위에 퇴적층이 두텁게 쌓인 경우 일손과 시간을 줄이는 효과를 볼 수 있다. 물론 중장비로 작업하는 동안 늘 곁에서 꼼꼼히 지켜보아야 한다. 최근에는 상부층를 중장비로 벗거내는 것이 일반적이고, 유물과 유구가 남겨진 지층부터는 모종삽이나 호미 또는 곡괭이 등으로 파다가 세밀한 작업이 요구되는 곳에서는 대나무칼이나 붓으로 정밀하게 발굴한다.

이 유적 발굴을 통해 12,000㎡ 넓은 부지의 검단리 유적이 그 웅장한 모습을 내보였다. 넓은 유적지에 당대의 생활상을 보여주는 108기의 주거지와 흙구덩이, 3기의 무덤이 발굴되었다. 당시 가장 큰 규모의 청동기 유적이었다.

큰 도랑의 정체는 무엇일까

발굴조사 결과 검단리 유적은 구릉 위에서 아래로 생활터전을 차츰 확장하면서 크게 세 번의 변화를 겪은 흔적이 있었다. 그중 1단계는 청동기 전기의 마지막 무렵, 2단계와 3단계는 청동기 후기에 생활터전을 잡고 살았던 것으로 보인다.

그런데 구릉 정상부 해발 120m 지점의 1호와 2호 주거지 사이의 유적에서 우리는 정체불명의 긴 도랑을 발견했다. 도랑은 타원형으로 주거지를 감싸고 있었는데, 전체 둘레 298m, 직경 118×70m, 내부 면적 5,974㎡나 되는 작지 않은 규모였다. 구릉을 따라 완만한 곡선을 그리며 파여 있는 도랑은 마치 유적 중심부를 감싸고 있는 듯 보였다.

우리는 이 낯선 도랑이 환호라는 걸 직감했다. 한반도 청동기시대 유적 발굴사에 남을 만한 일대 사건이었다. 환호 유적은 크게 두 가지 의미로 풀이할 수 있다. 먼저 환호는 외부로부터 주거공간을 방어하

흙을 파낸 뒤에 모습을 드러낸 환호

는 시설물이다. 곧 지켜야 할 재산(잉여생산물)이 존재했다는 뜻이다. 실제로 2단계 마을에는 화살촉 수가 다른 시기보다 두 배가 넘게 발견되었다. 이는 수렵생활이 발달했기 때문일 수도 있겠지만, 다른 부족과의 분쟁이 빈번했기 때문일 가능성이 크다. 무덤 내부에서 발견된 부러진 화살촉도 이 가능성에 무게를 실어주고 있다.

다음으로 환호는 한 집단을 안팎으로 나누는 구분선이었다. 또한 환호는 제사의례를 치루는 장소와 같은 특별한 공간을 구획하기도 했다. 이는 곧 청동기사회에 계층이 발생했다는 뜻이다. 계층의 발생은 선사시대의 발전과정에서 아주 중요한 의미를 지닌다. 따라서 환호는 한반도의 선사시대를 설명하는 데 없어서는 안될 중요한 유적이었던 것이다.

검단리 유적 이전 우리나라 청동기 유적 발굴과정에서는 환호가 발견된 적이 없었다. 고고학계에서는 중국과 일본의 선사 농경사회에서 많이 발견되는 환호가 한반도에서는 존재하지 않는 이유를 두고 의견이 분분했었다. 또 일본 학계에서는 농경문화가 한반도를 거치지 않고 중국에서 일본으로 곧바로 유입되었을 가능성을 검토하고 있었다. 사실 일본의 선사 농경문화는 송국리 문화의 흔적이 고스란히 나타난다. 한반도에서 일본으로 전파되었던 게 확실하다는 뜻이다. 그런데 정작 우리 청동기 유적에서 환호가 발견되지 않았으니 논란이 일 수밖에 없었다. 그러던 차에 검단리 환호 유적이 발견되면서 이 혼란을 모두 잠재운 것이다. 중국과 일본 학자들이 직접 찾아와 큰 관심을 보인 까닭도 여기에 있다.

검단리 발굴 이후 환호는 여러 유적에서 잇따라 발견되었다. 환호는 시기에 따라 다른 모습을 띤다. 신석기시대 또는 청동기시대 초기의 환호는 마을 외곽 일부에만 파여 있었다. 여기에 견주어 검단리처럼 마을을 완전히 감싸듯이 파인 환호는 농경사회가 크게 발전한 청동기시대 전기 마지막 전후에 나타난다. 농업생산성이 높아지면서 환호의 규모도 자연스레 커진 것이다.

지역 통합형 마을 공동체를 이루다

환호 안쪽 구역에는 40여 곳의 집터가 발견되었으며, 이 가운데 여섯 곳이 환호가 만들어진 시기, 즉 검단리 2단계에 지어진 것으로 보인다. 그리고 환호 외곽에는 중형 집터 두 곳과 소형 집터 세 곳이 발견되었다. 환호 안쪽 집터는 바깥쪽과 견주어 규모가 크지 않고 특별한 유물이 출토되지는 않았다. 다만 환호 안쪽 중앙에 자리 잡은 중간 크기 집터와 그 옆 공터가 눈에 띄는데, 이 공터에서는 제사를 지내던 'ㄱ'자 모양의 긴 고랑이 발견되었다. 환호 내부의 2단계 공동체는 세 동의 중형 집터가 공존하는 것으로 보아 아직 그 내부에서 사회계층 분화가 또렷하게 일어나지 않았을 것이다. 아마도 친족으로 구성된 두세 집단이 연합한 형태로 마을을 이루고 있었던 것 같다.

유적에서는 이전 시기의 주거지를 무너뜨리고 환호를 파거나, 반대로 환호를 없애고 주거지가 들어선 경우도 있었다. 이는 환호가 특정 시기에만 존재했다는 사실을 뜻한다. 이런 특징은 검단리 유적만

검단리 3단계 시기에 나타난 69호 대형 주거지(앞쪽은 깎여나간 상태). 사회계층이 분화되었음을 뚜렷이 보여준다.

이 아니라 우리나라 청동기 유적에서 똑같이 도드라진다. 이에 견주어 일본의 청동기 유적은 환호가 이중삼중으로 확대되어가는 양상을 보인다. 왜 이런 차이가 나는 걸까? 어쩌면 우리나라는 사회계층을 확연히 구별하기보다는 공동체의식이 강했기 때문이 아닐까.

검단리 청동기 사회는 3단계에 들어 커다란 변화를 겪는다. 3단계에는 묘지 근처에서 대형 집터[69호]가 발견되었다. 부족의 수장이 이곳에 머물며 조상 묘소 가까이에 거주하면서 각종 의례를 관장했을 것이다. 이 유적에서 3단계 청동기시대 사회는 혈연적 유대관계가 약화되고 위계질서를 갖춘 마을공동체로 재구성되었음을 엿볼 수 있다. 마을을 하나의 공동체로 만들려면 강력한 힘을 지닌 수장이 필요하다. 또한 각 구성원들을 통제할 갖가지 규제도 이 시기에 등장했을 것이다.

3단계에는 수전경작[논농사]으로 농업생산량이 크게 증가한다. 당연히 경제활동이 활발해지면서 부족간 경쟁과 연대도 한층 빈번하게 일어났을 것이다. 그러니까 마을마다 외떨어져 살아가는 것이 아니라, 넓은 지역권이 하나의 생활 네트워크를 이루는 지역 통합 시대였던 것이다.

지역 통합 현상은 비단 검단리 유적에서만 보이는 것은 아니다. 한반도 청동기시대 사회는 후기에 들어서 이웃 집단과의 분쟁이 끊이지 않았다. 그러면서 강력한 힘으로 공동체를 이끌고 지키는 수장이 등장하게 되었다. 이 시기 여러 청동기 유적에서는 일반 무덤 자리와 구분된 특별한 공간, 곧 권력자의 묘역이 등장한다. 돌을 쌓거나 도랑을

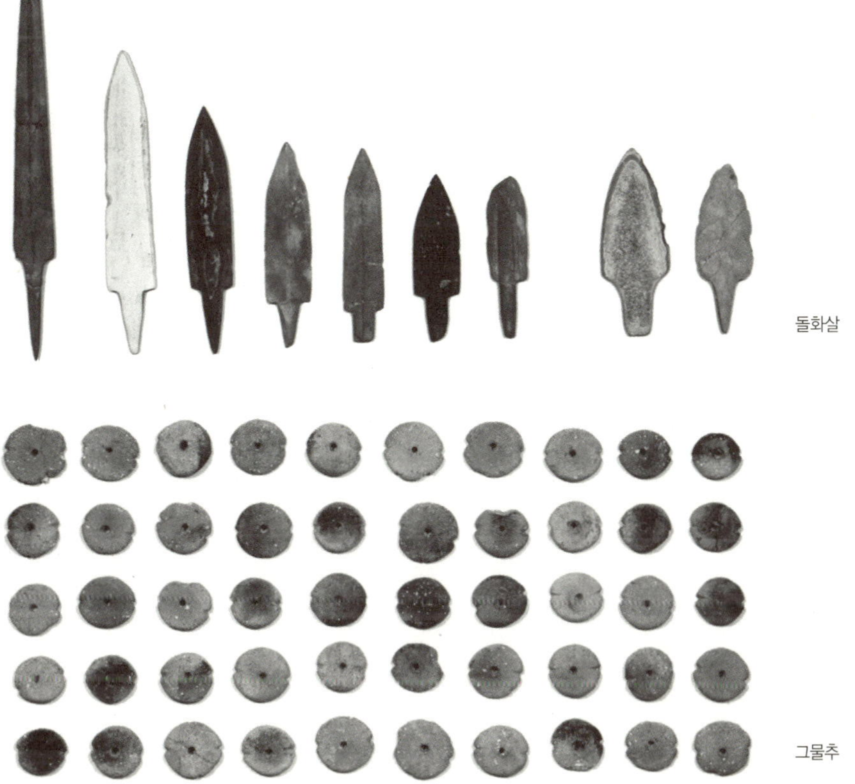

돌화살

그물추

파서 구분해놓은 이 묘역은 수십 미터에 이르기도 하고, 봉분을 쌓아서 높이 솟아 눈에 잘 띄는 특징을 보인다.

이 밖에도 3단계에는 대형 가옥에서 대가족이 모여 살던 생활방식이 해체되고 중소형 가옥에서 핵가족 단위로 살아가게 되었다. 또 비파형 청동검 또는 이를 모방한 간돌검이 신분을 나타내는 상징물로 제작되었다. 제사와 같은 각종 의례행사에 쓰이는 붉은간토기^{적색마연}토기*도 지역마다 모습을 달리하며 나타난다. 이는 지역에 따라 의례를 지내는 방식에 차이가 있었음을 뜻한다.

수장이 권력을 키울수록 안으로는 공동체의 결속력을 강화하고, 밖으로는 이웃 지역 집단과의 분쟁이 치열해질 수밖에 없다. 그러면

* **붉은간토기** 토기 겉면에 산화철을 바르고 갈아서 매끈하게 만든 토기를 일컫는다.

서 내부에서는 종속적인 관계에서 벗어나려는 움직임이 나타나고, 또 분쟁을 피해 이동하는 집단도 생겨나게 마련이다. 즉 이 시기는 '지역 공동체의 재편성 시기'로 규정할 수 있으며, 이 시기에 한반도 특히 경남지역의 농경문화가 일본에 전파된 것도 이러한 정세에 따른 집단 이동의 결과일 것이다.

검단리 유적은 그대로 흙으로 덮여 다시 그 격동의 모습이 재현되기를 기다리고 있다.

청동기시대에도 큰 도시가 있었다

:: 진주 대평리 유적

이상길 경남대학교 역사학과 교수

굽이쳐 흐르는 남강이 선물한 땅

덕유산에서 발원한 남강은 경남 중서부지역을 지나 낙동강으로 흘러
들어간다. 남강은 낙동강의 한 지류로 분류되지만 길이186.3㎞와 면적
3,492.5㎢, 그리고 주변의 여러 지류위천, 임천, 덕천강, 함안천 등에서 흘러드는
풍부한 수량으로 보아 독립된 하천으로 인정하기에 손색이 없다. 남
강은 특히 함양, 산청, 진주의 산간분지를 휘돌아 흐르는 과정에서 곳
곳에 크고작은 충적지를 만드는데, 이들 비옥한 충적대지는 선사시대
사람들이 생활하기에 매우 좋은 조건을 갖추고 있었다.

대평리는 남강이 만들어낸 충적지 가운데 규모가 가장 크다. 덕분
에 신석기시대 후기부터 많은 사람들이 모여 살았으며, 청동기시대에
본격적으로 취락을 이루었다. 이곳 청동기사회는 식량 생산이 크게
발달하고, 사회계층이 뚜렷이 분화하였으며, 인구 증가에 따라 취락
규모가 확대되고, 부족 사이에 전쟁이 빈번하게 발생했다. 이에 따라

대평리 어은1지구 전경. 남강의 풍부한 수량과 기름진 충적지는 사람이 생활하기에 덧없이 좋은 조건이다.

부족공동체를 보호할 방어시설이 등장하고, 지배층의 힘을 과시하는 거대한 무덤이 조성된 것도 바로 이 시기였다. 이처럼 남강 대평리에 형성된 청동기사회는 역동적이고 높은 문화수준을 이루고 있었다.

대평리 유적에서는 집터와 무덤을 비롯하여 당시의 생활상을 보여 주는 많은 유물이 출토되었다. 특히 집터는 수백 동이 넘게 발견되었 는데, 오랜 시간을 거치며 주거지가 형성되었다고 하더라도 마을 규 모가 매우 컸음을 알 수 있다. 이들 집터에서는 쌀을 비롯하여 보리, 밀, 조, 기장, 콩, 들깨 같은 곡물이 출토되었다. 아울러 수확용 도구 인 반달돌칼도 많이 출토된 것으로 보아 이곳에서 살던 사람들이 전 문적으로 농사를 지었음을 알 수 있다. 실제로 주거공간 주변에는 국 내 최대 규모의 밭 유적이 발견되었다.

청동기 유적에서 찾은 오늘날 농촌 풍경

남강유역에 있는 선사시대 유적은 1967년 남강 다목적댐을 건설하는 과정에서 처음 알려졌다. 국립문화재연구소는 1975년부터 80년까지 대평리 일대에 대한 발굴조사를 실시했다. 그런데 당시에는 고인돌처 럼 지상에서 흔적을 확인할 수 있는 것들만 발굴대상으로 삼았었다. 대평리 유적의 진면목이 그대로 땅속에 묻힐 뻔한 것이다.

그러다가 1989년부터 남강댐 보강공사를 준비하면서 남강유역의 유적에 대한 발굴조사가 다시 실시되었다. 1995년부터 99년까지 5개 년에 걸친 발굴조사에서는 대규모 구석기시대, 신석기시대, 청동기시 대 유적이 발견되었다. 그중에서도 밀양 금천리, 울산 무거동 옥현, 울산 야음동의 논 유적과 진주 대평리와 평거동에서 발굴된 대규모 밭 유적은 청동기 농경문화 연구에 새로운 전기를 마련해주었다. 특 히 대평리 유적은 규모와 중요성에서 단연 눈에 띄었다.

인류는 신석기시대부터 한곳에 정착하면서 농경생활을 시작했다.

청동기시대에는 농업이 식량을 마련하는 가장 중요한 수단이 되었다. 대평리 밭 유적의 지리적 위치와 규모가 이를 증명하고 있다.

대평리 밭 유적은 남강 자연제방 뒤쪽 경사진 곳에 위치하는데, 그 규모가 무려 1만2천여 평이나 된다. 당시의 밭은 오늘날처럼 밭둑으로 구획되어 있지 않았다. 이로 보아 개인별로 밭을 분할하지 않고 공동으로 경작하고 수확했던 것으로 짐작된다. 청동기시대에는 논이나 밭과 같은 토지에 대한 소유개념이 발생하지 않았음을 보여주는 좋은 증거이다.

밭은 두둑과 고랑으로 파도 모양을 이루고 있다. 두둑은 완만하게 높은 부분을, 고랑은 낮은 부분을 일컫는다. 또, 하나의 고랑과 두둑을 합해서 이랑이라고 한다. 밭작물은 일반적으로 두둑에 심는데, 종류에 따라서는 고랑에 심는 경우도 있다. 그런데 놀랍게도 대평리 밭은 고랑과 두둑의 모양이 조금씩 달랐다. 이는 밭에 심는 작물의 종류에 따라 이랑의 모양을 달리 했다는 뜻이다. 청동기시대에 이미 작물에 알맞은 농사법이 개발된 것이다.

이처럼 대평리 밭 유적은 밭둑이 없다는 점 말고는 요즘 밭과 놀라울 만큼 비슷했다. 청동기시대 밭 유적을 발굴했다는 소식을 듣고 모여든 고고학자들이 한결같이 '이 마을 사람들이 최근에 만든 것이 아닐까?' 하고 의심할 정도였다. 땅속 깊숙이 묻혀 있었을 뿐 아니라, 당대의 토기나 석기가 함께 출토되었으므로 시기를 믿을 만하다고 설명해도 좀처럼 믿으려 하지 않았다. 그만큼 두둑과 고랑이 다양하고 가지런하게 정돈되어 있었다.

밭은 대부분 마을 주변에 넓게 만들어져 있는데, 밭과 마을이 뒤섞여 있지 않고 서로 분명하게 나뉘어 있었다. 이 역시 오늘날 농촌과 비슷한 풍경이다. 밭에서는 당시 주식으로 삼던 조와 기장을 주로 재배한 것으로 보인다. 이 밖에도 보리, 밀, 콩뿐만 아니라 들깨 같은 향신료도 재배했던 것으로 확인되었다. 캐나다 토론토대학에서 분석한 결

어은1지구 밭 유적. 두둑과 고랑을 만든 방식이 오늘날의 밭 모습과 다르지 않다.

과 대평리 밭에서 재배된 들깨가 아시아에서 가장 오래된 것이라고 한다. 선조들의 맛에 대한 높은 감각이 새삼 자랑스럽다.

때때로 집터 주변에서 규모가 아주 작은 밭이 발굴되기도 했다. 이는 요즘 농가의 텃밭과 다를 게 없다. 당시에도 찬거리에 필요한 간단한 채소는 집 옆의 텃밭에 재배했을 것이다.

한편 대평리 집터에서는 많은 양의 쌀이 출토되었지만 논 유적은 발견하지 못했다. 이게 어찌된 일일까? 지형적으로 보자면 논은 대부분 자연제방의 배후습지 주변에 만들어진다. 그런데 안타깝게도 대평리 유적을 발굴할 때 해당 지역을 발굴하지 못했다. 배후습지까지 발굴했더라면 우리는 논농사의 흔적과 함께 지금보다 훨씬 큰 규모의 청동기 유적과 마주했을 것이다. 두고두고 아쉬움이 남는 대목이다.

대평리 사람들은 어떻게 살았을까

청동기시대에 대평리에 살던 사람들이 농사를 짓게 된 까닭으로는 환경·지형·토양 등 제반 여건이 함께 작용했을 것이다. 당시 대평리는 농사를 짓기에 맞춤한 조건을 두루 갖춘 곳이었다. 그들은 기름진 충적지를 이용하여 안정적으로 농경생활을 꾸려갈 수 있었다.

밭을 일구고 작물을 가꾸는 데에는 돌로 만든 괭이, 호미, 부리형 석기*들이 사용되었다. 목기를 만드는 데 사용되는 도끼나 끌 같은 도구도 많이 출토되는 것으로 보아 목제 농기구도 많이 사용되었으리라 짐작된다. 대평리 같은 충적지는 흙이 아주 곱고 부드럽기 때문에 간단한 목제 농기구로도 밭을 충분히 일굴 수 있다는 이점이 있다. 실제 우리 발굴단은 발굴하는 내내 돌이 전혀 섞이지 않은 고운 흙을 맨발로 밟고 다녔다. 그 폭신하고 매끄러운 촉감은 오랫동안 잊히지 않는 추억이다.

곡물이 익으면 반달돌칼이나 돌낫으로 수확하였다. 수확한 곡물은 높은 평상高床을 갖춘 창고나 땅속 구덩이, 또는 대형 토기에 저장하였다. 이 저장시설에서 곡식을 조금씩 가져다가 갈돌과 갈판으로 껍질을 벗기거나 가루로 만들어 음식으로 조리했다. 청동기시대 초기에는 집 안에 화덕이 있었으나, 중기부터는 집 바깥에 화덕을 마련했다.

집터에서 출토된 토기들은 당시의 식생활을 생생하게 보여준다. 먼저 중간 크기의 발형鉢形 토기**가 많이 출토되었는데, 이들 토기 밑바닥은 검게 탄 흔적이 또렷하다. 곡물을 조리하는 데 쓰이던 토기라는 뜻이다. 이에 견주어 작은 접시나 보시기 같은 토기는 음식을 덜어 먹는 식사용으로 쓰였을 것이다. 이처럼 청동기시대 선조들은 용도에 따라 다양한 그릇을 사용했을 만큼 수준 높은 식생활과 음식문화를 이루고 있었다. 한편 이들 토기는 모두 청동기시대를 대표하는 민무늬토기 형태를 띠고 있다. 대평리 유적이 청동기시대의 유산임을 보여주는 또하나의 증거이다.

청동기시대 대평리에 삶의 터전을 잡은 사람들은 대규모 농지를 기반으로 풍부한 잉여생산물을 축적했다. 또 농사를 지으면서 시간을 계획적으로 활용하게 되었고, 여분의 시간에 옥 장신구나 석기를 만들었다. 그들은 이 생산품을 가지고 주변 부족들과 교역했고, 대평리 같은 내륙에서는 구하기 어려운 소금이나 해산물을 공급받을 수 있었다. 이를 바탕으로 대평리 민무늬토기 부족은 인구가 증가하고 사회계층이 분화하면서 6백년 넘게 유지되었다.

농경사회 취락의 가장 큰 특징은 방어시설*의 출현이다. '환호취락' 또는 '방어집락'으로 일컬어지는 이 유형의 취락은 세계적으로 농경사회에서 공통적으로 등장한다. 유럽이나 중국에서는 신석기시대에 이미 대규모 방어시설이 등장하지만, 한반도에서는 청동기 중기에 이르러 비로소 나타난다. 방어시설은 마을 전체를 감싸는 환호와 흙담장, 목책 들을 꼽을 수 있다.

* **방어시설** 취락 내의 사람과 재산을 보호하는 시설물. 경남지역에서는 울산 검단리 유적을 비롯하여 창원 남산 유적, 산청 사월리 유적, 진주 대평리 유적 등에서 환호 같은 방어시설이 확인되었다.

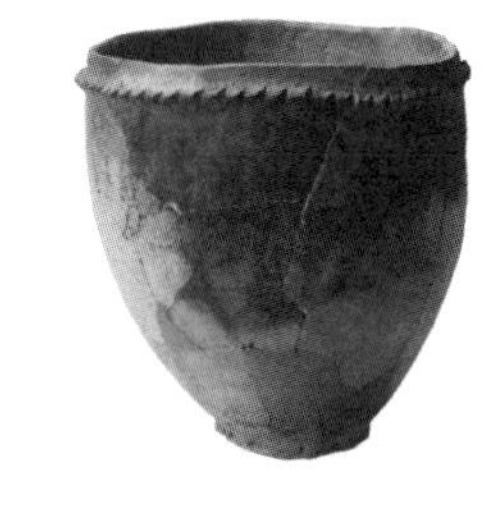

어은1지구 110호 주거지에서 출토된 돌대문토기, 높이 25.5㎝

어은1지구에서 출토된 갖가지 토기

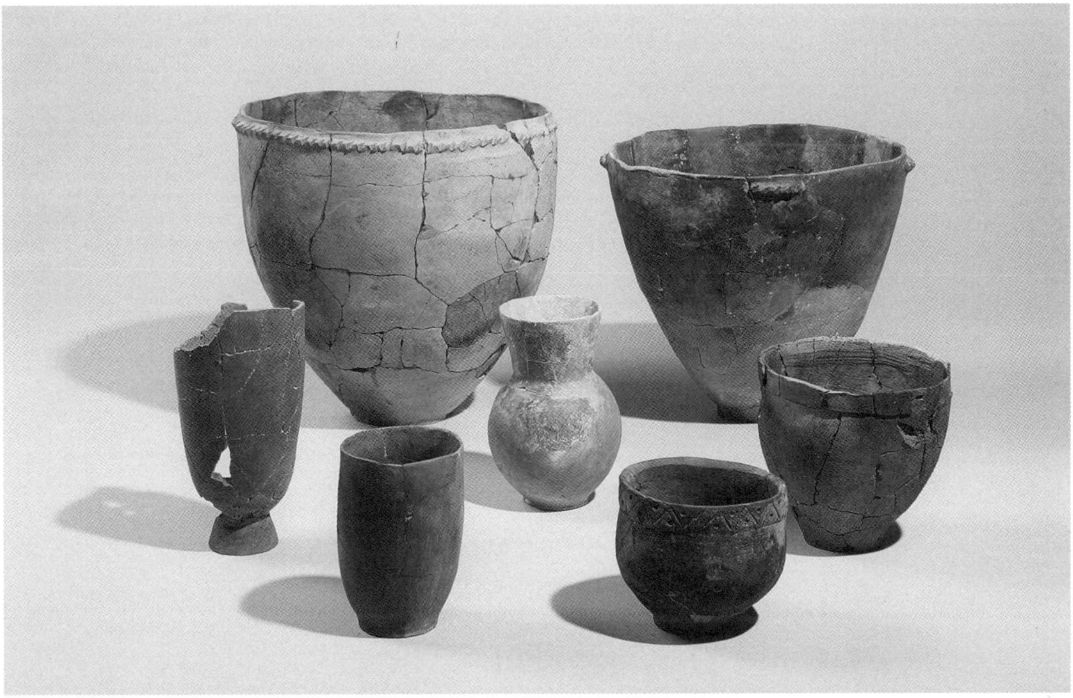

대평리 유적의 옥방 1지구와 옥방 4지구 환호 역시 청동기 중기에 설치된 것으로 보인다. 물론 이는 밭이 대규모로 경작되던 시기와 일치한다. 이 시기에 대평리에는 적어도 2개 이상의 대규모 환호취락이 형성되었던 것으로 보인다. 마을과 밭의 규모로 보아 대평리에는 수천명이 모여 살았을 것이다. 이쯤 되면 '청동기시대의 도시'라 불러도 좋지 않을까.

대평리는 참으로 조용하고 아름다운 강변 농촌마을이다. 어쩌면 선사시대의 풍경도 크게 다르지 않았을 것이다. 해질 무렵 강둑에 서서 너른 들판과 맑은 남강을 바라보면 마치 내가 3천년 전으로 거슬러 올라간 것 같은 착각에 빠질 때가 많았다. 청동기시대 사람들도 노을 이 아름다운 하늘을 배경 삼아 이처럼 서 있었을 것이다. 그때 그들은 과연 무슨 생각을 했을까? 3천년이라는 시간이 흐른 뒤, 자기들 삶의 터전이 이처럼 세상에 다시 드러날 것을 알았을까? 발굴하는 내내 마음이 참으로 푸근하고 따스했던 기억이 지금껏 새록새록 남는다.

논농사가 시작되던 시기의 풍경

: 논산 마전리 유적

이홍종 고려대학교 고고미술사학과 교수

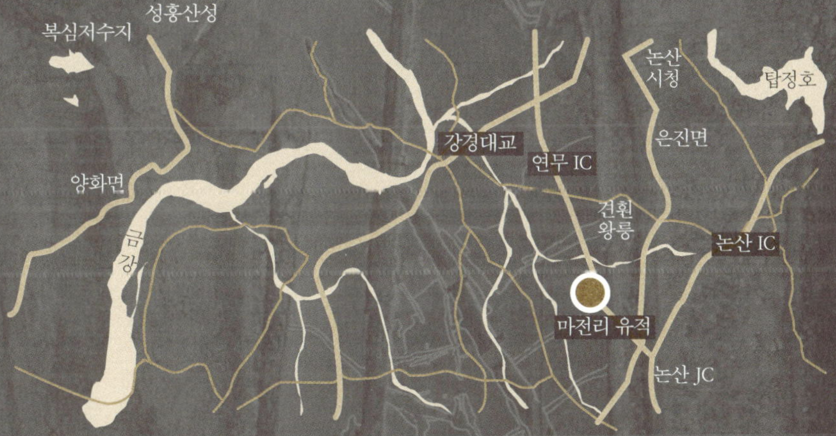

논 유적을 찾아라

후쿠오카의 이타즈케板付 유적은 일본에서 가장 오래된 농경 유적이다. 우리나라에서 건너간 청동기시대 집단이 처음 정착하여 논농사를 짓기 시작한 곳인 셈이다. 일본 유학시절 그 현장에서 줄곧 발굴에 참여했다. 4년간의 유학생활은 어려움도 많았지만 많은 자극을 받은 소중한 시간이었다. 이 경험을 통해 나는 동아시아 농경민족의 기원을 밝히는 연구에 전념하기로 결심했다. 한반도에 언제 어떻게 논농사가 도입되었는지, 농사법이 어떻게 발전하였고 생활에 어떤 영향을 주었는지, 한반도 사람들은 어떤 이유에서 일본으로 건너가 농경문화를 퍼뜨렸는지를 구체적으로 밝혀보고 싶었던 것이다.

귀국한 뒤 논 유적 발굴에 목말라 있던 나는 1995년 가을에 도로공사로부터 천안—논산 간 고속도로 공사구간에 대한 문화재 지표조사를 의뢰받았다. 그곳은 논 유적이 존재할 가능성이 많은 지형이었으니, 좋은 기회가 찾아온 것이다. 나는 고려대학교 매장문화재연구소현 고고환경연구소 연구원들과 지표조사를 실시하여 유적이 묻혀 있을 가능성이 높은 24곳을 찾아냈다. 그리고 1998년 시굴조사* 결과 이 가운데 11곳에서 유적이 확인되었다. 이들 유적을 몇몇 기관이 나누어 맡아서 본격적으로 발굴에 들어갔는데 우리는 마전리 지역을 선택했다.

사실 나는 지표조사 때부터 마전리에 유난히 눈길이 갔다. 나지막하고 평평한 구릉이 길게 뻗어 있고, 그 아래로 낮은 평지가 이어지고 있었기 때문이다. 그야말로 초기 농경민이 정착하기에 알맞은 지형조건을 갖추고 있었다. 시굴조사 때도 구릉에서 초기 농경민 주거지인 송국리형 집터가 확인되었다. 따라서 낮은 지대에는 반드시 이들이 만든 논이 있을 것이라고 확신했다. 드디어 논 유적을 발굴한다는 들뜬 마음도 잠시, 실패에 대한 중압감이 오히려 컸다.

논 유적을 조사하려면 사전에 여러 분석이 뒷받침되어야 한다. 가

장 먼저 층위조사*를 통해 경작된 논의 흔적과 논두렁 및 도랑을 확인
해야 한다. 특히 논 유적은 습기가 많은 지대라 자칫 유적이 훼손될 가
능성이 많다. 따라서 층위조사 지점과 방향을 심사숙고하여 결정하
고, 흙을 아주 조심스럽게 한 껍질씩 벗겨나가야 한다. 또한 물길과
웅덩이에는 당시 사용하던 유물만이 아니라 주변에 자라던 식물 유체
와 씨앗 들이 묻혀 있을 가능성이 높다. 때문에 이들에 대한 처리방법
도 미리 염두에 두어야 한다. 아울러 흙속에서 벼 재배의 흔적을 찾으
려면 식물규산체 분석**도 함께 이루어져야 한다. 나는 논 유적 발굴
작업의 정밀함과 세밀함을 조사원들에게 몇 번이나 주지시킨 다음,
마침내 조사에 들어갔다.

마전리 C지구 전경. 논 유적이 넓게 펼
쳐져 있으며 바로 옆에 오늘날 논이 자
리 잡고 있다.

초기 논농사의 흔적을 따라서

우리는 논 발굴에 앞서 집터와 무덤이 모여 있는 구릉 부근을 조사했다. 구릉은 주거지가 모여 있는 구역, 저장공간이 밀집한 구역, 무덤 구역으로 또렷이 나뉘어 있었다. 이들이 생활공간을 매우 체계적으로 정비했다는 뜻이다. 청동기시대 마을 가운데 이처럼 용도에 따라 공간을 달리하여 구획된 경우는 그리 많지 않다. 이러한 마을은 한 지역에서 정치와 경제와 대외 교류의 중심지였다. 다시 말해 한 지역을 대표하는 마을이 생겨나고 그 사회의 주요한 일을 주도하는 계층이 출현한 것이다. 이처럼 마전리 유적은 청동기시대 사람들이 논농사를 짓고, 사회 분화가 이루어지기 시작하는 시기의 모습을 보여주고 있다.

구릉지에서 유적 시기를 확인한 뒤, 본격적으로 논 유적 발굴에 들어갔다. 논농사를 지으려면 무엇보다 물이 가장 중요하다. 물을 어떻게 관리하느냐에 따라 한해 농사의 성패가 달려 있는 것이다. 논을 경작하기 위해서는 물을 담아 두는 저수시설보, 논으로 물을 대거나 빼기 위한 물길, 논에 필요한 물의 양을 조절하기 위한 수문 같은 관개시설*이 필요하다.

논 위쪽을 살펴보면 구릉 중턱의 계곡을 비롯한 여러 곳에서 물이 풍성하게 흘러내리고 있다. 이처럼 물이 흘러내리는 길목마다 도랑을 판 흔적이 발견되었다. 도랑은 대개는 폭 1m 내외이며, 깊이는 약 0.5~1m 정도이다. 폭이 2~3m 이상인 것도 있었다. 물이 얼마나 풍부하게 흘러내렸는지 보여주는 증거이다.

도랑들은 한결같이 논 유적지에 자리 잡은 저수장 방향으로 파여 있었다. 또한 도랑에서는 말뚝을 박고 나무판자로 물을 막은 흔적이 발견되었다. 도랑 중간에 이처럼 임시로 물을 가두어둔 까닭은 무엇일까. 아마도 수량을 조절하고, 더불어 흙모래가 논으로 유입되는 걸 막아주는 역할을 했을 것이다.

저수장은 구릉이 끝나는 지점, 논보다 조금 높은 곳에 위치했다. 타원형으로 폭이 4~6m쯤 되고, 깊이는 1.5m 정도였다. 청동기시대 사람들은 이곳 저수장에 물을 가두었다가 필요한 만큼 논으로 흘려보냈을 것이다. 또한 저수장 아래쪽에서 폭 3~4m, 깊이 50~70㎝ 정도의 작은 웅덩이가 발견되었다. 웅덩이 안에서는 나무 도끼자루와 함께 물건을 만들기 전 상태의 목재가 다수 출토되었다. 이 웅덩이는 목제품과 가공을 앞둔 나무 들을 물에 불리며 저장하던 곳으로 보인다.

이제 논으로 직접 흘러들어가는 물길을 살펴보자. 위쪽에 자리잡은 논은 나무를 저장하던 웅덩이에서 북쪽에서 남쪽으로 흘러나오는 물길에서 직접 물을 끌어들였다. 그리고 논 유적 한가운데는 물길이 서쪽에서 동쪽으로 관통하고 있었는데, 아래쪽 논은 이 물길에서 물을 끌어들였다.

또 물길 바로 옆에 있는 논은 물길의 물을 곧바로 끌어들였으며, 물길과 떨어져 있는 논은 위쪽 논의 논둑 한쪽에 물꼬를 내어 물이 흘러 들어가게 해놓았다. 물꼬에는 수량을 조절하기 위한 작은 돌이 박혀 있는 곳도 있으며, 아래쪽 논의 물이 들어가는 입구 바닥에는 물이 흘러내리면서 땅이 파이는 걸 막기 위해 돌을 놓아둔 흔적도 확인되었다.

논 유적은 경사가 완만해지는 아래쪽으로 가면서 면적이 넓어지는 계단식, 부채꼴 형태를 띤다. 또 위쪽 작은 논은 각 변이 3~4m쯤 되는 사각형 또는 부정형이며, 아래쪽 큰 논은 폭 4~5m, 길이 15~18m쯤 되는 사각형이다. 한편, 일부 논에서는 밭고랑 흔적이 발견되었다. 벼를 수확한 가을부터 이듬해 봄까지 보리 같은 밭작물을 경작했다는 뜻이다.

그들은 왜 이 구릉지대에 터전을 마련하고 농사를 지었을까? 계곡에서 흘러내리는 물을 저장했다가 논농사를 짓는 방법은 물의 양이 많지 않아 대규모 논농사에는 부적합하지만 가뭄에도 큰 피해 없이 농사를 지을 수 있다. 또한 계단식 논은 자연스럽게 급수와 배수가 이루어지기 때문에 논을 만들기 위해 투입되는 노동력이 절감되는 동시에 논을 관리·보존하기에도 용이하다. 따라서 초기 논농사에는 이러한 지형이 가장 선호되었을 것이다. 또한 논은 그 특성상 수평을 유지해야 하기 때문에 작게 구분해서 논을 만들 수밖에 없다. 마전리의 논도 지형에 맞추어 논두렁을 쌓았기 때문에 경사가 급한 곳은 작고, 경사가 완만한 곳은 상대적으로 넓은 모습을 띠고 있다.

마전리 논 유적은 농지정리가 이루어지기 전 현대의 논 모습과 거의 다를 바 없다. 청동기시대에 이곳에 정착한 사람들은 웅덩이를 파

마전리 C지구 논 유적. 구릉을 따라 계단식 논을 만들어놓은 청동기시대 선조들의 지혜가 엿보인다.

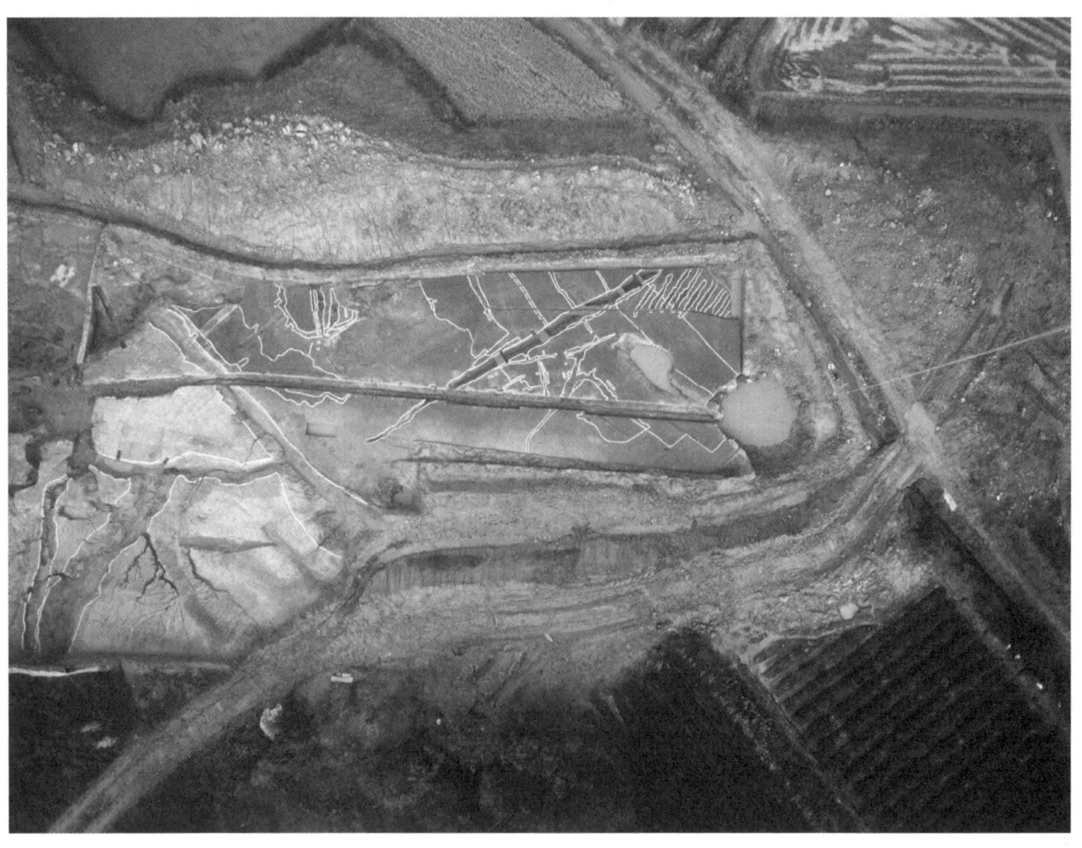

서 물을 가두고, 여기에서 물길을 내어 논으로 흘려보내고, 논과 논을
물꼬로 연결하고, 때로 이모작을 일구며 농경사회를 이루었던 것이
다. 기원전 8백년경에 이처럼 훌륭하고 과학적인 논농사의 기본 틀이
갖추어졌다는 사실은 정말 경이로울 지경이다.

유물을 통해 본 청동기 사람들의 생활모습

논에서는 당시 농사를 지었던 사람의
발자국도 발견되었다. 발자국 길이는
25㎝ 정도이다. 우리나라 고고학계에
서 처음으로 확인된 청동기시대 사람의
발자국이었다.

발굴단은 구릉과 저수장 사이에서
얕은 우물터 2곳을 발견했다. 그중 1호
우물은 폭 40㎝ 정도의 나무판자를
'ㅍ'자 모양으로, 2호 우물은 나무판자
와 원목을 다듬어 'ㅁ'자 모양으로 짜
맞춘 꼴이었다. 나무와 나무 사이 벌어
진 틈에는 작은 나무를 끼워 메웠고, 모
서리 부분은 안팎으로 말뚝을 박아 고
정하고 있었다. 또 우물 바닥은 크고 널
찍한 돌로 평탄하게 정리되어 있었다.
한눈에 보기에도 물 샐 틈이 안 보이는
견고한 우물이었다.

'ㅍ'자 모양의 1호 우물(위)과 'ㅁ'자 모양의 2호 우물

이 우물 안에서는 새 모양의 나무 조
각품과 토기가 출토되었다. 양 날개를 펴고 있는 새 모양 조각품은 길
이 20㎝ 정도였으며, 배와 날개 부분에 2개의 구멍이 나 있었다. 이

새모양 목제품 유물. 길이 20㎝

구멍은 지지대를 끼워 세우거나 줄에 묶어 매다는 용도로 쓰였을 것이다. 이로 보아 새 조각품은 우물의 신성함을 나타내는 표식이었거나 또는 의례적인 행위에 쓰이던 물건이었을 것이다. 새 조각품은 나뭇가지에 새가 앉아 있는 모습이 새겨진 농경문청동기*를 떠올리게 한다. 또 광주 신창동 유적 출토품과 몽촌토성, 궁남지 출토품 등에도 새 모양 나무 조각품이 확인되었다. 나아가 마을 어귀를 지키던 솟대를 연상하기는 그리 어렵지 않다.

한편, 일본 유적에서도 20여 점의 새 모양 목제품이 출토되었다고 한다. 일본 고고학계에서는 당시 사람들이 새를 하늘과 땅을 오가면서 풍작을 기원하는 사자使者로 받아들였다고 해석하고 있다. 어쨌거나 마전리 새 모양 조각품은 농경 관련 의례의 기원을 밝힐 수 있는 중요한 자료임에 분명하다.

한편, 우물에서는 거꾸로 놓인 토기가 출토되었다. 이 토기는 왜 우물 바닥에 거꾸로 놓여 있을까. 이 토기가 우연히 이 자리에 거꾸로 놓여 있는 게 아니라, 당시 사람들이 의도적으로 놓아둔 것이라면 정말 놀라운 지혜가 아닐 수 없다. 이 토기는 맑은 물을 얻을 수 있는 정수기 역할을 했을 것으로 보인다. 그러니까 땅에서 솟아나는 물이 토기 안에서 한번 흐름을 멈추면서 흙이 가라앉고 정화되었던 것이다.

집터와 떨어진 북쪽 높은 구릉에서는 돌무덤 32기와 토기무덤 8기가 확인되었다. 청동기 유적에서 거주 영역과 공간을 달리하여 무덤들이 발견된 경우는 주로 금강 하구의 충남과 전북 일대이다. 그렇지만 이처럼 많은 무덤들이 한 장소에 밀집해서 발견된 경우는 마전리

마전리 C지구 분묘군. 돌무덤과 토기무
덤이 한곳에 모여 있다.

유적이 처음이다.

무덤군의 규모로 보아 많은 청동기 유물이 출토될 것으로 기대했지
만 아쉽게도 발견되지 않았다. 다만 돌무덤에서는 정교하게 제작된
간돌검과 돌화살이, 토기무덤에서는 많은 양의 구슬이 출토되었다.

동아시아 농경문화의 연대기

마전리 유적 조사결과 우리는 크게 세 가지 정보를 얻었다. 첫째, 처
음 논농사를 짓기 시작할 무렵 집터와 무덤 그리고 경작지가 어떻게
구획되었는지를 파악할 수 있었다. 둘째, 논 형태와 여러 수리시설을
통해 청동기시대 농사법을 이해할 수 있었다. 셋째, 우물 안에서 발굴

된 새 모양 조각품과 토기에서 당시 사람들의 의례의식과 생활수준의 일면을 엿볼 수 있었다.

나아가 마전리 유적은 중국과 일본의 유적과 비교연구를 통해서 동아시아 농경문화의 흐름을 파악할 수 있는 중요한 자료이다. 우리나라 논농사는 중국 산둥성에서 전래되었을 것으로 보인다. 하지만 아직 구체적이고 체계적인 비교연구 자료가 없는 실정이다. 중국 고고학계와 긴밀한 협조를 이뤄 논농사가 전래된 역사적·환경적 배경이 밝혀지기를 기대한다.

한편, 우리나라의 벼농사는 일본으로 전파되었다. 일본에서 가장 오래된 이타즈케 유적에서는 처음부터 완성된 형태의 논과 수리시설이 등장한다. 이는 논농사 방법을 이미 알고 있던 집단이 이주해서 농사를 지었다는 사실을 의미한다. 따라서 지리적·시대적으로 보아 이타즈케 유적은 우리나라 남부지역 집단이 건너가 정착했던 흔적이 분명하다. 이로써 일본 역사상 제1혁명이라 일컫는 야요이彌生 농경문화*가 탄생되었던 것이다.

일반인들에게 고고학은 유적에서 발굴한 유물을 정리해서 박물관에 전시하는 게 전부인, 매우 고색창연한 학문으로 받아들여진다. 고고학이 유적 발굴조사를 통해서 여러 정보를 얻고 과거를 재구성하는 학문임에는 틀림이 없다. 하지만 최근의 고고학은 여기서 한발짝 더 나아가고 있다. 예를 들어 매몰된 농경지 혹은 습지 유적을 발굴할 경우, 당시의 농사기술을 밝히는 것에 그치지 않는다. 나아가 자연환경에 대한 인간의 대응방식, 인간의 생활방식이 자연환경에 미치는 영향 등을 종합적으로 연구한다. 이런 연구성과가 쌓이면 앞으로 인간이 환경과 어떻게 조화를 이루면서 살아가야 하는지를 여실히 보여줄 수 있을 것이다. 바야흐로 고고학이 미래지향적인 학문으로 거듭나고 있는 것이다. 고고학은 인간과 자연이 함께 공생할 수 있는 지혜를 보여주는 학문으로 각광받을 것이라 믿는다.

고인돌 이야기

이영문 목포대학교 고고학과 교수

세계문화유산 고인돌

고인돌^{지석묘}로 대표되는 거석^{巨石}문화는 유라시아대륙을 감싸고 있는 대양의 인접지역에 주로 분포한다. 그중에서도 동북아시아에서 가장 조밀한 분포도를 보이고 있으며, 우리나라가 그 중심지역이다. 말하자면 우리는 거대한 고인돌 마을에 살고 있는 셈이다. 우리 주변의 논이나 밭 가운데 열 지어 있는 큰 돌, 산기슭이나 들판에 있는 듬직하게 놓여 있는 바위, 구릉에 굄돌이 받치고 있는 거대한 바위 들은 대부분 고인돌이다. 이렇듯 고인돌은 우리의 가까이에, 아주 흔하게, 다양한 모습으로 널려 있다.

세계 고인돌 분포현황

덕분에 우리나라 사람들은 선사시대의 대표적인 문화유산으로 고인돌을 꼽곤 한다. 우리나라 고인돌은 조밀한 분포와 다양한 외형, 거대한 규모에서 볼 때 세계에서도 유례를 찾아볼 수 없는 독특하고 희귀하며 오래된 문화유산이다. 이러한 점이 인정되어 지난 2000년에 고창, 화순, 강화 지역의 고인돌이 세계문화유산으로 등재되었다.

고인돌은 크게 탁자식과 바둑판식과 개석식^{변형 고인돌} 세 가지로 나눌 수 있다. 탁자식은 우리가 일반적으로 떠올리는 고인돌이다. 길쭉

강화 부근리 탁자식 고인돌

화순 벽송리 바둑판식 고인돌

국립광주박물관 개석식 고인돌

하고 납작한 바윗돌덮개돌 밑에 얇은 판돌로 네모지게 받치고 있는 탁자 모양이다. 땅위에 드러나 있는 네모난 판돌 안이 무덤방으로 이용되었다. 이런 모양의 고인돌이 주로 한강 이북에 많이 보여 북방식이라 부르기도 한다. 바둑판식은 거대한 바윗덩어리 밑에 작고 둥그런(또는 기둥 모양 받침돌) 4개가 고이고 있어 마치 바둑판처럼 생겼다. 이 밑의 땅속에 무덤방이 있으며, 한강 이남에서만 나타나 남방식이라고도 부른다. 개석식은 덮개돌이 받침돌 없이 땅속에 있는 무덤방을 덮고 있는 구조이다.

이들 무덤 구조에서 탁자식 고인돌은 세계에서 공통적으로 나타나는 형태이며, 바둑판식 고인돌은 다른 곳에서는 볼 수 없는 독특한 우리나라 고인돌 형태이다. 규모가 큰 탁자식과 바둑판식이 제단 등 거석기념물로 축조되었다면, 개석식 고인돌은 무덤으로 만들어진 것이다.

큰 바위 밑에 무엇이 있을까

예로부터 시골 어른들 사이에서는 고인돌 밑을 파보았다는 이야기가 전해 내려온다. 사람들은 고인돌 밑에서 사람 뼈가 나왔다느니, 옛 장수의 검이 들어 있었다느

니 하며 이야기꽃을 피웠다. 고인돌이 이름
난 장수의 무덤이라는 속설이 전해지게 된
것도 아마 이 때문인 것 같다. 그런데 정
말 고인돌 밑 무덤에는 무엇이 들어 있
는 걸까? 이 궁금증을 풀려면 직접 발굴
해보는 게 최선이다.

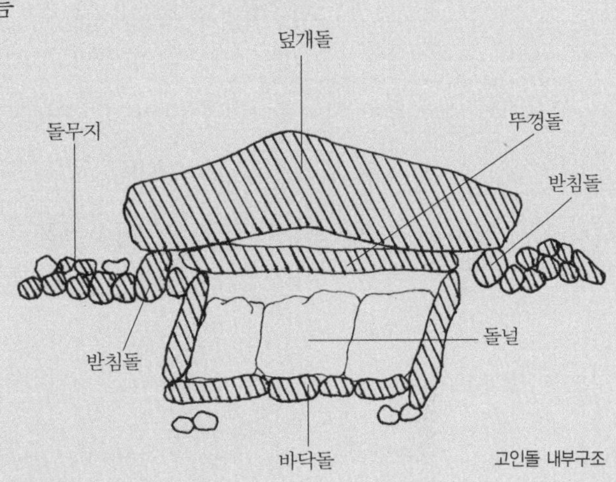

　하지만 고인돌 발굴은 시작부터 큰 난
관에 부딪힌다. 엄청난 무게의 덮개돌을
들어내고 그 밑을 조사해야 하기 때문이
다. 60년대에는 지렛대를 이용하거나 자동차에
쓰이는 잭Jack을 이용하여 한쪽을 들거나 한쪽으로 밀어낸 뒤 발굴했
다고 한다. 이후 70년대에는 삼발이나 전봇대를 이용한 도르래거중기
로, 80년대에는 포클레인 같은 중장비로, 90년대부터는 크레인으로

고인돌 축조과정

덮개돌을 옮기고 있다.

덮개돌을 옮기고 나면 그 밑에 받침돌과 무덤방을 덮고 있는 뚜껑돌이 나타난다. 길쭉하고 납작한 뚜껑돌은 주검이 안치된 무덤방을 덮고 있으나 없는 경우도 허다하다. 이 뚜껑돌을 들어내면 한 사람 정도 들어갈 수 있는 널 모양의 구조물이 나온다. 선사시대 사람들은 여기에 주검을 묻고 여러 부장품을 넣어두기도 했다.

하지만 고인돌에서 사람 뼈가 발견되는 경우는 매우 희박하다. 우리나라 토양이 대부분 산성이어서 2, 3천년이 지나도록 뼈가 남아 있을 리 없다. 다만 강가의 퇴적지에 있는 고인돌에서 간혹 간혹 뼈가 발견되기도 한다. 이곳은 모래 토양으로 배수가 잘되어 뼈가 부식되는 걸 막아주기 때문이다. 이곳에서 발견된 뼈의 형태로 보아, 선사시대 사람들은 주검을 똑바로 눕히기도 하고 팔과 다리를 접어 묻기도 하고 간혹 화장해서 묻는 경우도 있었다.

껴묻기가 발견되는 고인돌도 그리 많지 않다. 고인돌을 발굴할 때마다 화려하지는 않더라도 당시의 생활상을 엿볼 수 있는 껴묻거리를 기대하지만 결국은 실망하곤 한다. 한 지역의 지배자 무덤으로 보이는 규모가 꽤 크고 아주 잘 만들어진 고인돌조차 유물이 한 점도 발견되지 않는 경우가 훨씬 더 많다. 그러다가도 의외로 규모가 작고 허술한 무덤방에서 놀라운 유물이 발견되어 눈이 휘둥그레지기도 한다. 하기는 그 오랜 세월 온갖 풍파를 겪어온 고인돌 속사정을 누가 알겠는가.

고인돌 껴묻거리로는 신분을 나타내는 상징물과 내세관을 보여주는 유물이 부장되어 있었다. 가장 자주 출토되는 유물은 간돌검과 돌화살촉이었다. 간돌검은 당시 높은 신분을 상징하는 물건이었다. 또 생명의 부활과 벽사나쁜 기운을 물리치는 힘의 의미를 지닌 붉은간토기와 특수 계층만 사용했을 비파형 동검이나 옥이 가끔 출토되기도 했다.

고인돌은 '돌이 고이고 있는 바위'란 뜻이다. 지역에 따라 '고인돌' '괸돌바위' '괸바위' '굄돌' '고엔돌' 같은 이름으로 불린다. 마을 이름에도 '괸돌마을'처럼 고인돌의 흔적이 남아 있는 곳이 많다. '지석支石' '탱석撐石' 같은 한자이름이 들어간 마을도 같은 의미를 지닌다. 또 '주암舟岩'이나 '구암龜岩' 같은 한자이름이 들어간 마을에는 '배바위'나 '거북바위'가 있게 마련이다. 배바위는 배처럼 위가 편평하고 밑이 볼록한 형태이고, 거북바위는 위가 볼록하여 마치 거북등처럼 생긴 바위를 그렇게 부르는데, 이게 대부분 고인돌이다.

더불어 우리 선조들은 고인돌이 무리지어 있는 곳을, 땅에 돌이나 바위가 박혀 있다는 의미로 '독백이' '바우백이'라고 이름 붙이기도 했다. 또 있다. 고인돌 7~8개가 모여 있으면 북두칠성으로 생각하여 '칠성바위(마을은 칠암 또는 칠성리)', 어지럽게 무리지은 고인돌에서 장기판을 연상하며 '장기바위'로 이름 붙였다. 이 밖에도 고인돌이 옛 장수의 무덤이라는 이야기에서 나온 '장군바위', 커다란 고인돌을 일컫는 '왕바위' 같은 이름들로 널리 불리고 있다.

고인돌은 마을과 들판, 산기슭 어디에서나 흔히 볼 수 있었으며 여느 자연석과 다르게 그 모양이 독특하고 웅장하기까지 했다. 그래서 옛날 사람들은 고인돌을 둘러싼 온갖 상상이야기를 만들어냈다. 그중에서도 바위를 운반하는 힘센 장사 이야기가 가장 널리 퍼져 있다. 우리나라에는 예로부터 돌(바위)이 많고 힘센 장사가 많았단다. 중국은 만리장성을 쌓기 위해 우리나라 장사들에게 돌을 짊어지고 오라고 시켰다. 그런데 장사들이 돌을 지고 가는 도중에 만리장성이 완성되었다는 소식이 전해졌다. 그러자 장사들은 그 자리에서 곧바로 돌을 내던지고 뿔뿔이 흩어졌다고 한다. 장사들이 내던진 돌이 바로 고인돌이라는 얘기다.

마고할미와 고인돌을 연결 지은 설화도 빼놓을 수 없다. 마고할미는 몸집이 엄청나게 크고 힘이 장사인 인물로, 천지창조 신화에도 등장한다. 옛날 사람들은 고인돌을 바로 마고할미의 집으로 여겼다. 마고할미가 고인돌을 집으로 삼게 된 사연으로는 '장수들이 마고할미를 위해 만들어준 집이다.' '마고할미가 스스로 큰 돌을 옮겨 만든 집이다.' '자비로운 마고할미가 가난한 사람들에게 옷을 모두 벗어주고 알몸을 감추려고 숨어든 집이다.' 하며 여러 이야기가 전해지고 있다.

이야기에서 보듯 옛날 사람들은 고인돌에 어떤 신성한 힘이 담겨 있다고 믿었다. 예컨대 거북바위는 사람들 병을 고쳐 오래 살 수 있게 해주고, 칠성바위는 칠성신앙의 대상으로 사람들의 수명과 길흉화복을 관장하는 힘을 지녔다고 했다. 그래서 사람들은 고인돌에 정화수를 떠놓고 치성을 드리곤 했다. 이처럼 신성시되고 민간신앙의 대상으로 삼던 고인돌이었으니, 사람들은 발굴 자체를 금기시하였다. 그래서 근대에 이르기까지 대부분 고인돌은 온전한 상태로 보존되었고, 1960년대 이후에 고인돌 발굴을 통해 훌륭한 고고학적 성과를 내올 수 있었다. 다만 최근 들어 산업화와 농촌 정비사업의 물결에 휩쓸려 수많은 고인돌이 사라진 것은 참으로 안타까운 일이다.

소중하게 보존해야 할 고인돌

고인돌의 축조과정은 어느 정도 밝혀졌으나, 모두 추측만 할 뿐이다. 예를 들어 대형 고인돌의 덮개돌 무게는 보통 30~50톤에 이르며, 심지어 100톤이 넘는 것도 있다. 이 정도 무게는 오늘날 중장비로도 옮기기 힘들다. 선사시대 사람들은 그 무거운 돌을 어떻게 옮겨서 균형 있게 축조했을까? 생각하면 생각할수록 놀랍기 그지없다. 또한 우리나라에서 이처럼 다양한 형태와 조밀한 분포로 고인돌이 나타나는 까닭도 아직 제대로 밝혀지지 않았다.

　이런저런 이유로 우리나라 고인돌에 대한 연구는 세계의 거석문화를 밝히는 데 중요한 열쇠임에 분명하다. 따라서 우리는 고인돌을 세계문화유산으로 아끼고 연구해야 할 것이다. 선사시대 우리 선조들이 만든 거석기념물은 수천년 동안 우리 곁을 묵묵히 지켜왔다. 선사시대인의 숨결이 이처럼 우리 생활터전 곳곳에 스며들어, 오랫동안 경외와 신앙의 대상으로 살아남은 경우는 고인돌이 유일하다. 신비스럽고도 친숙한 고인돌, 역사와 삶이 어우러진 고인돌이 앞으로도 영원히 우리 곁에 머물 수 있기를 염원한다.

2부

전쟁과 혼란의 시대를 건너는 지혜를 찾다

철을 생산하여
국제무역을 주도하다

: 창원 다호리 무덤 유적

이건무 문화재청 청장

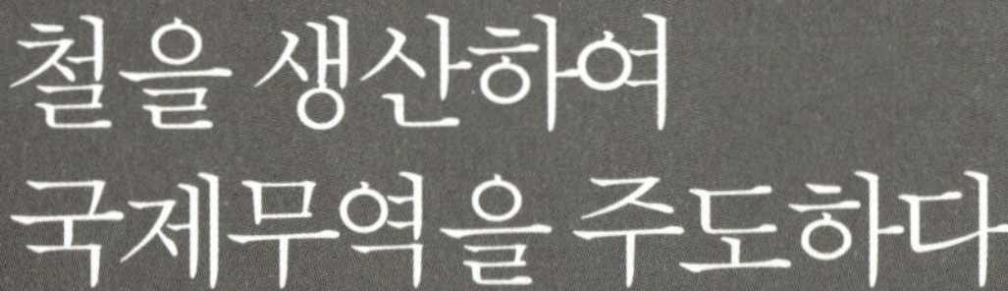

원삼국시대 무덤에서 찾은 문방구

경남 창원 다호리 유적은 원삼국시대에 속하는 무덤 유적이다. 다시 말하면 가야 초기 세력^{변한}[*]의 공동묘지인 셈이다. 유적은 철새도래지로 유명한 주남저수지 가까이에 자리잡고 있다. 원래 이 일대는 습지였고 작은 못들이 많이 있었다. 그렇기 때문에 유적이 물에 잠겨 오랫동안 보존될 수 있었으며, 특히 나무로 만든 유물들이 썩지 않고 온전히 남아 있었다.

다호리 유적 1호 무덤에서는 통나무로 만든 목관과 함께 많은 목기, 칠기, 철기 같은 유물이 발견되어 세상을 놀라게 하였다. 그중에서도 가장 우리 눈길을 끈 유물은 대나무로 짠 자그마한 상자 속에 들어 있던 붓 다섯 자루와 손칼이었다. 이 붓과 손칼은 문방용품으로 오늘날의 연필과 지우개 같은 물건이다. 이 문방구는 당시에 문자가 사

* **변한** 기원전후부터 서기 4세기경까지 지금의 김해, 마산 지역에 세력을 이루던 정치집단 중국과 왜에 철을 수출하며 교역하였다.

1호 무덤에서 발견된 붓, 길이 33.6cm. 원삼국시대에 문자가 사용되었음을 보여주는 확실한 증거이다.

1호 무덤에서 발견된 손칼과 칼집, 길이 30.6cm. 나무판 위에 쓴 글씨가 잘못 씌어졌을 때 이 칼로 깎아서 지웠을 것이다.

1호 무덤에서 발견된 천칭추(왼쪽, 높이 4.2 cm)와 오수전(지름 2.5~2.6cm). 중국 한나라 와 교역을 했음을 보여주는 유물이다.

용되었음을 보여주는 또렷한 증거품이다. 우리 선조들이 원삼국시대 부터 문자를 사용했다는 사실이 확실해진 것이다. 그 시기에는 종이 가 만들어지기 전이다. 따라서 당시 사람들은 나무판 따위를 얇게 깎 아 종이 대신 사용하였다. 사람들은 먹을 갈아 붓에 찍어서 나무판에 글씨를 썼으며, 글씨를 잘못 쓴 경우에는 나무판 위의 글씨를 손칼로 깎아내 지웠다.

그런데 이 다호리 유적 1호 무덤에서 발견된 붓과 손칼은 왜 이 무 덤 속에 껴묻혀 있었을까? 1호 무덤에서는 끈으로 두 개씩 묶어놓은 쇠도끼(자루가 달리지 않았다), 중국산 띠쇠^{허리띠를 고정하는 장식물}와 한나 라 동전인 오수전, 그리고 천칭^{양팔저울}의 추로 사용된 것으로 보이는 청동고리들이 발견되었다. 이들은 모두 당시 우리나라가 중국 한나라 와 무역을 하면서 주고받았던 물품이다.

동아시아 무역을 주관하던 실력자의 무덤

당시 삼한 중 변한은 쇠를 많이 수출하였다. 《삼국지》 위서 동이전에 '변한에서는 쇠를 돈처럼 사용하 고 낙랑, 대방과 왜에 철을 공급해준다'는 내용 이 실려 있을 정도이다. 낙동강을 중심으로 한 변한지역에서 좋은 쇠를 생산하여 중국 또는 낙 랑지역과 교역한 증거물이 다호리 유적에서 그

도끼와 도끼자루(위 유물 길이 26.8cm)

대로 발견된 것이다.

다호리 1호 무덤에 묻힌 주인공은 생전에 쇠를 생산하여 도끼로 만들고 배에 실어 중국과 일본 등지에 내다팔고 그 대신 동전이나 띠쇠 같은 중국 물건을 들여왔을 것이다. 교역을 할 때는 물건을 주고받았다는 것을 확인하기 위한 영수증이 필요하다. 영수증은 예나 지금이나 글씨를 써서 남기는 게 가장 확실하다. 이처럼 영수증을 쓸 때 필요한 것이 바로 문방구, 곧 붓과 손칼과 나무판이다.

이와 더불어 우리는 또하나 중요한 사실을 확인했다. 바로 다호리 1호 무덤의 주인이 쇠를 만드는 생산자이자, 중국이나 일본과 국제무역을 관장하였던 CEO, 그리고 변한지역의 유력한 수장이었을 가능성이 많다는 것이다. 이처럼 막강한 세력을 행사하던 무덤 주인은 죽은 뒤에도 생전의 부귀영화를 그대로 누리려고 했을 것이다. 덕분에 발굴단은 대바구니에 담긴 변한지역 세력가의 교역물품들을 마주할 수 있게 되었다.

1호 무덤 통나무관에서 발견된 유물. 납작 도끼와 자루, 밤 등의 유물이 함께 묻혀 있었다.

사라진 주인을 대신해서 이야기를 들려주는 유물

우리나라에서 기원전부터 문자를 사용하였다는 것을 알려주는 최초의 사료는 중국 《사기》*이다. 이 책의 '조선열전'에는 '진국진번에서

* 《사기》 중국 전한시대(기원전 208년~서기 8년)의 사마천이 상고시대의 황제부터 한나라 무제까지의 중국과 그 주변 민족의 역사를 저술한 역사책

글을 올려 천자를 뵙고자 하나 역시 전하여지지 않았다. 원봉 이년^{기원}^{전 109년}에'라는 내용이 있다. 이 내용에 따르면 삼한에서 당시에 글을 사용했을 가능성이 높다. 하지만 실제로 고고학적 자료로 확인된 것은 다호리 1호 무덤에서 발굴된 문방구가 처음이다.

어디 이뿐일까. 우리 선조들은 2천여년 전에 이미 철을 다량으로 생산하는 기술을 지녔고, 이 무거운 쇳덩이를 배에 싣고 바닷길을 능숙하게 넘나들던 조선술과 항해술을 습득하고 있었다. 나아가 무역을 통해 많은 이윤을 남기는 상술도 뛰어났을 것이다. 오늘날 우리가 자원이 부족해도 기술을 가진 수출대국으로서 국제무대에서 우뚝 선 것이 결코 우연이 아님을 새삼 확인하는 순간이다.

다호리 유적의 무덤 주인은 형체가 모두 사라져 그 흔적을 찾을 길이 없다. 하지만 함께 껴묻은 유물들은 2천년의 시공을 뛰어넘어 우리 앞에 그 모습을 내보였다. 주인을 잃은 유물은, 그러나 우리에게 주인의 살아생전 모습과 당대의 사회상을 조금씩 엿보게 해준다. 이러한 것이 고고학이 가지는 매력이다. 그러기에 무덤 속 유물들은 토기조각이나 나뭇조각, 심지어 돌멩이 하나도 단순하게 보아 넘길 수 없다. 금관이나 화려한 조각품 같은 유물만이 중요한 것은 아니다. 조그만 조각에서 실마리를 찾아 구슬을 꿰듯 맞추어나가면, 잃어버린 역사의 한 장면을 훌륭하게 복원할 수 있는 것이다. 유물을 세밀하게 살피는 지긋한 손길과 그 조각들을 이어 하나로 완성해내는 풍부한 상상력은 고고학자가 갖추어야 할 기본자세이다.

고사리무늬철기. 길이 14.3cm

무덤에 묻힌 건 유물만이 아니었다

: 고령 지산동 무덤 유적

조영현 대동문화재연구원 원장

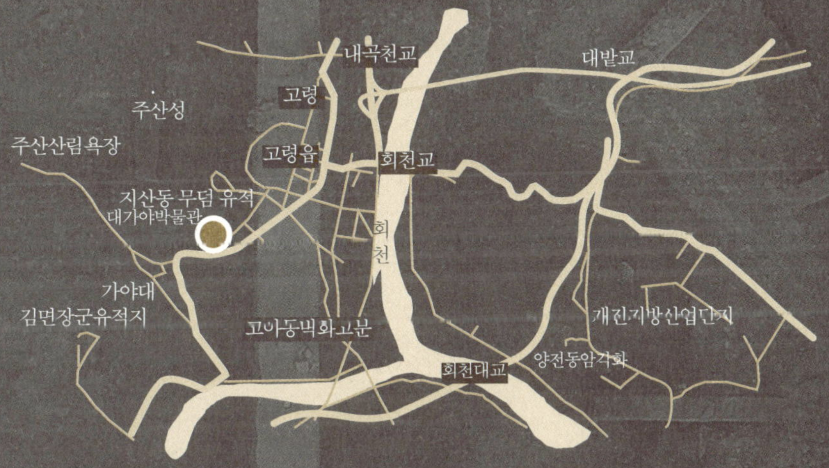

주인 무덤 곁에 묻힌 사람들

고령군 지산동에는 2백여 기의 봉토분*을 비롯한 크고작은 옛 무덤들이 무리를 이루고 있다. 이 고분군은 모두 대가야의 자취가 고스란히 담겨 있는 중요한 문화유산이다.

우리 역사에서 가야의 존재는 독특하고 유별나다. 가야는 고령과 김해 서쪽의 서부 경남지역에 흩어진 세력의 연합체였다. 그들이 구체적으로 어떤 연합체를 이루었는지는 알 길이 없다. 다만 전기에는 금관가야^{김해}를, 후기에는 대가야^{고령}를 중심으로 연합하여 주변 정세에 대처했던 것으로 보인다. 가야는 삼국시대에 치열한 전장의 한복판에 자리하며 약소국 신세를 면치 못했지만 빼어난 정치 감각으로 5백여년 넘게 명맥을 유지했다. 한편 가야는 문화와 예술에서도 탁월한 성취를 보여준다.

하지만 가야의 실체를 확인하기에는 자료가 턱없이 부족하다. 하기는 고구려 신라 백제 모두에게 가야는 눈엣가시였을 테다. 그 성가신 존재를 기록으로 자세하게 남겼을 리 없다. 역사 속 패자는 늘 처연하고 쓸쓸한 법이다. 그나마 다행히 가야의 흔적을 조금이나마 확인할 수 있는 유적이 바로 지산동 고분군이다. 특히 지산동 고분군은 우리나라에서 처음으로 순장 풍습의 흔적이 확인된 곳이다.

지난 1977년, 조사단은 대형 무덤인 44호분과 45호분을 발굴하고 있었다. 그런데 무덤 한가운데의 주인용 돌방^{석실}과 껴묻거리방 옆에서 작은 돌덧널^{석곽}**들이 출토되었다. 그리고 그 안에서 죽은 이들의 흔적이 발견되었다. 옛 문헌에 기록된 정도로만 알려져 있던 순장 풍습이 실재했음을 처음으로 확인하는 순간이었다. 이 획기적인 발굴로 고고학계는 흥분에 휩싸였고, 당시 전국 신문들이 앞다투어 발굴 기사를 1면에 실을 정도였다.

이듬해인 1978년, 중소형 크기인 32호와 35호 무덤에서도 순장 덧널이 하나씩 출토되었다. 말하자면 왕족뿐만 아니라 귀족 무덤에도

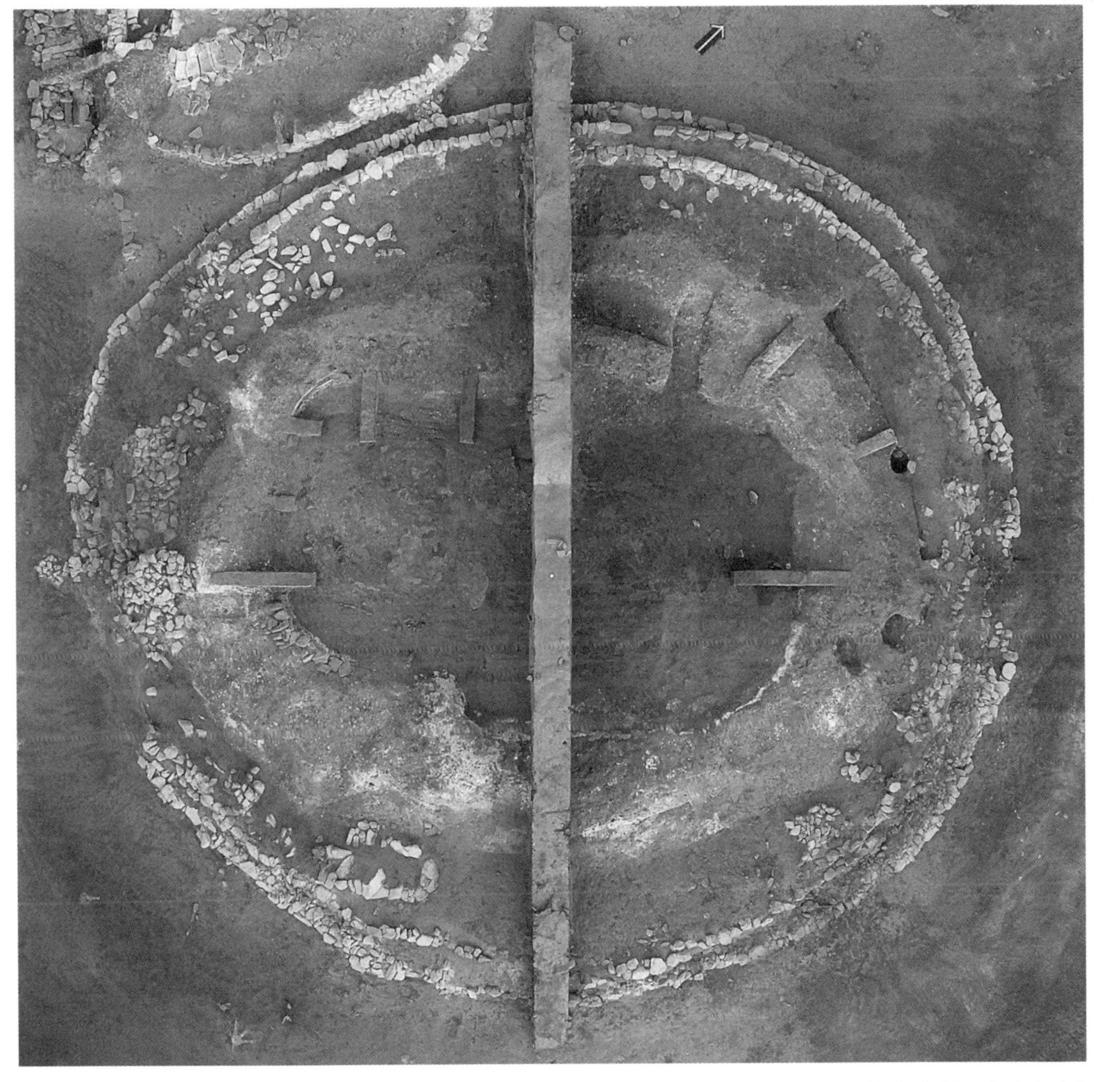

발굴조사중인 지산동 73호 무덤 전경. 화려한 금·은제 유물과 순장 덧널이 출토되었다.

비록 규모가 작지만 순장 풍습이 이뤄졌던 것이다. 뒤이은 발굴조사 결과, 대가야 각 지역에 분포하는 대부분 순장 고분에서는 순장 돌덧널이 하나씩 딸려 있었다. 이걸로 미루어 각 지역의 지배자들은 대가야 중앙의 귀족들과 비슷한 위상을 지녔던 것으로 보인다.

또한 1984년에 발굴된 중대형 크기의 30호 무덤에서는 순장 돌덧널 다섯 기가 출토되었다. 그중 한 돌덧널에는 금동관이 들어 있었고,

다른 한 돌덧널은 주인 무덤 바로 밑에 놓여 있었다. 이것으로 보아 순장된 사람들 사이에도 신분과 맡은 역할에 차이가 있었음을 알 수 있다.

이처럼 지산동 고분군은 순장 풍습을 비롯한 수많은 비밀을 간직하고 있었다. 발굴단은 고분을 발굴할 때마다 이번에는 또 어떤 새롭고 신비로운 유물을 내보이며 우리를 대가야시대로 안내할지 두근거리곤 했다. 지난 2007년에 발굴한 73, 74, 75호 무덤들도 우리 기대를 저버리지 않았다.

누가 순장자가 되었을까

순장은 나라와 지역에 따라 출현 시기가 다르지만, 대체로 지배세력이 한껏 힘을 키우던 시기에 나타난다. 중국에서는 일찍이 은나라[기원전 1600~1046년]부터 순장이 나타났는데, 이후 우리나라와 일본으로 전해진 것으로 보인다. 옛 문헌에 따르면 우리나라의 순장은 부여, 고구려, 신라에 있었다고 한다. 유적으로는 지금까지 신라와 가야 고분에서만 확인되는데, 그중에서도 대가야 고분은 순장 풍습을 또렷이 남겨 놓았다. 지금까지 발굴 결과로 보아 우리나라에 순장이 유행한 시기는 4세기 초부터 6세기 초까지 2백여년 기간이다. 처음 순장을 확인한 유적은 낙동강하구 일대에 기반을 둔 본가야 고분이었다. 본가야의 순장 풍습은 5세기에 신라와 다른 가야소국으로 퍼져나간 것으로 보인다. 6세기 초를 지나면서 우리나라의 어느 고분에서도 더이상 순장을 볼 수 없게 되었다. 이처럼 순장 풍습은 짧은 시기에 나타났다가 금세 사라졌다. 주인의 죽음이 아무리 슬퍼도 순장은 치러야 할 대가가 너무 끔찍했기 때문이다. 이런 경향은 대부분 다른 나라들도 마찬가지이다.

죽은 주인 무덤에 아랫사람을 함께 묻는 풍습은 오늘날 시각에서는

73호 무덤의 주인이 묻힌 으뜸덧널과 순장자가 묻힌 딸린덧널이 자리한 모습.

73호 무덤의 순장 덧널 안에 사람 뼈가 고스란히 드러나 보인다.

참혹한 악습임에 분명하다. 당시에도 주인을 따라 기꺼이 목숨을 바치는 아랫사람은 지극히 드물었을 것이다. 《삼국사기》에는 고구려 동천왕의 죽음을 슬퍼하여 사람들이 스스로 따라 죽었다는 내용이 나온다. 이게 사실이라고 하더라도 아주 특별한 경우였을 뿐이다.

하지만 주인은 순장을 미덕이라고 여겼을 것이다. 그리고 당시는 주인이 자신을 따르는 이들의 생명까지 거둘 수 있는 힘을 지녔었다. 그럼, 순장자는 어떤 사람들이었을까? 동아시아 여러 문헌에 따르면 순장자는 왕을 가까이에서 모시던 신하, 무덤을 만든 공인工人, 신첩, 궁인, 친척, 노비, 아내 들이었다. 그중에서 무덤의 비밀이 밝혀지는 것을 막기 위해서 무덤을 만든 공인을 함께 묻었다는 내용이 중국 기록에 등장하는데, 이는 순장의 본디 의미와 거리가 있다.

73~75호 고분에서 나온 유물을 살펴보자. 작은 토기와 큰 칼은 물론이고, 화려한 금 · 금동 · 은제 장신구, 전투용 무기, 말갖춤馬具, 그리고 금동관이나 철제관 장식 유물도 출토되었다. 소나 말로 보이는 큰 동물의 순장 흔적, 순장용 나무널木棺 등도 눈에 띄는 유물 목록이었다. 순장자용 금동관을 비롯한 여러 껴묻거리들은 순장자의 신분이 낮지 않았음을 분명히 보여준다. 고분의 크기가 클수록, 주인의 위세가 높을수록 그에 걸맞은 상당한 지위의 인물이 순장되었을 가능성이 많다. 다만 무덤 주인의 아내는 순장되지 않았으며, 대신 훗날 죽은 아내 무덤을 남편 무덤 곁에 표주박 모양처럼 만들었다.

순장자는 뼈로 보아 특정한 연령과 성별에 국한되지 않고 골고루 구성되어 있다. 이들 뼈와 껴묻거리가 가지런히 놓인 걸로 보아, 순장자들을 산채로 매장하지 않고 반드시 죽인 다음 매장했던 것으로 보인다. 그런데 순장 무덤 가운데는 매우 좁은 덧널 안에 두 사람을 반대 방향으로 포개어 넣은 경우도 몇몇 있었다. 왜 그렇게 매장했는지는 알 수 없다. 또한 순장 덧널이 분명하지만, 모래로 채워져 있거나 아예 텅 비어 있는 경우도 있었다. 왜 속이 빈 덧널이 있는 걸까? 어쩌면 순장 대상자가 고분을 만드는 도중에 도망을 치거나, 사고를 당한 건 아닐까? 만약 그렇다면 순장 대상자가 사라진 경우에는 다른 사람으로 대체하지 않았음을 말해준다. 결국 순장은 아무나 되는 것이 아니라 주인의 측근 인물이었을 가능성이 매우 높다.

고분의 규모가 클수록 순장자의 수도 많았다. 중형 고분에서는 1인이 기본이지만, 44호 대형 고분에서는 순장 덧널만 해도 무려 32기가 발견되었다. 이뿐만 아니라 주인 무덤방과 껴묻거리방에 놓인 순장자

73호 무덤 주인공이 지닌 봉황문양 칼자루. 전체 길이는 80㎝쯤 되었을 것으로 보인다. 사진에서 보이는 길이는 12.5㎝이다.

까지 합하면 적어도 37명이 넘게 순장된 것으로 보인다.

이제 대형 고분에서 순장자가 성별, 연령, 신분 및 역할에 따라 어떻게 배치되었는지 유추해보자. 첫째, 주인 무덤방 양쪽 구석의 순장자는 대부분 금·은제 귀고리를 하고 있는 것으로 보아 주인과 가장 가까이 생활했던 시녀 또는 애첩이었을 것이다. 둘째, 무덤구덩이 안 순장 덧널에는 실용 토기가 들어 있으니 시녀나 남자 하인이었을 가능성이 많다. 셋째, 껴묻거리방 한구석의 순장자는 금·은제 귀고리와 장식칼을 지니고 있다. 주인의 재물을 관리하는 관리로 보인다. 넷째, 주인 무덤방과 껴묻거리방 바깥에 놓인 여러 순장 덧널은 무기를 든 무사, 마구를 지닌 마부, 간단한 장신구를 단 사람 등 다양한 역할을 지닌 인물들로 추정된다. 한편, 주인 시체 밑에 놓인 순장 덧널은 시녀나 애첩의 자리였던 것으로 보인다.

이러한 순장자 배치는 고구려 고분 벽화를 떠올리게 한다. 고구려 벽화에는 집 안에 있는 주인 옆에 그 곁에서 시중을 드는 시녀와 비서 모습이 보이고, 집 밖에는 주방에서 일하는 하녀, 마구간이나 고기창고 안의 소와 말, 도끼를 들고 열을 이룬 무사 등이 그려져 있다. 또한 행렬도에는 경무장한 무사들이 주인 가까이에 있고, 말을 타고 중무장한 병사들이 널찍이 둘러싸고 있으며, 맨 앞쪽에는 북을 치고 나팔을 부는 이들과 재주꾼 등 여러 기능을 지닌 이들이 자리 잡고 있다. 이런 벽화는 살아생전 주인의 생활모습이 사후세계에 그대로 재현되어 이어지기를 바라는 마음이 그대로 표현되어 있다. 이런 고구려 벽화의 기능을 지산동 고분에서는 순장으로 대신했을 것이다. 이 땅의 순장은 희생물이 아니라 주인을 영구히 섬기는 생활상태의 연속이었다.

502년, 신라 지증왕은 순장 풍습을 금지하였다. 이 시기 들어 신라는 물론 가야 고분에서도 순장의 흔적은 보이지 않는다. 다만 순장이 금지된 뒤로 한동안 순장 풍습과 비슷한 매장문화가 나타났다. 곧 과

75호 무덤 전경(위)과 내부구조. 살아생전 위세를 보여주듯 역할에 따른 순장자가 함께 묻혀 있었다.

거라면 주인과 함께 순장되었을 사람 가운데 누군가가 죽고 난 뒤에
주인 무덤의 한 부분을 파서 딸린무덤^{배장}을 만들었던 것이다.

고고학은 열정이다

지산동 고분들은 마치 주인의 살아생전 위세를 나타내듯 거대했다.
무덤을 덮은 흙을 걷어내는 데만 트럭으로 수백 번을 실어날라야 했
다. 하지만 아무리 분량이 많다고 유적을 함부로 다룰 수는 없는 노릇
이다. 발굴단은 고무신을 신고 좁은 디딜판 위를 조심스럽게 옮겨다
니며 날카롭게 깎아 만든 대나무칼로 흙을 뒤적거렸다. 돌멩이 하나
도 허투루 버리지 않으려고 무던 애를 썼다. 시간이 많이 걸리고 허리
가 뻐근해져도 어쩔 수 없었다.

　발굴과정마다 꼼꼼하게 사진을 찍는 일도 만만치 않았다. 근접촬
영은 물론이고 20~500m 높이에서 상공촬영도 함께 진행했다. 특히
상공촬영은 날씨와 햇빛 같은 여러 조건에 민감하게 반응해서 까다롭
기 그지없었다. 예를 들어 유적 둘레의 흙이 조금만 말라도 하얗게 나
오기 일쑤였다. 그럴 때면 우리는 저녁에 흙에 물을 살짝 뿌려 촉촉한
상태로 만들어두고, 다음날 먼동이 트기 전에 촬영도구를 띄워두고
기다렸다가 해가 산 위로 얼굴을 내밀기 직전에 촬영하였다. 또 사진
에는 일일이 메모를 붙였다. 이렇게 해서 발굴기간에 찍은 사진이 수
천 장에 이른다. 이 사진들은 조사과정에서 미처 파악하지 못한 정보
를 후세대들이 새로이 연구하는 데 소중한 자료가 될 것이다.

　일반인이 볼 때 발굴현장의 풍경은 지루하고 따분하기 이를 데 없
다. 발굴대원들은 붓으로 쓸고 호호 불어가면서 느릿느릿 움직인다.
하지만 발굴대원들은 그 인고의 시간을 꿋꿋이 견디어낸다. 오랜 붓
질 끝에 발견한 유물에서 느끼는 희열이 그 무엇과도 바꿀 수 없음을
알기 때문이다. 13개월 동안 이어진 지산동 고분 발굴과정도 마찬가

지였다. 발굴단은 불타는 태양과 살을 에는 북풍을 오직 유적에 대한 애정과 열정으로 이겨냈다. 새삼 발굴단 모두의 노고에 박수를 보낸다.

한편, 문화유산 발굴조사는 늘 마음 한편을 무겁게 한다. 발굴조사 과정을 거치면 유적은 그 원형이 사라질 수밖에 없기 때문이다. 또한 더 나은 기술과 방법으로 조사했다면 더 많은 사실을 밝힐 수 있었을 거라는 아쉬움도 적지 않다. 비록 나름의 열성을 기울였다고 해도 이런저런 복잡한 마음은 쉽게 사라지지 않는다. 어쩌면 고고학에 발을 들여놓으면서 짊어져야 할 업보인지도 모르겠다.

한강유역을 다스리던
백제의 영광을 추억하다

: 강동 풍납토성 유적

권오영 한신대학교 국사학과 교수

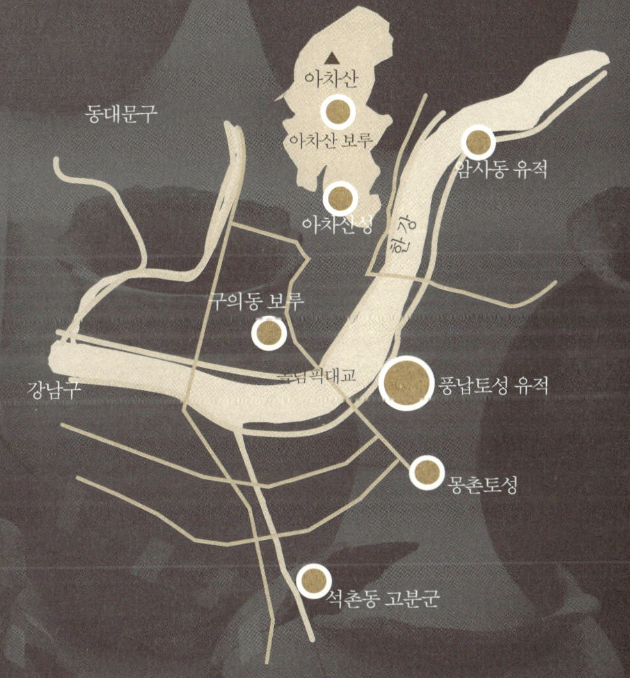

한성기 백제를 둘러싼 비밀

백제는 도성의 위치에 따라 한성^{서울}기, 웅진^{공주}기, 사비^{부여}기로 구분한다. 그중 한성기에는 서울 강남의 작은 세력에서 시작하여 주변의 여러 세력들을 통합하면서 영토를 확장하고 국가체제를 확립하였다. 백제사의 2/3를 차지하는 한성기는 온조와 비류, 근초고왕과 개로왕이 활동하던 시기이기도 하다.

그런데 한성기는 그 중요성에 견주어 역사적 자료가 많지 않다. 《삼국사기》와 《삼국유사》를 비롯한 약간의 문헌자료가 전부이다. 부족한 사료의 양도 문제이지만, 사실 관계가 명확하지 않은 것도 적지 않다. 심지어는 백제가 언제 시작되었는지를 놓고 의견이 분분하다. 그러니 백제 하면 공주와 부여만 떠올릴 뿐 서울은 무관하다는 오해마저 생겨나게 되었다. 이래저래 한성기는 백제사에서 수수께끼 시대로 남겨져 있었다.

강남의 석촌동 고분군과 몽촌토성은 초기 백제사에 대한 갈증을 풀어줄 중요한 유적이다. 이중 근초고왕 무덤으로 추정되는 3호분을 비롯한 석촌동의 고분군은 북방문화인 돌무지무덤^{적석총}*이다. 이는 백제 건국세력이 고구려와 밀접한 관계가 있음을 보여준다. 또한 몽촌토성은 왕궁 등 본격적인 건축물은 발견되지 않았으나, 성을 쌓은 독특한 방식과 토기, 기와 등의 중요 유물, 그리고 다양한 건물터와 집터가 발견되어 백제사 연구에 큰 도움을 주었다.

하지만 석촌동 고분군과 몽촌토성은 한성기 백제를 둘러싼 논쟁에 종지부를 찍지 못했다. 왕성의 위치, 국가 출현 시기 등 중요한 문제에 대해서는 뚜렷한 답을 주지 못한 것이다. 한성기 백제의 진면모는 여전히 땅속 깊숙이 묻힌 채로 깊은 잠에 빠져 있었다.

* **돌무지무덤** 일정한 구역에 구덩이를 파거나 구덩이 없이 시신을 놓고 그 위에 돌을 쌓아 만든 무덤

땅속에 잠들어 있던 백제가 눈을 뜨다

풍납동의 한 고층아파트 부지에는 1996년부터 기초공사가 한창이었다. 그런데 1997년 1월 2일, 설 연휴로 공사가 잠시 중단된 틈을 타 그 공사장에 한 고고학자가 잠입하였다. 선문대학교의 이형구 교수였다. 그의 눈에 공사장 흙더미 속에 나뒹구는 토기와 목탄이 들어왔다. 또 지표면에서 4m 아래 흙벽에는 백제인의 흔적이 촘촘히 박혀 있었다.

사실 풍납토성은 이미 1925년 대홍수 때에 토성 일부가 무너져내리면서 그 존재가 확인되었다. 그 뒤로 성벽만 사적史蹟으로 지정되었을 뿐, 토성 내부에 대한 발굴은 이루어지지 않았다. 그런데 백제 문화층*이 4m 아래 땅속에 잠들어 있을 줄을 누가 짐작이나 했겠는가. 이형구 교수는 그 길로 백제 문화층의 실체를 알렸고, 국립문화재연구소는 긴급히 발굴에 들어갔다. 고고학계에는 반가운 일이었지만 노후주택을 재건축하여 입주하려던 주민들에게는 청천벽력 같은 소식이었을 게다. 보존과 개발을 둘러싼 실랑이가 오고갔다. 살풍경이었다. 그게 명쾌한 답이 나올 리 없다. 일단 발굴기간 동안 아파트 건축을 유보하기로 하고 발굴에 들어갔다. 1997년도에 조사된 지점은 토성의 동벽 남쪽에 인접한 곳이었다. 이어서 내부 중앙의 삼화연립부지, 그 서쪽 부근의 남양연립부지가 조사되었다. 하지만 이 유적들은 발굴조사 뒤에 모두 파괴되고 그 자리에는 고층아파트가 들어섰다.

한성기 백제의 왕궁, 위례성이 모습을 드러내다

국립문화재연구소는 1999년에 풍납토성 동벽의 두 군데를 절개해서 규모와 축조공법을 밝혀보기로 했다. 성벽은 지표면에서 3~4m 높이로 쌓여 있었다. 성의 원래 높이를 확인하기 위해서는 직접 파보는 수밖에 없다. 파고 또 파도 성벽은 쉽게 밑바닥을 드러내지 않았다. 마침내 성의 바닥면에 도달했을 때 발굴단은 새삼 놀라고 말았다. 성벽은 높이가 11m, 폭이 43m, 길이가 3.5㎞나 되었다. 게다가 성벽의 상부는 어느 정도 무너진 상태일 테니 지금보다 훨씬 높았으리라. 엄청난 규모의 성이었다.

3세기 후반경에 이처럼 거대한 성을 쌓기 위해서는 어림잡아도 연인원 백만명이 넘게 동원되어야 한다. 그 많은 노동력을 동원하려면 강력한 국가체제를 갖추고 있어야 하며, 나아가 한 나라를 대표하는 건축물, 즉 왕성을 짓는 공사여야 한다. 야트막한 흙더미처럼 보이던 풍납토성은 사실 왕성이었던 것이다. 한성기 백제 왕성, 즉 위례성의 실체가 화려하게 부활하는 순간이었다. 지루하게 이어져오던 한성기 백제 왕성 논쟁은 풍납토성 발굴로 일단락되었다. 백제가 3세기 후반에 이미 상당한 수준의 국가체제를 갖추었다는 점도 분명해졌다.

풍납토성 경당지구 출토 대형 그릇받침. 높이 81㎝

뒤이어 풍납토성 중앙에 해당하는 부지^{경당지구}에 대해서도 재개발 계획으로 인한 발굴조사가 이루어졌다. 이곳 땅속에서도 특이한 공법으로 축조된 초대형 건물터, 십여 마리의 말과 소를 제물로 사용한 제사용 구덩이, 중국제 도자기를 잔뜩 보관하던 창고터 같은 범상치 않은 유적이 확인되었다.

풍납토성에서 출토된 유물은 한결같이 백제 유물 가운데 최고 수준을 자랑했다. 유물은 토기가 가장 많고 그다음이 기와와 벽돌이다. 출토된 기와만 해도 6천여 점에 달한다. 발굴조사한 면적이 토성 내부의

10%도 되지 않으니, 풍납토성 전체에 얼마나 많은 기와가 사용되었을지 상상이 되지 않는다. 고대사회에는 대부분 궁궐, 관청, 사원 같은 건물에만 기와지붕을 얹었다. 이곳에 국가의 주요시설이 밀집해 있었다는 뜻이다. 과거 한성기 백제시대에 이곳 풍납토성 내부는 기와로 지붕을 꾸민 건물들이 들어차 있었을 것이다. 이제 풍납토성이 백제 왕성이었음은 움직일 수 없는 사실로 인정받게 되었다.

풍납토성 경당지구 출토 각종 구슬. 크기 0.25~0.45cm

풍납토성의 중심부를 거닐다

토성 중앙부^{경당지구} 유적들을 좀 더 살펴보자. 101호 구덩이는 3세기 후반경에 만들어진 것으로, 제사가 치러진 뒤에 제기와 희생동물을 폐기한 구덩이로 추정된다. 여기에서 '直^직' 자가 새겨진 전돌 조각이 출토되었는데 백제 문자자료 중 가장 오래된 것이다.

풍납토성 경당지구에서 출토된 연꽃무늬 막새기와. 복원된 상태의 지름 8.3cm

9호 구덩이에서는 천여 점의 토기와 열 마리가 넘는 소와 말의 머리뼈, 그리고 매실과 운모, 탄정炭精 같은 제사와 관련된 유물이 발견되었다. 유물을 조사한 결과 101호보다 늦은 5세기 중후반에 만들어진 구덩이였다. 9호 구덩이 유물 가운데는 쌍둥이처럼 생긴 두 점의 직구단경호^{주둥이가 곧추 서고 목이 짧은 항아리}가 눈길을 잡아끌었다. 두 항아리 어깨부분에는 각기 '大夫^{대부}'와 '井^정'이라는 글자가 새겨져 있었다. 이 글자가 무엇을 의미하는지는 아직 밝혀지지 않았다.

44호 건물터는 사방 18m가 넘는 널찍한 크기이다. 건물 바닥에는 막대한 양의 숯이 쌓여 있어서 화재로 소실된 것으로 보인다. 출입문이 있던 남쪽에서 보자면 이 건물은 '몸^여' 자를 거꾸로 놓은 모양이다. 또한 건물부지 전체를 도랑이 감싸고 있으며, 그 내부를 고운 숯으로 채우고 있었다. 외부인의 출입을 극도로 제한한 특

'大夫' 글자가 새겨진 토기. 높이 24.7cm

206호 우물에서 출토된 토기

수한 시설이었다는 얘기인데, 과연 어떤 용도로 쓰이던 건물이었을까? 이 궁금증을 풀어줄 확실한 증거는 나오지 않았지만, 제사를 올리던 종교시설로 추정된다.

2004년부터는 중앙부의 서쪽 미래마을에 대한 발굴조사가 이어지고 있는데, 역시나 놀라운 유구와 유물이 속속 출토되고 있다. 5천 점이 넘는 기와가 한꺼번에 발견된 기와 폐기장, 인공적으로 물을 흐르게 하고 정화하는 시설, 성벽과 평행하게 설계된 포장도로, 도로변에 늘어선 창고……

풍납토성에서 발굴된 유물들은 백제의 왕과 귀족들의 생활상을 여실히 보여준다. 그들은 이토록 세련되고 화려한 물질문화와 정신문화를 바탕으로 강력한 국가체제를 확립해갔을 것이다.

풍납토성 유물의 특징을 하나 더 들자면 외부 교역품이 많다는 점이
다. 외래 유물은 크게 세 가지로 나눌 수 있다. 먼저 충청도와 전라도
지역 유물이다. 예를 들어 토성 중심부^{경당지구}의 206호 우물 바닥에서
다섯 겹으로 차곡차곡 쌓인 토기 2백여 점이 출토되었다. 이 토기들은
대개 단지와 병 같은 용기류인데, 여기에 충청도와 전라도 지역 토기
들이 많이 섞여 있었다. 이들 지역이 당시 백제와 긴밀한 교류를 나누
었음을 보여주는 유물이다.

　다음으로 중국과 일본^왜에서 건너온 유물이다. 사실 풍납토성에서
가장 많이 발견된 외래 물품은 중국산이다. 그중 토성 중심부의 196
호 창고에서 나온 중국산 도자기 30여 점은 아주 중
요한 유물로 꼽힌다. 이들 도자기는 3세기 후반에
중국 강남지역에서 쓰이던 것들이다. 종전에는 백제
와 중국의 교류시기를 근초고왕 때^{4세기 중반}부터로 보
았다. 하지만 이들 도자기는 그보다 앞선 시기에 교류
가 이루어졌음을 보여주고 있다. 이밖에도 토성 내부 곳
곳에서 중국산 흑자와 청자가 발견되었다. 일본산 유물
로는 활석을 갈아 만든 어금니 모양의 장식과 무덤에 세
우는 하니와 모양의 토기*가 발견되었다.

풍납토성 출토 하니와 모양 토기조각. 잔존 높이 6㎝

　마지막으로 북쪽의 낙랑과 고구려, 남쪽의 신라와 가야 유물도 제
법 눈에 띄었다. 그중 고구려 토기는 475년 한성을 함락한 고구려인
들이 사용한 것으로 보인다. 낙랑 유물은 낙랑에서 만들어진 다음 유
입되었거나 낙랑식 기술로 만들어진 것이었다. 신라 토기 역시 6세기
중반 이후에 한강유역을 차지한 신라인들이 남긴 것으로 보인다. 가
야 유물은 대개 5세기대의 토기들이었다.

　이로써 풍납토성이 한반도를 비롯한 국제교류의 거점이었음이 확
인되었다. 한성기 백제는 개방적인 외교정책을 바탕으로 활발한 국제

* **하니와 모양 토기** 흙으로 사람이나
동물 모양을 본뜬 다음 구워서
만든 고대 일본 토기. 주로 무덤
의 껴묻거리로 많이 출토된다.
중국 토용의 영향을 받은 것으로
보인다.

무역을 펼쳤던 것이다. 이렇듯 직접적인 삶에 절실히 필요하지 않은 외래품이 많이 발견되는 것은 정치외교적인 목적을 띠고 풍납토성에 들어온 사람들이 많았음을 입증한다. 풍납토성은 물류의 거점이면서 동시에 국제외교의 중심무대였던 것이다.

문화재 보존과 주민생존권 존중, 두 마리 토끼를 잡아라

이렇듯 중요한 유물이 쏟아져 나오면서 풍납토성은 일약 한국 고고학의 최대 성과로 떠올랐다. 하지만 이로 인해 고통받는 사람들도 생겨나게 되었다. 바로 유적지에 살고 있는 주민들이다. 풍납토성 안쪽은 발굴 전부터 이미 주거 밀집지역이었다. 그런데 땅속에서 유물이 쏟아져나오니 노후주택을 개량하거나 재개발하는 일이 어려워질 수밖에 없다. 게다가 발굴부지가 통째로 사적으로 지정되는 경우에는 개인 재산권이 제한될 수밖에 없었다. 풍납토성 주변 주민들의 물질적 정신적 피해도 적지 않을 것이다.

이 때문에 풍납토성은 1997년 발굴조사부터 만성적인 민원 발생 지역으로 변해버렸다. 덕분에 고고학계와 주민들은 번갈아가며 한숨을 내쉬곤 했다. 하지만 두 마리 토끼를 동시에 잡기가 아예 불가능한 것만은 아니다. 예를 들어 사적 안 주민들이 점진적으로 이주하도록 지원하는 방안이 강구되고 있다고 한다. 물론 여기에는 서로에 대한 이해와 양보가 전제되어야 할 것이다. 풍납토성이 문화재 보존과 주민생존권 보호라는 두 대립점이 공존하는 공간으로, 성공적인 문화재 행정 사례로 자리매김하기를 간절히 바란다.

한성기 백제를 구성하던 또하나의 힘, 토호세력

: 공주 수촌리 무덤 유적

이 훈 충남역사문화연구원 역사문화연구실장

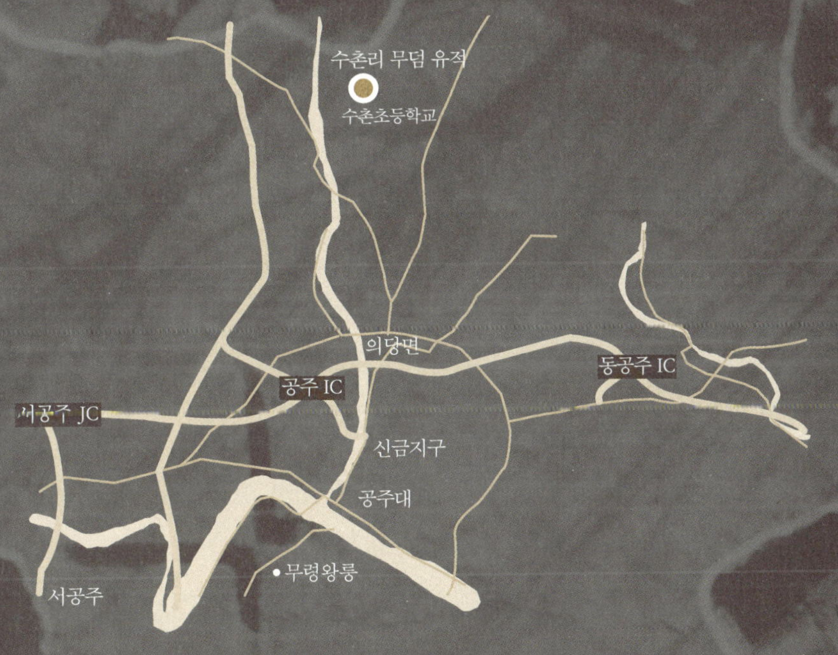

우연이 가져다준 선물

고고학자들이 땅을 팔 때마다 그 속에서 금관이 나오기를 기대하는 것은 아니다. 그런데 가끔은 전혀 생각지도 못했던 곳에서 중요한 유물이 출토되는 경우도 있다. 충남 공주 수촌리 유적 역시 그렇다. 2003년 9월에 충남 공주시는 의당농공단지를 조성하려고 예정 부지에 대한 문화유적 발굴조사를 진행하였다. 말하자면 의례적인 발굴조사였다. 그런데 여기에서 백제사 연구에 새로운 지평을 열 만한 유물이 쏟아져나온 것이다.

발굴조사 결과 수촌리 일대에는 청동기시대부터 조선시대까지 전 역사에 걸친 다양한 생활 유적과 무덤 유적이 퍼져 있었다. 1지점^{천여 평} 면적에서 확인된 2기의 널무덤^{토광묘}*과 돌널무덤^{석관묘}**에는 청동기 유물이 들어 있었다. 청동기시대에서 초기 철기시대로 이행하는 과정을 살필 수 있는 중요한 유물이다.

또 2지점^{3백여 평} 면적에서 확인된 백제 고분 6기는 한성기 백제시대 공주지역 수장급의 무덤들로, 백제의 다양한 무덤 조성 양식을 보여준다. 고분에서 출토된 다량의 중요 유물은 백제사 연구에 결정적인 자료를 제공하고 있다.

백제 고분군은 천태산이 서쪽으로 급하게 흘러내리다가 완만한 구릉을 이루며 넓은 정안 뜰을 마주하고 멈춘 능선 끝자락에 자리한다. 그중에서도 5기는 능선자락 맨 끝에 둥글게 돌아가며 모여 있다. 이것으로 보아 무덤들은 서로 밀접한 관계를 맺고 있는 것으로 보인다.

사실 2지점의 백세 고분 유적은 영영 땅속에 묻혀 있을 뻔했다. 처음에는 발굴이 1지점에서만 이루어졌다. 2지점은 1지점 귀퉁이에 약간 걸쳐 있었는데, 발굴단은 1지점을 조사하던 과정에서 우연히 백제 고분군의 흔적을 발견했다. 발굴단은 공주시에 2지점까지 발굴하겠다고 했지만 공주시 입장은 달랐다. 농공단지 공사 진행에 차질을 줄 수 있기 때문이었다. 하지만 발굴단은 눈앞에 나타난 고분들을 차마

* **널무덤** 땅에 구덩이를 파고 직접 주검을 묻은 무덤으로, 선사시대부터 널리 쓰이던 무덤 양식이다.
** **돌널무덤** 땅속에 직사각형의 돌널을 만들고 그 안에 주검을 안치하는 무덤 양식이다.

수촌리 2지점 백제 고분군 전경. 하마터면 땅속에 영영 묻힐 뻔한 유적이다.

다시 흙으로 덮어버릴 수는 없었다. 결국 갖은 노력 끝에 2지점에 대한 발굴을 허락받을 수 있었다.

발굴단의 노력이 헛되지 않았는지 2지점 고분에서는 금동관과 금동신발을 비롯한 귀중한 유물들이 대량 출토되었다. 유적은 곧바로 사적 406호 공주 수촌리 고분군으로 등록되었으며, 당초 조성하려던 농공단지 조성계획은 취소됐다. 그 정도로 대단한 발견이었다. 우연이 가져다준 결과를 생각하면 마냥 놀랍기만 하다. 만약 농공단지 조성 계획이 없었다면, 1지점 끝자락에 2지점이 걸쳐져 있지 않았다면, 조사단이 그대로 물러섰다면, 그중 어느 하나라도 놓쳤다면 저 빛나는 백제 고분군은 어떻게 되었을까? 지금도 그 생각만 떠올리면 가슴이 두근거린다.

공주를 지배했던 최고 수장의 가족 무덤

무덤이 분포되어 있는 모습을 좀더 자세히 들여다보자. 경사면 제일 아래쪽에 덧널무덤^{토광목곽묘}* 2기, 그 위쪽에 앞트임돌덧널무덤^{횡구식석곽묘}** 1기, 그리고 그 옆과 아래쪽으로 굴식돌방무덤 2기가 나란히 줄 지어 있다. 지금까지 발견된 백제 고분들은 한두 가지 양식의 무덤이 무리지어 있는 것이 대부분이다. 그런데 수촌리 고분군은 다양한 형 식의 무덤이 한자리에 조성되어 있는 게 특징이다. 말하자면 백제 고 분의 발달과정을 한눈에 확인할 수 있는 무덤 박물관인 셈이다.

또하나 흥미로운 점은 5기 무덤 가운데 4기가 친연관계로 보인다 는 사실이다. 예컨대 1호와 2호 덧널무덤은 3m 정도 거리를 두고 일 직선으로 배치되었다. 1호 무덤에서는 금동관모와 귀걸이, 과대^{허리띠} ^{에 띳돈을 붙인 띠}, 신발, 고리자루칼^{환두대도} 등이 출토되어 이 무덤의 주인 이 남성임을 말해주고 있다. 이에 견주어 2호 무덤에서는 화려한 머 리 장식 구슬과 귀고리, 목걸이가 출토되었다. 한눈에 봐도 이 무덤의 주인이 여성임을 알 수 있었다. 따라서 1호와 2호 무덤은 부부 사이였을 것이다.

4호과 5호 무덤 사이의 친연관계는 더욱 또렷하다. 4호 무덤에서는 금동관, 귀고리, 허리띠^{과대}, 신발, 장식용 큰 칼^{장식대도} 등이, 5호 무덤에서는 구슬, 귀고리 등이 출토 되었다. 여기까지 놓고 보면 1호와 2호 무덤과 유물 유 형이 비슷하다. 그러나 두 무덤에는 특별한 무엇이 있었 다. 바로 양쪽 무덤 시신의 머리맡에서 반으로 쪼개어 나 눈 대롱옥^{관옥}이 발견된 것이다! 아니나 다를까, 대롱옥의 부 러진 부분은 정확하게 들어맞았다. 따라서 두 시신은 서로 부 부이거나 그에 상당한 친연관계였던 게 틀림없다.

이러한 증거로 미루어 볼 때 수촌리 고분군은 한 집안이 여러 세대에 걸쳐 묘를 썼던 가족묘역일 가능성이 높다. 이를테면 1, 3, 4

4호 돌방무덤 출토된 금동관 복원품. 관 모 높이 17.4㎝, 장식 포함 높이 22.4㎝

호는 증조, 할아버지, 아버지 이렇게 3대로 이어지는 무덤이고,
1호와 2호, 4호와 5호 무덤은 서로 부부였을 것이다.

백제시대에 이처럼 누대에 걸쳐 가족묘를 쓸 수 있는 집안은
흔치 않았다. 유물에서 출토된 화려한 유물들이 이 추측을 뒷받
침해준다. 그중에서도 1호, 3호, 4호 무덤에서 출토된 금동신발
은 단연 눈에 띤다. 5세기 즈음에 3대에 걸쳐 시신
에 금동신발을 신겨 묻을 만큼의 재력을 유지한
최상층 신분이었던 것은 확실하다. 어쩌면
지역을 다스리던 수장이나, 그에 버금가는
집안이었을 것이다.

유물을 보존하고 분석하는 과정에서 시신의
뼈에 대한 DNA검사가 진행되었다. 인류학적 계통
을 밝힐 수 있어 수많은 사람들이 호기심 반 기대 반으
로 결과를 기다렸다. 그러나 안타깝게도 뼈가 너무 심하게 부식되어
서 DNA검사가 제대로 이루어지지 못했다. 역사 저편은 아직 우리에
게 속살을 보여주고 싶지 않은 듯하다.

이 밖에도 수촌리 고분 유물들은 백제 지배층의 생활문화를 고루
살필 수 있게 해준다. 앞서 이야기한 유물들 말고도 중국제 자기, 철
기류, 세발토기삼족기, 그릇받침기대, 굽다리접시 들까지 출토됐다. 특
히 4호 무덤에서 나온 중국제 자기 흑유계수호닭 머리 모양 주전자는 백
제 유적에서 주로 출토되는 유물이다. 흑유계수호는 4세기 말에
서 5세기 초에 중국에서 집중적으로 생산됐다. 수촌리 흑유계수
호는 중국 동진의 수도였던 난징 부근에서 발굴된 흑유계수호와
그 모양이 아주 닮았다. 중국 흑유계수호에 364년이 표기된 것으
로 미루어, 수촌리 흑유계수호는 그보다 늦은 5세기 초 무렵에 만
들어진 것으로 보인다.

중국제 자기는 중국과의 활발한 교류 사실을 알려주는 증거이다.

대롱옥. 반투명한 유리로 만들었으며 암
갈색을 띤다. 양쪽 끝에서 뚫은 것으로
보이며 구멍 지름은 0.4~0.5㎝이다. 전
체 길이 5.4㎝, 지름 1.1~1.2㎝

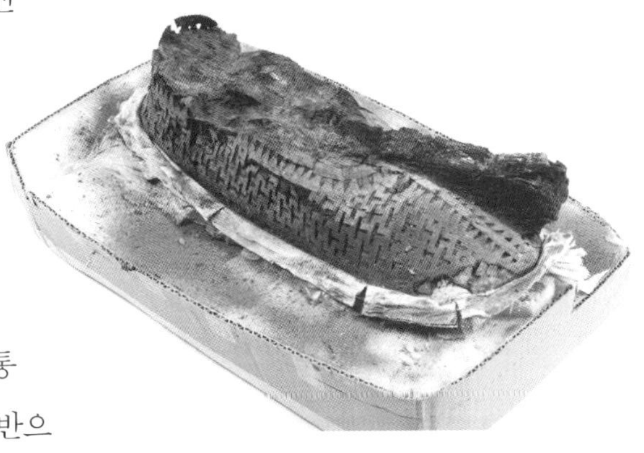

1호 무덤에서 출토된 금동신발(동판에 금
도금) 한 쌍. 한 짝은 피장자의 오른쪽
발의 신겨진 상태로 남아 있으나, 왼쪽은
양 측면이 안쪽으로 서로 눌려 심하게
파손된 상태로 측면 일부와 바닥면만 어
느 정도 형태를 갖추고 있었다. 현존 길
이 29.5㎝, 바닥판 최대 너비 8.5㎝

4호 돌방무덤에서 출토된 흑유계수호.
손잡이를 포함한 높이 23.1㎝

백제가 선진문물을 적극적이고 개방적으로 받아들였음을 말해주는
단서이기도 하다. 이렇게 수입된 중국 자기는 지방 통치를 위해 적절
히 활용되었다. 곧 백제 중앙정부는 최상품의 중국 자기를 토호세력
에게 선물함으로써 그들의 권위를 인정하고, 한편으로 왕에 대한 충
성을 맹세받았을 것이다. 흑유계수호가 껴묻거리로 묻혔다는 점 또한
무덤 주인의 위세를 짐작케 한다.

고고학은 종합학문이다

더불어 수촌리 유적 발굴과정에서 학제 간 긴밀한 네트워크를 구축한
것도 큰 성과라 하겠다. 보존과학과의 도움으로 최첨단 3D스캔과 CT
촬영을 통한 보존처리와 분석을 시도했다. 이 새로운 분석기술로 4호
와 5호 돌방무덤에서 출토된 두 개의 부러진 관옥이 본래 하나에서 둘
로, 다시 하나가 되는 모습을 확인했다. 기록으로 남아 있는 고구려의
주몽·유리설화나 통일신라의 가실·설씨녀설화 등에서 보이는 부
절符節문화*를 실제로 증명한 것이다. 이렇듯 다양한 과학적인 시도로
백제 금동관의 화려한 옛 모습을 재현했다. 이러한 성과는 앞으로 고
고학 발굴조사가 나아가야 할 방향을 제시하고 있다. 고고학은 땅속
유적을 출토하는 데서 한발 더 나아가 학제 간 연계를 통하여 당대의
역사를 재구성하는 종합학문으로 거듭나야 할 것이다. 이런저런 까닭
으로 수촌리 유적은 백제 유적 발굴사의 최대 사건이었던 무령왕릉
발굴 이후 다소 정체기에 놓였던 백제사 연구에 새로운 활기를 불어
넣고 있다.

* **부절문화** 고대 중국에서는 돌이나 대나무, 옥 등을 둘로 나누어 각자 보관하여 신분의 증표로 삼았다. 이 부절 문화가 한반도에 흘러들어온 것으로 보인다.

영산강유역에
독자적인 문화를 꽃피우다

: 나주 복암리 무덤 유적

김낙중 국립부여문화재연구소 학예연구관

아파트 고분에 세를 들게 된 사연

나주 복암리 고분군은 영산강유역에서 발견된 대형 복합 고분군이다. 3~7세기에 걸쳐 무덤 위에 다시 무덤이 조성된 독특한 구조 때문에 KBS 〈역사스페셜〉에서 '아파트 고분'으로, 연합뉴스의 김태식 문화재 전문기자는 '벌집형 고분'이라고 이름붙였다. 그만큼 독특하고 학술적으로도 커다란 논란거리를 제공한 유적이다. 백제사를 규명하는 데 결정적인 역할을 한 무령왕릉, 백제금동대향로가 출토된 부여 능산리 절터에 버금가는 중요한 문화재임에 분명하다.

그 가운데 복암리 3호 무덤은 가장 규모가 크다. 또한 널방현실* 안에 독무덤옹관묘** 이 들어 있는 독특한 형태이며, 하나의 분구*** 안에 독무덤, 구덩식돌덧널무덤수혈식석곽묘****, 굴식돌방무덤횡혈식석실묘*****, 앞트기식돌방무덤****** 등 7가지 형태의 무덤양식이 나타나고 있다.

이러한 학술적인 중요성과 유명세 때문에 복암리 3호 무덤은 내 고고학 인생의 전환점이 되었다. 물론 국립문화재연구소, 전남대학교박물관 등 관계기관의 수많은 분들의 수고 위에 나의 작은 노력과 운이 더해져 그러한 호사를 누렸음은 두말할 필요도 없다.

내가 복암리 3호 무덤을 처음 만나게 된 것은 1996년 11월이었다. 일본 나라현의 가시하라고고학연구소에서 연수하던 나는 한국고고학전국대회에 참석하러 잠시 한국으로 건너왔다. 그곳에서 전남대학교 임영진 교수가 발표한 복암리 3호 무덤 발굴조사 내용을 들을 수 있었다. 새로운 무덤양식인 돌방 안에 전통적인 매장시설인 대형 독무덤을 사용했다는 것이었다. 이는 돌방에 묻힌 사람이 백제 중앙에서 보낸 관리가 아니라 대형 독무덤을 사용하던 집단과 동일하다는 의미였다. 그동안의 통설을 송두리째 뒤흔들 만한 내용이었다. 하지만 나는 당시 도성에 대해 연구하던 때라 그저 흥미로운 주장이려니 하고 흘려들었다.

이듬해 일본에서 귀국한 뒤, 나는 한동안 도성 연구에 매달렸다.

나주 복암리 3호 무덤 전경. 다양한 양식의 무덤이 시기별로 겹쳐 있어 영산강 유역 고대사를 밝히는 데 큰 도움을 주었다.

그러다가 국립문화재연구소 유적조사연구실로 자리를 옮겨 처음으로 맡게 된 일이 복암리 3호 무덤 발굴이었다. 당황스러웠다. 고분 발굴은 말 그대로 귓등으로만 들었을 뿐이었다. 게다가 복암리 3호 무덤은 이미 1996년부터 발굴이 진행되던 상태였고, 중간에 인수인계를 받은 터였다. '잘 해낼 수 있을까? 다른 사람이 하던 것을 이어받은 것이라 비교될 텐데……' 만감이 교차하였고 긴장감이 사라지지 않았다.

대형 독무덤을 안전하게 옮겨라

하지만 한편으로는 고분에 대해 잘 모르는 상태라서 오히려 과감하게 발굴할 수 있었다. 예를 들어 발굴 당시 우리는 분구의 단면조사를 위

* **트렌치법** 유적에 긴 도랑처럼 구역을 구획한 다음 파나가는 방식이다. 이 방법은 넓은 지역을 동시에 조사하기 때문에 유적의 성격을 쉽게 파악할 수 있으나, 문화층이나 유구의 흐름을 파악하는 데 약점이 있다.

해 트렌치법trench method*을 이용했다. 트렌치를 5~6m까지 판다는 것은 위험천만한 짓이었다. 발굴 당시에도 깎아내린 벽이 무너지기 일쑤였다. 나주 신촌리 9호 무덤 발굴현장에서는 참을 먹느라 모두 밖으로 나온 사이에 트렌치 벽이 무너져 손수레가 순식간에 납작해져 버린 일이 있었다. 간발의 차이로 위기를 피한 위험천만한 순간이었다.

한번은 또 깊게 판 구덩이로 사다리를 타고 내려가다 그만 바닥으로 떨어지고 말았다. 터진 머리를 부여잡고 병원에 갔더니 어디서 싸웠느냐고 물었다. 어이없는 일은 또 있었다. 다 꿰맨 자리에 손을 대보니 흥건하여 미심쩍었다. 확인해달라고 했더니 간호사는 "어, 덜 꿰맸잖아." 하고 아무렇지도 않게 반응했다. 이걸 여유롭다고 해야 할지, 안일하다고 해야 할지⋯⋯ 문득 큰 무덤을 파면 안 좋은 일이 터진다는 속설이 생각났다. 다행히 큰 사고가 아니었으니 액땜한 것으로 여기고 넘어갔다.

대형 독무덤을 옮기는 과정에서도 유난히 시행착오가 많았다. 이러한 독무덤은 돌방, 돌덧널과 마찬가지로 매장시설이다. 고고학에서 말하는 유구인 셈이다. 유구는 발굴되더라도 현장에 남기거나 중요한 경우에만 이전 복원을 한다. 그런데 이상하게도 독무덤은 모두 수거해오는 것이 당연한 것처럼 여겨졌다. 돌방과 다른 점이라곤 원재료가 돌방은 자연산 돌이고 독무덤은 흙을 구워 만든 인공물이라는 점뿐인데 말이다.

덕분에 우리에게는 40여 기나 되는 독무덤을 모두 복원해서 옮기라는 특명이 떨어졌다. 앞서 말한 대로 크기가 보통이 아니기 때문에 독무덤을 복원해서 옮길 넓은 공간이 필요했다. 고민 끝에 컨테이너 두 개를 연결하여 널찍한 작업공간을 만들었다. 그다음 그 안에서 겨우내 파편을 이리저리 꿰어 맞추며 독무덤 복원에 매달렸다. 복원작업은 일반 토기의 그것과는 차원이 달랐다. 파편 하나의 무게가 수십 킬로그램이 되기도 하고, 모든 파편을 찾아서 가상 복원을 한 다음 한꺼번에 쌓아올리지 않으면 틀어지기 십상이었다. 특히 복원의 대미를 장식할 밑동의 파편은 사다리를 타고 올라가 살짝 올려놓아야 했다. 그 무게에서 오는 중압감도 보통이 아니었지만, 안 들어맞을 경우 처음부터 다시 쌓아올려야 한다는 부담감 때문에 가슴이 두근두근하곤 했다.

접착제 냄새로 가득한 컨테이너 안에서 겨우내 복원을 마치기는 했는데, 이번에는 복원된 독무덤을 꺼내는 것이 문제였다. 문은 좁은데 독무덤이 너무 크고 무거워 사람의 힘으로는 꺼내기 어려웠다. 지게차를 동원해볼까도 생각해보았으나 덜컹거리는 지게차에서 떨어져 깨지기라도 한다면 신문에 날 일이어서 신중하지 않을 수 없었다. 궁리 끝에 생각해낸 것은 컨테이너 작업실을 크레인으로 통째로 들어올려 트럭에 싣는 것이었다. 다행히 일은 별다른 문제없이 진행되었고, 컨테이너를 실은 트럭은 경찰의 호위를 받으며 국립광주박물관으로 직행하였다. 국립광주박물관에 가서 처음으로 꺼낸 독무덤이 공교롭게도 처음 복원을 시도하여 시행착오를 겪은 불완전한 복원품이었다. 독무덤은 꺼내는 자리에서 그만 폭삭 깨지고 말았다. 얼굴이 얼마나 화끈거렸는지 모른다. 다행히 나머지는 아무 일 없이 보관실로 들어갔다.

어쨌거나 위험을 무릅쓴 그 무모함 때문에 우리는 영산강유역 매장문화를 좀더 또렷하게 확인할 수 있었다. 이 성과들이 영산강유역 고분 연구의 지표를 마련하는 데 도움을 주었으니 나로서는 큰 기쁨이다.

독무덤와 굴식돌방무덤 사이의 관계

복암리 3호 무덤은 놀랍게도 원형을 그대로 유지하고 있었다. 확인된 41기의 무덤 가운데 파괴된 것은 하나뿐이고, 도굴당한 것은 하나도 없었다. 낮은 산과 같은 고분이 한 문중의 선산으로 쓰이면서 땅속 문화재들이 온전히 보존될 수 있었던 것이다. 덕분에 복암리 3호 무덤은 영산강유역 고대사를 밝히는 '무덤 박물관'이 되어주었다.

복암리 고분군의 다양한 무덤 양식 가운데 특히 독무덤은 영산강유역을 대표하는 무덤 양식이며, 복암리 3호 무덤에서도 22기나 확인되었다. 3세기부터 6세기 중엽까지의 독무덤 22기가 한 무덤에 차례로 매장되어 있는 광경을 떠올려보라. 독무덤의 변천과정을 살펴보는 데 이보다 더 훌륭한 자료가 또 있을까.

독무덤은 한반도에서 보편적으로 사용된 매장시설이다. 그런데 3세기에서 6세기까지 만들어진 영산강유역의 독무덤은 독특한 데가 있다. 독무덤 길이가 1.9m나 되는 것이 있고, 독무덤 두 개를 결합한 경우에는 2.7m 가까이 되는 것도 있다. 무게도 많게는 400~500kg에 이른다. 이 거대한 독무덤의 주인은 누구일까? 고고학계는 대형 독무덤을 만든 세력의 실체를 밝히는 데 지금껏 힘을 쏟고 있다. 어쩌면 그들은 백제와 마한, 그리고 왜의 역사를 재정립해야 할 만큼 파급력을 지닌 세력일지도 모른다.

복암리 3호 무덤에서 대형 독무덤 다음에 나타나는 매장시설이 돌방이다. 예전에는 돌방의 등장이 곧 호남지역의 지방세력이 백제의 직접적인 지배를 받았음을 뜻하는 지표로 인식되었다. 그렇지만 복암리 고분군을 발굴한 전남대학교 임영진 교수 등은 백제의 직접적인 영향을 받지 않은 '영산강식 돌방'이 있음을 주장했다. 이게 사실이라면 6세기 전반까지 상대적으로 독자적인 세력이 활동했다는 뜻이다. 복암리 3호 무덤에서 발굴된 온전한 모습을 갖춘 여러 기의 돌방은 이 논의에 확실한 근거자료가 되었다.

도굴당하지 않은 돌방을 조사하는 것은 식은 죽 먹기였다. 유물이 뒤섞이지 않았으니 매장된 역순으로 조사하면 된다. 물론 어려운 역사적 추론과 억측도 필요하지 않다. 그래서 나 같은 고분 조사 신출내기도 감당할 수 있었을 것이다. 첫 돌방의 문을 열었을 때 서늘한 기운과 함께 나타난 어지러이 널린 해골은 지금 생각해도 모골이 송연하다. 그러나 그도 잠시, 나중에는 시원한 돌방 안에서 옛 사람들과 함께 휴식하고 싶은 유혹에 빠지곤 했다.

무덤방에는 세 명 이상이 함께 묻혀 있는 경우가 많았고 또 '96돌방무덤' * 의 3호 독무덤 속 두 인골을 DNA 분석한 결과 모계혈통으로 밝혀졌다. 이런 점으로 미루어 굴식돌방무덤 양식이 도입된 뒤에도 과거 한 분구에 여러 명을 묻는 전통이 그대로 이어졌으며, 부부가 아닌 세대 단위로 매장되었음을 알 수 있다.

일반적으로 백제 고분에는 껴묻거리가 적다. 학계에서는 무덤이 도굴되었기 때문이 아닐까 추측하곤 했다.

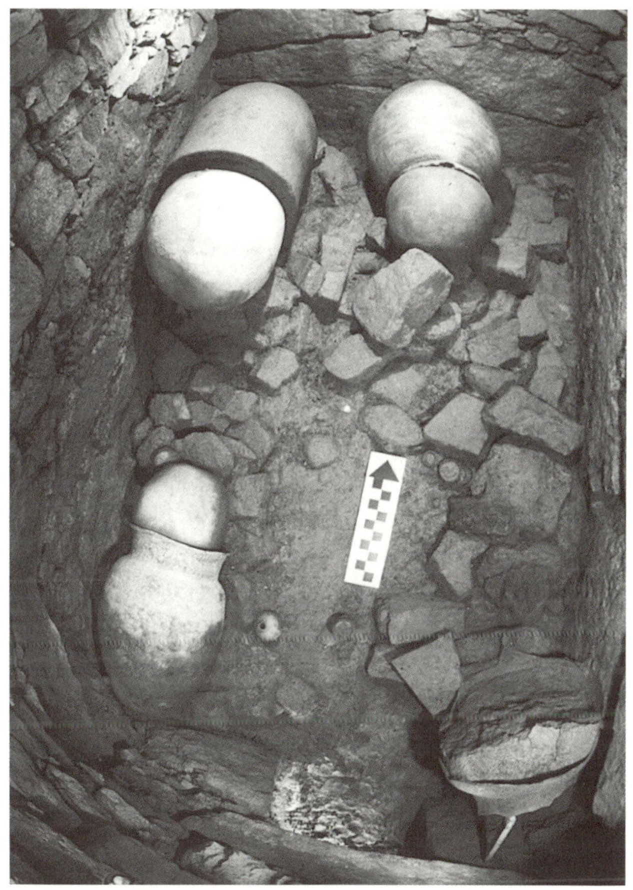

복암리 3호 무덤 '96돌방무덤'. 굴식돌방 안에 대형 독무덤이 들어 있다.

그런데 복암리 3호 무덤은 전혀 도굴되지 않았는데도 껴묻거리가 많지 않았다. 본디 매장품이 없거나 적었다는 뜻이다. 백제와 영산강 유역 매장의례의 큰 특징 가운데 하나이다.

돌방 발굴과정을 돌이켜보면 아쉬운 점이 하나 있다. 요즘에는 고분에서 출토되는 뼈에 대한 DNA 분석이 보편화되어 있다. 하지만 발굴 당시에는 막 시작하는 단계였으며, 따라서 전체 인골에 대한 DNA 분석을 하지 못했다. 무덤에 함께 묻힌 사람들 사이의 관계를 파악했더라면 복암리 고분군을 만든 집단의 가족제도, 친족구조, 나아가 사

* **96돌방무덤** 복암리 3호 무덤 안 돌방 가운데 1996년도에 발굴하여 붙여진 이름

발굴 당시 2살이던 맏딸(채연)을 독무덤
의 크기를 강조하기 위해 모델로 삼았다.

회구조를 좀 더 풍부하게 파악할 수 있었을 텐데 말이다. 다행히 복암
리 고분군과 비슷한 양식을 띠는 나주 영동리 고분군의 인골을 DNA
분석하였다니 그 결과가 기다려진다.

영산강유역 세력은 왜와 어떤 관계였을까

영산강 유역에서는 5세기 중엽까지 사다리꼴 무덤 봉우리를 쌓는 무
덤양식이 널리 퍼져 있었다. 그러다가 그 뒤에는 네모꼴 무덤 봉우리
가 유입되었다. 이 두 가지 양식의 무덤에는 모두 주구周溝*가 파여 있
었다. 영산강 유역의 고분은 등장할 때부터 사라질 때까지 모두 주구
가 파여 있었다. 일정한 시기에만 주구를 파던 다른 지역과는 구별되
는 특징이다. 주구의 모양은 사다리꼴 무덤 봉우리를 쌓던 3세기에서
5세기 중엽까지는 사다리꼴이다. 그러다가 네모꼴 무덤 봉우리를 쌓
던 5세기 후반부터는 무덤 봉우리의 주변을 따라 웅덩이 모양으로 파
되 가운데는 깊게, 모서리는 거의 파지 않아서 지표와 거의 높이가 같
은 형태를 띠었다. 이는 영산강유역에서만 발견되는 무덤 테두리 구
덩이 모양이다. 나는 이를 '영산강유역형 주구'라고 이름 붙이기도 하
였다.

이처럼 독특한 무덤양식은 곧 영산강유역에 자기들만의 매장문화
를 가진 독자적인 세력이 자리잡고 있었다는 뜻이다. 이는 무덤에서
출토된 유물에서도 확인할 수 있다. 복암리 3호 무덤의 돌방 두 곳에
서는 장식용 큰 칼이 세 자루 출토되었다. 5호 돌방에서는 입구에 가
까운 벽에 기대어 세워놓았고, 7호 돌방에서는 피장자무덤에 묻힌 사람 두
사람이 하나씩 허리춤에 차고 있었다.

이런 장식용 큰 칼은 6세기 중엽까지 왕이나 지방세력의 권력관계
를 상징하는 물건으로 쓰였다. 말하자면 왕권이 지방세력을 확실하게
장악하기 전에 나타났던 물건이다. 물론 삼국의 왕권이 지방까지 영

향력을 행사하는 6세기 중반 이후에 장식용 큰 칼은 더 이상 사용되지 않았다. 그런데 이 돌방들은 일러야 6세기 말에 만들어진 것이다. 사비기 백제는 이미 지방세력 통치체제가 갖추어진 시기이다. 백제 왕권과 지방 호족 사이에 정치적 관계를 따로 증명할 필요가 없었다는 뜻이다. 그렇다면 이 칼은 어떤 의미를 지녔으며, 왜 껴묻었을까? 게다가 그 모양 또한 한반도의 여느 지역에서 보이는, 손잡이 머리 부분 장식이 동그란 고리로 되어 있는 고리자루칼과 아주 달랐다. 당황스러웠다.

그런데 문득 이런 의문을 푸는 실마리가 떠올랐다. 앞서 이야기했듯 나는 한때 가시하라고고학연구소에서 연수를 했었다. 그때 오사카에 있는 치카츠아스카박물관에서 열린 특별전시회에 다녀온 적이 있는데, 전시 주제가 '장식용 큰 칼'이었다. 전시품들은 하나같이 독특하고 눈길을 잡아끌었다. 나는 그 느낌을 간직하려고 전시장에서 도록 한 권을 사왔다. 그 뒤로 도록은 오랫동안 책더미 속에 묻혀 있었다. 어렵사리 도록을 찾아내 펼쳐보니 같은 모양의 칼이 거기 있었다!

일본에서는 6세기 말에서 7세기 초에 손잡이의 머리 부분이 각진 칼^{규두대도}이 널리 퍼져 있었다. 5호와 7호 돌방에서 출토된 칼이 바로 규두대도였다. 7호 돌방에서는 고리 세 개를 이어 붙이고, 그 안에 이빨 네 개를 드러낸 도깨비 얼굴을 끼워넣은 칼^{귀면문삼환두대도}이 나왔는데, 일본에서도 똑같은 칼이 하나 출토되었다. 복암리 세력이 독자적으로 왜와 긴밀한 관계를 맺고 있었다는 명확한 증거이다.

고고학계에서는 복암리 고분군 발굴결과를 놓고 논의와 연구를 거듭하고 있다. 현재로서는 이 칼이 백제 중앙정부에서 만들어졌을 가능성이 높으며, 복암리 세력이 이 칼을 수요지인 왜에 유통하는 데 큰 역할을 했으며, 그 증표로 가지고 있었던 것으로 추정하고 있다.

복암리 3호 무덤을 발굴한 이후, 나는 지금껏 영산강유역 고분 연구에 매달리고 있다. 돌이켜보면 인연이라는 게 참 묘하다. 고분에 대

7호 돌방에서 출토된 귀면문삼환두대도. 전체 길이가 84cm로 추정된다. 환두 폭 5.6m

해 아무것도 모르던 내가 우연한 기회에 복암리 3호 무덤을 만났고, 덕분에 고고학계에 공식적인 데뷔무대를 갖고 박사학위까지 받았으니 말이다. 복암리 3호 무덤과의 인연은 둘째딸의 이름에도 남아 있다. 고분이 위치한 나주羅州의 '나'자를 붙여 나연羅沈이라고 지었다. 남들이 들으면 놀릴 수도 있으나, 이렇게라도 나주에 대한 애정을 남기고 싶었다.

고구려 보루가
아차산에 있는 까닭은?

: 광진 아차산 보루 유적

최종택 고려대학교 고고미술사학과 교수

고구려, 다시 모습을 드러내다

서기 475년 9월 고구려왕 거련[장수왕]이 군사 3만을 거느리고 와서 백제의 왕도 한성을 포위하였다. 백제의 개로왕은 성문을 닫고 능히 나가 싸우지 못하였다. 고구려는 군사를 네 길로 나누어 양쪽에서 공격하였고, 또 바람을 이용하여 불을 놓아 성문을 불태웠다. 고구려는 북성을 공격하여 7일 만에 함락하고, 남성으로 옮겨 공격하였다. 개로왕은 어찌할 바를 몰라 기병 수십을 거느리고 성문을 나가 서쪽으로 달아났다. 과거 개로왕의 신하였다가 고구려에 망명한 장수 재증걸루 등은 도망치는 개로왕을 보고는 말에서 내려 절한 다음에 왕의 얼굴을 향하여 세 번 침을 뱉고는 그 죄를 꾸짖었다. 그리고는 왕을 포박하여 아차성 아래로 보내 죽였다.

위는 《삼국사기》에 나오는 백제 한성이 함락되던 긴박한 상황을 간추린 내용이다. 여기에서 북성은 풍납토성, 남성은 몽촌토성, 아차성은 아차산성으로 추정된다. 이로 인해 백제 한성시대는 막을 내리고 웅진[지금의 충남 공주]으로 수도를 옮기게 되었다. 고구려는 이후 76년간 한강 유역을 차지하고 신라와 백제를 상대로 전쟁을 벌였으며, 몽촌토성과 아차산 일대에 수십 개의 요새를 쌓았다. 그러다가 551년 백제의 공격으로 고구려는 임진강유역으로 물러났으며, 아차산의 고구려 보루堡壘*는 역사 속으로 사라지게 되었다.

그로부터 1500여년이 지난 1988년 어느 겨울 밤, 나에게는 평생 잊을 수 없는 일이 일어났다. 당시 나는 서울대박물관 작업실에서 몽촌토성에서 출토된 토기조각을 복원하느라 밤샘작업을 하고 있었다. 그런데 문득 수많은 백제 토기조각 가운데서 낯선 토기조각 하나가 눈에 띄었다. 한 달여 작업 끝에 복원된 토기는 이제까지 남한에서는 출토된 예가 없는 전형적인 고구려 토기였다. 그 뒤로도 토기조각들 속에서 상당량의 고구려 토기들을 복원할 수 있었다. 475년 백제 한성

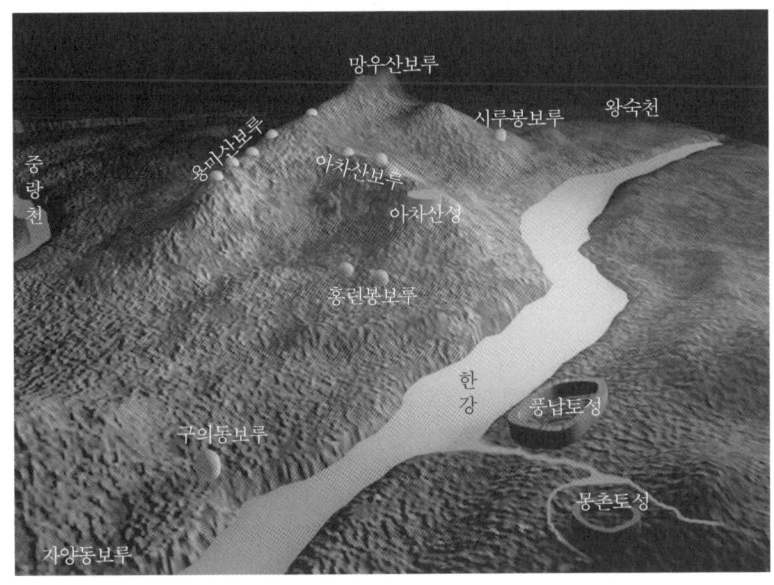

아차산 일대의 유적 분포도. 아차산 일대에는 아차산성과 20여 곳의 고구려 보루가 있으며, 한강 남쪽에는 백제가 쌓아올린 풍납토성과 몽촌토성이 있다.

을 무너뜨리고 몽촌토성에 주둔했던 고구려군이 사용한 토기들이 분명했다. 역사책 속 기록에만 존재했던 한강 유역 고구려의 실체가 드디어 모습을 드러낸 것이다! 얼마 뒤 나는 백제 고분으로 알려진 구의동 유적(1977년 발굴)이 고구려 보루임을 밝혀냈다.

이를 계기로 한강 유역에서 고구려의 자취를 찾는 조사가 시작되었고, 1994년 지표조사를 통해 아차산 일대에서 20여 곳의 고구려 유적이 확인되었다. 그리고 1997년 가을, 본격적으로 아차산 유적 발굴이 시작되었다. 발굴작업은 2007년까지 이어졌으며, 모두 여섯 개의 보루에 대한 발굴조사가 끝났거나 진행중이다. 발굴기간 동안 조사단원들은 날마다 등산을 하고, 한여름의 찜통더위와 한겨울의 칼바람을 견뎌야 했다. 그 땀과 노력이 헛되지 않아 땅속에 묻혀 있던 고구려의 숨결과 만날 수 있었으니 고마울 따름이다.

나팔입항아리. 긴 목과 나팔처럼 벌어지는 아가리를 특징으로 하는 대표적인 고구려 토기의 하나이다. 주로 껴묻거리용이나 의례용기로 사용되었다. 1988년 몽촌토성 출토. 높이 59cm

아차산에서 고구려 보루를 만나다

아차산은 서울시 동쪽과 구리시 서쪽의 경계를 이루고 있다. 아차산에 오르면 남으로는 한강 남쪽 지역이 한눈에 들어오고, 북으로는 멀리 의정부에 이르는 길목까지 조망할 수 있다. 이러한 까닭에 아차산일대는 예로부터 군사적 요충지였다. 백제, 신라와 대치하던 고구려군이 이곳에 보루를 세웠던 것은 어쩌면 당연했다.

아차산 일대에는 모두 20곳의 고구려 보루 유적이 있는데, 발굴 전에 파괴된 것을 감안한다면 이보다 더 많은 보루가 있었을 것이다. 보루는 대부분 아차산과 용마산 등줄기를 따라 이어지고 있다. 그리고 이곳에서 떨어져 한강변에 인접한 구의동 보루가 있다. 그런데 일제 강점기에 조사된 자료에 따르면 중랑천과 한강이 만나는 뚝섬 근처의 자양동에도 보루가 있었다고 한다. 이런 사실로 미루어보아 중랑천 하구에서 아차산 자락에 이르는 한강변에도 보루들이 일정한 간격으로 배치되었을 것으로 보인다. 그러니까 보루는 크게 두 갈래로 나뉘어 자리 잡고 있었던 것이다.

아차산과 용마산 등줄기를 따라 배치된 보루들 사이는 400~500m 간격으로 일정하다. 아마 보루들은 목책이나 석축 같은 시설로 연결

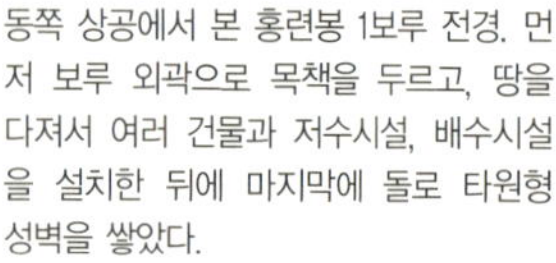

동쪽 상공에서 본 홍련봉 1보루 전경. 먼저 보루 외곽으로 목책을 두르고, 땅을 다져서 여러 건물과 저수시설, 배수시설을 설치한 뒤에 마지막에 돌로 타원형 성벽을 쌓았다.

되어 있었을 것이다.

보루는 크게 성곽과 내부 시설로 구성되어 있다. 보루 규모는 조금씩 차이가 있으나 돌로 원형 또는 타원형 성벽을 쌓고 내부에 시설물을 설치한 동일한 구조이다. 성벽은 대부분 화강암을 다듬어서 쌓았으며, 구의동 보루는 특이하게 성벽 상부를 강돌로 쌓았다. 성벽 길이는 작은 보루가 50m, 큰 보루는 300m 안팎이다. 성벽에 고구려군의 독특한 방어시설인 치雉*가 설치되어 있는 점도 특징이다.

성곽 안에는 군인들이 생활하던 건물과 저수시설, 배수시설 등이 설치되었다. 규모가 가장 작은 구의동 보루의 경우는 구덩식수혈식 건물터**가 한 곳 발견되었는데, 건물 내부에는 네모반듯한 저수시설과 배수시설, 그리고 온돌을 놓은 흔적이 있었다.

아차산 4보루와 시루봉 보루, 홍련봉 1보루에서는 여러 채의 지상 건물과 시설물 흔적이 발견되었다. 그중 유적이 비교적 잘 남아있는 아차산 4보루를 좀더 살펴보자. 성벽 동쪽에 문비석門扉石***이 놓여 있어서 이곳이 주 출입문이었던 것으로 보인다. 그리고 건물에서 흘러나온 물이 빠져나가도록 동벽과 서벽에 배수구가 설치되어 있다. 보루 내부에는 건물터 7곳과 온돌 12개가 확인되었다. 7곳의 건물터는

홍련봉 1보루 복원투시도 그림

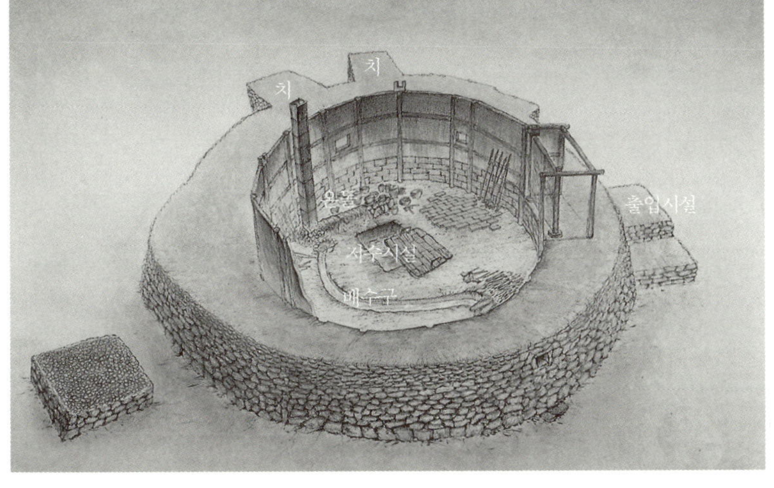

아차산 4보루 출토 철제 투구(위)와 말갖춤. 온돌 아궁이에 버려진 채로 출토되었다. 투구는 둥근 그릇 모양으로 정수리를 가리는 부분과 가죽으로 연결된 갑옷미늘 부분으로 이루어져 있다. 말등자와 재갈은 아차산 보루에 기병이 있었음을 보여준다.

* **외고래** 고래는 아궁이에서 때는 불이 온돌을 골고루 덥히도록 구들장 밑으로 나 있는, 불길과 연기가 지나가는 길을 일컫는다. 외고래는 이 길이 하나뿐인 경우를 일컫는다.

모두 평평한 땅에 직사각형 꼴이었다. 건물 벽은 대부분 돌과 점토를 섞어 쌓았고, 그 위에 맞배지붕을 올렸던 것으로 보인다. 그중 가장 큰 3호 건물은 폭이 10m, 길이가 45m나 되는 규모이다.

3호 건물터 한가운데에는 기둥 구멍과 초석이 가로로 일정하게 배치되어 있다. 보를 받치던 기둥이 세워져 있던 흔적이다. 3호 건물 내부는 다시 여러 개의 공간으로 나뉜다. 온돌시설이 있는 방 3칸과 저수시설 2기, 그리고 널찍한 강당 공간으로 구성되어 있다.

온돌은 기역자형과 직선형 두 종류가 있다. 당시 고구려 온돌은 벽난로 같은 형태인데, 반듯하고 평평한 돌을 세워서 벽을 만들고, 넓은 돌로 뚜껑을 덮은 뒤 짚을 섞은 흙을 발라 마무리했다. 온돌 아궁이는 외고래*와 직각을 이루며 교차하게 설치되어 있는데, 좌우에 좁고 평평한 돌을 세우고 그 위에 기다란 이맛돌을 올려서 만들었다. 또 아궁이 속 가운데에 가늘고 긴 돌을 세워 솥의 밑바닥을 받치도록 고안하였다.

아차산 4보루와 3보루에는 간단한 철기를 만들고 고치는 간이 대장간도 있었다. 실제 간이 대장간 주변에서는 수리 중인 철기가 다량 발굴되었다. 또 아차산 3보루에는 디딜방앗간이, 홍련봉 2보루에는 가마와 유사한 시설물이 설치되어 있었다.

또한 보루 유적에서는 수많은 유물이 출토되었는데 대부분은 토기이다. 발굴된 토기는 모양에 따라 30여 종으로 분류되며, 용도에 따라 저장용, 조리용, 배식용, 운반용으로 사용된 실용 토기와 껴묻거리용이나 의례용으로 사용된 비실용 토기로 나뉜다. 접시를 비롯한 개인 배식용 토기에는 문자가 새겨진 것들도 있었다. 이들 문자는 당시 사회를 이해하는 데 중요한 자료가 되고 있다.

토기 다음으로는 철기류가 많이 출토되었다. 철기류는 병사들이 쓰던 무기가 가장 많았고 말갖춤, 농·공구 및 그릇 들도 눈에 띄었다. 특히 아차산 4보루에서는 말 재갈과 재갈멈치, 등자 같은 마구가 출토되어 삼국시대 마구의 연대순을 정리하는 데 중요한 자료가 되고 있다.

그 밖에 구의동 보루에서는 벽돌이, 홍련봉 1보루에서는 기와가 출토되었다. 홍련봉 1보루의 기와 유물 가운데는 연꽃무늬 수막새도 들어 있었다. 막새 면에는 연꽃무늬가 가운데 놓이고, 네 꽃잎 사이로 변형된 꽃무늬가 하나씩 배치되었으며, 이 여덟 꽃잎 사이에 다시 작고 세모난 무늬를 도드라지게 새겼다. 가운데 씨방 자리에는 두 갈래 동그라미를 둘렀다. 이러한 막새는 남한에서는 처음 출토된 유물이다. 고구려에서 기와나 막새는 왕궁이나 사찰, 관청 같은 공공건물에만 사용된 점으로 미루어 홍련봉 1보루의 위상을 짐작하게 해준다.

홍련봉 1보루 출토 연꽃무늬수막새. 연꽃무늬가 가운데 놓이고, 네 꽃잎 사이로 변형된 꽃무늬가 하나씩 배치되었으며, 이 여덟 꽃잎 사이에 다시 작고 세모난 보석무늬를 도드라지게 새겼다. 가운데 씨방 자리에는 두 갈래 동그라미를 둘렀다.

고구려, 한강을 떠나다

기록에 따르면 당시 병사들은 고향을 떠나 3년 정도 변방에 배치되어 근무했다고 한다. 상황이 여의치 않으면 기한이 지나도 고향으로 돌아가지 못하는 병사들도 상당수 있었다. 돌이켜보면 아차산 보루에 주둔한 병사들은 고구려 고향을 떠나 먼 타향에 머물렀던 경우이다. 게다가 한강 유역은 언제 전쟁이 일어날지 모르는 위험한 곳이었다. 그러니 이곳 병사들은 늘 긴장된 상태를 유지했으며, 또 크고 작은 전투가 끊이지 않았을 것이다.

그러나 아무리 다급하고 위험한 상황이라도 군사행동이 아닌 일상생활 영역이 있게 마련이다. 하다못해 군인들은 끼니를 해결할 음식을 마련하는 데도 많은 시간과 정성을 들여야 했다. 보루에서는 군사 관련 유물 말고도 철제 보습을 비롯한 여러 농기구가 출토되었다. 이들 유물은 병사들이 평소 전투가 없을 때에는 농사를 지었음을 보여준다. 또 아차산 3보루와 4보루의 대장간에서는 무기뿐만 아니라 농·공구도 만들고 수리했을 것이다. 물론 능숙하게 쇠를 다루는 대장장이도 있었을 것이다. 이뿐만 아니라 보루에는 디딜방앗간에서 쌀과 조 껍질을 벗겨 음식을 준비했던 요리사취사병, 가마에서 토기를 굽던 도공도 함께 살았을 것이다.

서기 551년, 아차산 보루에는 고향으로 돌아가기를 손꼽아 기다리던 병사들이 하루하루를 힘겹게 보내고 있었다. 76년 전 백제 수도 한성을 빼앗고 충북 진천과 청원을 지나 대전까지 밀고 내려갔던 고구려 군은 백제의 반격으로 한강 이북으로 후퇴하여 아차산에 진을 치고 50여년을 힘겹게 버텨오고 있었다. 설상가상 백제는 신라와 연합하여 한강 유역을 회복할 기회를 엿보는 중이었다. 마침내 그해 가을, 백제군의 기습으로 구의동 보루를 비롯한 한강변의 작은 보루들은 싸움다운 싸움 한번 해보지 못하고 불타고 말았다. 전세가 불리하자 아차산 보루에 있던 병사들은 쓸 만한 무기와 쇠솥 등 장비를 거두어 철수하고 말았다. 주인 잃은 보루들은 서서히 땅속에 묻혀 갔다. 일부 보루는 7세기에 신라군이 잠시 사용한 흔적이 발견되기도 했다. 하지만 한반도에 통일국가가 들어서면서 아차산 일대는 군사적 의미가 퇴색하였고, 결국 아무도 눈여겨보지 않는 한적한 공간이 되었다. 덕분에 아차산 보루는 한강을 둘러싸고 치열하게 각축을 벌였던 삼국의 역사를 고스란히 간직하게 되었다.

아차산 고구려 유적이 새삼 소중한 이유

고구려, 신라, 백제는 한강 유역을 놓고 오랫동안 치열한 각축을 벌였다. 하지만 이 시기를 기록한 역사책은 드물고, 곳곳에 모순된 내용이 들어 있기도 했다. 특히 백제 한성이 함락된 475년부터 백제가 한성을 회복하는 551년까지 상황은 상당부분 베일 속에 가려있었다. 다행히 아차산 고구려 보루 유적 발굴과 지난 십여년의 연구를 통해 당시 상황을 어렴풋이나마 그려볼 수 있게 되었다.

그동안의 발굴조사와 연구를 종합해보면, 아차산 일대 고구려 보루는 서기 500년을 전후한 시기에 세워져 한강을 경계로 한 고구려의 최남단 방어기지 역할을 하였다. 이들 보루에는 10명, 50명, 100명 단위로 군사들이 주둔했으며, 아차산 일원에 주둔했던 전체 군사의 수는 2천여명에 달했던 것으로 추정된다. 보루의 위치와 기와 건물의 존재 등으로 보아 중심 부대는 홍련봉 1보루에 주둔하고 있었을 가능성이 크다. 그리고 이들 보루는 551년 백제와 신라 연합군의 공격으로 폐기되었다.

이러한 내용을 중심으로 당시 상황을 좀더 풍성하게 재구성해보자. 475년, 장수왕이 이끄는 3만 고구려군은 7일간의 공격으로 북성^{풍납토}성을 함락하고 백제의 개로왕을 사로잡아 아차성^{아차산성} 아래에서 죽인다. 장수왕은 포로 8천명을 잡아 돌아가지만, 고구려군 가운데 일부는 몽촌토성에 주둔히었다. 그들은 계속해시 님쪽으로 진출하여, 진천의 대모산성, 청원의 남성골산성을 거쳐 대전까지 영역을 넓혔다. 한편, 웅진으로 천도한 백제는 다시 전열을 정비하여 고구려군과 치열한 전투를 벌였다. 백제군은 한강 유역까지 치고 올라왔으며, 500년 무렵에 고구려군은 몽촌토성을 버리고 한강을 경계로 아차산 일대에 보루를 구축하였다. 하지만 옛 수도를 되찾으려는 백제의 의지는 신라를 끌어들일 만큼 거세고 강렬했다. 551년, 결국 백제군은 한강을 넘어 아차산 보루를 공격했으며 고구려군은 한강 유역을 포기하고 임진강 방면으로 후퇴하였다.

아차산 일대 고구려 보루의 발굴은 여러 면에서 중요한 의미를 가진다. 이들 유적은 남한에서 처음으로 발굴된 고구려 유적으로 고구려사 연구에 새로운 전기를 마련하였다. 그동안 남북분단이라는 정치적인 상황 때문에 고구려에 대한 연구는 북한을 중심으로 이루어질 수밖에 없었다. 중국 여행이 자유로워지면서 중국을 거친 고구려 연구도 일부 시도되었지만 한계가 있었다. 게다가 중국은 최근에 동북공정*을 내걸고 고구려사를 편입하려고 시도하고 있다. 이런 현실에서 아차산 고구려 유적이 가지는 중요성은 다시 말할 필요도 없다. 아차산 고구려 보루의 발굴 성과는 북한 고고학 책에도 반영되었을 정도이며, 앞으로 고구려를 주제로 한 남북 학술교류에도 중요한 역할을 할 것이다.

그런데 참으로 안타까운 일이 있다. 이처럼 중요한 유적이 등산로와 체육시설, 군사시설 때문에 훼손되고 있다. 지금까지 발굴된 유적 여섯 곳은 물론이고 나머지 유적들에 대한 추가 발굴이 절실한데 그 현장이 크게 망가뜨려진 것이다. 다행히 2006년부터 구리시와 서울시 광진구에서 아차산 고구려 보루 유적 정비사업을 진행하고 있다. 지자체들이 유적을 정비하고 유적기념관 등을 건립하는 건 고마운 일

아차산 4보루 출토 토기. 고구려 토기는 고운 점토질 흙을 이용하였으며, 모든 토기가 납작 바닥이라는 점도 특징이다. 30여 종의 그릇 가운데 항아리, 시루, 접시, 사발 등은 모양과 제작기법이 전통 옹기와 유사하다. 이는 고구려 토기가 전통 옹기의 원형임을 보여준다.

이다. 하지만 일부 사업은 자칫 중복될 우려가 있다. 유적 보존과 활용 방안을 중심에 놓고, 지자체들이 머리를 맞대어 합리적이고 체계적인 전략을 마련해주기 바란다. 이미 정비를 마친 한강 남쪽 백제 유적지들과 연계하여 고구려·백제 역사지 답사코스를 개발하는 것도 고려해볼 만하겠다.

연못 바닥에서 백제를 건져올리다

: 부여 궁남지 유적

김용민 국립부여문화재연구소 소장

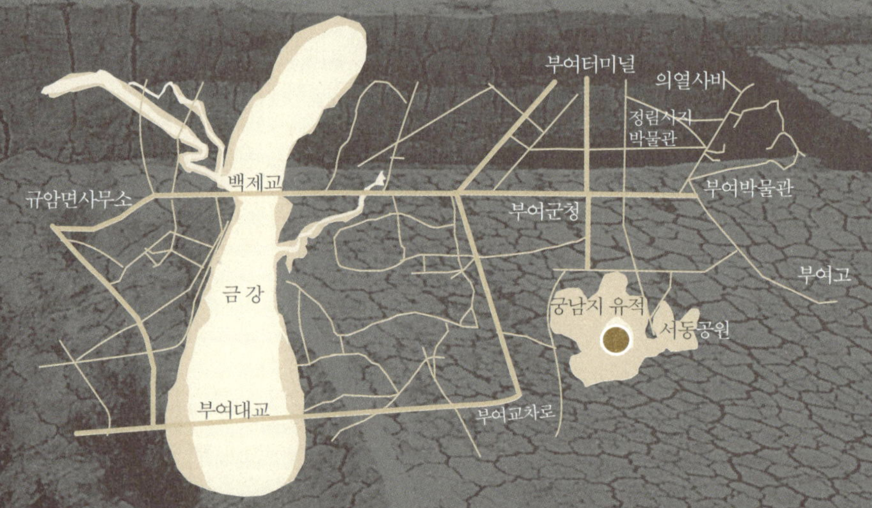

왕궁 남쪽의 연못을 찾아라

《삼국사기》에 따르면 "백제 무왕 35년[634년] 3월에 왕궁 남쪽에 땅을 파서 연못을 만들고 물을 이십여 리에서 끌어왔으며, 연못 주변에는 사방에 버드나무를 심고, 연못 안에 신선이 산다는 방장선산을 본뜬 인공 섬을 만들었다."고 한다. 고고학계에서는 이 궁남지*가 어디인지를 놓고 여러 의견이 오고갔다. 그러다가 1960년대에 문화재보호법이 제정되고 사적지를 새로이 지정, 관리하면서 부여 관북리 남쪽의 방죽이 옛 궁남지 자리라고 확정되었다. 당시 관북리는 부여 왕궁 터로 추정되었으니, 일견 아귀가 딱 맞아떨어졌다.

국립부여문화재연구소는 1990년대 들어 이곳 궁남지에 대한 발굴 조사를 시작했다. 처음에는 궁남지 주변 논을 발굴했는데 인공으로 조성한 연못의 흔적을 발견하지 못했다. 다만 이곳에 오래전부터 자

* **궁남지** 왕궁[宮] 남쪽[南]에 있는 연못[池]이라는 뜻이다.

1960년대에 유적공원으로 조성된 궁남지 전경

연 저수지가 있었으며, 백제시대부터 논으로 개간했던 흔적만이 확인되었다. 연못 주변을 발굴조사하는 것만으로는 애초에 한계가 있었다. 궁남지의 실체를 파악하기 위해서는 연못 안을 직접 들여다보는 수밖에 없었다.

1995년 봄, 국립부여문화재연구소는 연못 내부를 조사하기 위해 물을 모두 빼냈다. 그런데 서서히 드러나는 바닥을 보면서 발굴단원들은 긴 한숨을 내쉬었다. 1960년대에 연못을 정비하면서 바닥을 갈아엎어 놓은 탓에 원형이 남아 있지 않았던 것이다.

그렇다고 포기할 수는 없었다. 모든 게 파괴된 폐허에서 실오라기 하나를 찾아내는 게 고고학의 임무이자 참맛이 아니던가! 발굴단원들은 삽과 괭이와 호미를 들고 연못바닥을 더 깊숙이 파 들어갔다. 어느 지점에서 유물이 튀어나올지 모르니 흙을 걷어내는 작업은 더디고 조

발굴된 백제 도로 양옆의 배수처리 물길

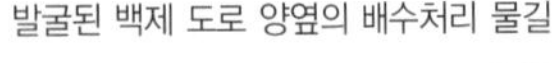

심스럽기 이를 데 없다. 발이 푹푹 빠지는 진창에서 밑도 끝도 없는 작업을 이어가던 어느 순간이었다. 백제시대의 흔적이 서서히 나타나기 시작했다.

먼저 나무로 만든 물 저장시설과 직선으로 잘 정비된 물길이 드러났다. 물길 주변을 더 발굴해보니, 폭 8~9m 정도의 길바닥에 수레바퀴 자국이 선명하게 나 있었다. 물길은 도로 양쪽의 배수처리 시설이었던 것이다. 훌륭한 배수처리 시설을 갖춘 도로는 동서방향으로 100m 가까이 뻗어 있었다. 당시 사비도성의 도로 정비 수준을 가늠케 해주는 유적이었다. 이러한 백제시대 도로는 다른 유적에서도 확인되고 있으니, 앞으로 자료가 축적되면 사비도성 내부의 도로망과 도시 구획을 어느 정도 복원할 수 있을 것이다.

목간에 적힌 백제의 글자

발굴조사가 무르익어갈 무렵, 우리 호기심을 불러일으킨 유물 한 점이 튀어나왔다. 바로 백제 목간木簡*이 온전한 모습으로 발견된 것이다. 목간은 백제시대에 만든 물길 옆에서 발견되었는데, 아마도 위쪽 마을에서 물길을 따라 떠내려 왔을 것이다.

목간은 나무로 만들기 때문에 어느 정도 시간이 흐르면 부식되어 사라져버리게 마련이다. 그러니 백제시대 목간을 온전한 형태로 발굴할 가능성은 거의 없는 셈이다. 하지만 이 목간은 연못 밑바닥에서 공기에 노출되지 않은 덕분에 천년의 세월을 견뎌낸 것이다. 백제 사람들이 직접 쓴 목간을 눈앞에서 보는 순간, 고고학자로서 평생 잊지 못할 희열이 온몸을 휘감았다.

발견된 목간은 길이 34.5㎝에 폭이 약 4.5㎝로 훼손이 거의 없는 상태였다. 목간에는 "서부 후항에 살던 사달사가 (…) 하인들과 백제로 귀화한 사람들을 이끌고 매라성 법리원에 논 오형五形을 개간하였다."

* **목간** 글을 적은 나무판. 종이가 없던 시대에 기록을 남기는 수단이었다.

고 씌어 있다.

여기에서 '서부 후항'은 "백제 사비도성을 다섯 부部로 나누고 그 아래에 항巷을 두었다."고 한 중국 기록과 일치하며, '매라성'은 《삼국사기》에 나오는 매라현과 같은 곳으로 보인다. 또한 '형形'은 논 면적을 나타내는 단위였을 것이다. 목간에 씌어 있는 몇 글자를 통해 우리는 옛 백제의 모습을 어렴풋하게나마 엿볼 수 있게 되었다. 우선 백제는 행정제도가 잘 정비된 국가이자, 신분제도가 또렷하게 자리 잡은 사회였음을 알 수 있다.

나아가 백제의 포용력과 융화력을 보여주는 대목이 있다. 바로 '귀화인'이다. 그들은 아마도 백제의 빼어난 사회제도를 동경하며 스스로 찾아온 사람일 것이다. 어쩌면 전쟁 중에 포로로 잡혀왔다가 백제에 동화된 사람일 수도 있다. 어떤 경우이건 백제는 이들을 사회의 한 구성원으로 끌어들였음이 분명하다.

또한 이 시기 백제는 경작 단위가 표준화되어 있을 만큼 뛰어난 논농사 기술을 보유하고 있었다. 이미 3~4세기에 철제 농기구가 보급되었고, 저수지를 만들고 물길을 정비하는 기술도 상당 수준에 이르렀다. 백제는 이런 기술력을 바탕으로 저습지나 높은 지대를 논으로 개간하는 일을 국가 시책으로 삼았을 것이다. 이처럼 궁남지 목간의 기록은 이 시기 백제 농업 정책의 한 단면을 생생하게 보여주고 있다.

목간 발굴 당시 모습. 길이 34.5cm

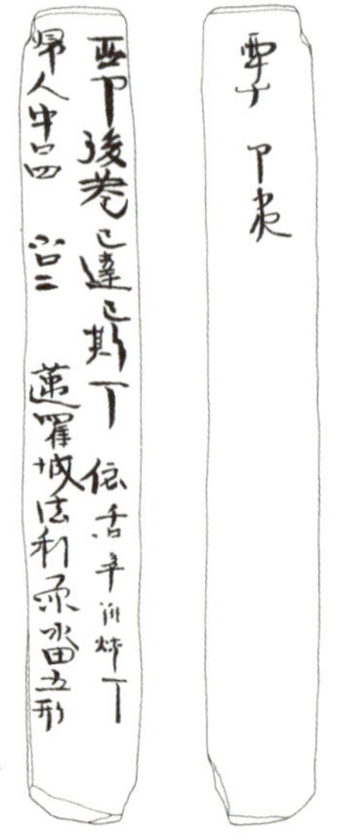

목간 글씨 내용. 앞면─西部後巷巳達巳斯部依活 (…) 歸人中口四下口二邁羅城法利源水田五形. 뒷면─西部中部夷

백제인의 발자국을 따라 걷다

목간과 함께 발견된 흥미로운 유물은 짚신이다. 연못 바닥에는 백제인들의 발자국이 여기저기 찍혀 있고, 그 가운데는 짚신이 발자국에 박혀 그대로 남아 있기도 했다. 백제 짚신은 궁남지유적에서 모두 50여 점이 발견되었다. 발이 푹푹 빠지는 논에 짚신을 신고 들어가서 농사를 지었나? 아니면 논을 가로질러 갈 만큼 급한 일이 생겼을까? 짚신의 주인이 어떤 사연으로 논바닥에 짚신을 남겼을지는 알 도리가 없다. 각자의 상상력에 맡기는 수밖에.

수종 분석 결과, 짚신 재료는 사실 짚이 아니라 강가에서 자라는 갈대 종류인 '부들'이었다. 이 부들로 만든 신발은 일본의 전통 신발 '와라지'와 똑같은 모양이다. 이걸로 미루어 백제 장인들이 일본에 건너가 신발 만드는 기술을 전파했을 것으로 보인다. 부들 신발은 식물 줄기와 잎으로 만들었다고는 믿기지 않을 만큼 섬세하다. 당시 백제인의 예술 감각과 공예 기술의 우수성을 잘 보여주고 있다.

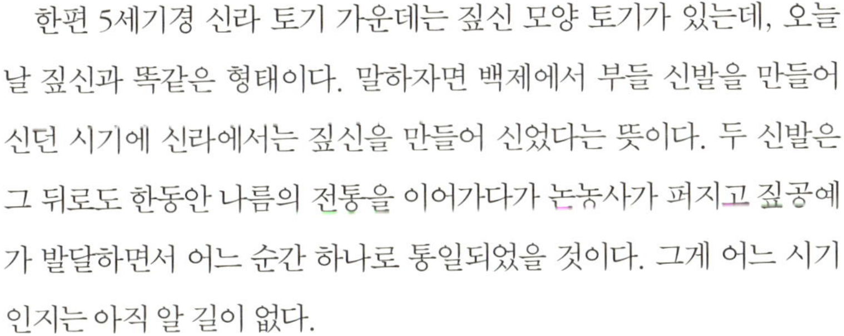

갈대 종류인 부들로 만든 백제 짚신. 백제인의 섬세한 공예 기술을 엿볼 수 있는 유물이다.

한편 5세기경 신라 토기 가운데는 짚신 모양 토기가 있는데, 오늘날 짚신과 똑같은 형태이다. 말하자면 백제에서 부들 신발을 만들어 신던 시기에 신라에서는 짚신을 만들어 신었다는 뜻이다. 두 신발은 그 뒤로도 한동안 나름의 전통을 이어가다가 논농사가 퍼지고 짚공예가 발달하면서 어느 순간 하나로 통일되었을 것이다. 그게 어느 시기인지는 아직 알 길이 없다.

이 밖에 궁남지에서는 돌로 쌓아 만든 6m 깊이의 우물도 확인되었고, 토기, 기와, 나무가래삽, 나무망치, 방직기 부품, 빗 등 다양한 유물들이 출토되었다. 유물이 하나둘 고개를 내밀 때마다 진흙으로 범벅이 된 발굴단원들은 삽과 호미를 들고 만세를 외쳤으니, 다시 보기 힘든 진풍경이었다.

이곳이 정말 궁남지일까

우리는 궁남지 유적을 통해 이곳 주변이 백제 사비기[538~660년]에 논으로 개간되었고, 또 도시계획에 따라 도로망이 연결되어 있었다는 사실을 확인했다. 또 여러 유물을 통해 백제인의 생활과 문화를 엿볼 수 있었다.

이처럼 다양한 발굴 성과를 얻었지만, 우리는 아직 최초의 궁금증을 해결하지 못했다. 이 유적이 정말 옛 궁남지 터일까? 아직 무어라 단정하기는 어렵다. 위치로 보자면 이곳은 두말할 나위 없이 궁남지로 맞춤한 장소이다. 이 일대가 자연 습지라서 연못을 만들기에 적당하고, 또 무왕의 탄생설화가 깃든 화지산과 군수리 절터 등 백제 사비기의 역사적 공간과 한데 어울려 있기 때문이다. 하지만 발굴 결과 이곳이 궁남지라는 사실을 증명할 만한 결정적인 단서가 나오지 않았다. 궁남지 정도 규모의 인공연못을 만들려면 갖가지 인공시설 흔적이 남아 있어야 한다. 게다가 《삼국사기》에 따르자면 인공섬까지 만들었다는데, 그 자그마한 꼬투리도 드러나지 않은 것이다. 따라서 현재 조성된 궁남지를 옛 궁남지 터라고 보기는 어렵다. 그러면 도대체 궁남지는 어디였을까?

먼저 현재 궁남지 주변일 가능성이 크다. 앞서 이야기했듯이 이 일대는 연못을 만들기에 더없이 좋은 자연조건을 지녔고, 왕궁의 권위를 보여주거나 왕족들이 나들이하기에도 적당한 위치이다. 그러니 궁남지 유적 주변의 아직 발굴하지 못한 곳을 꼼꼼히 들여다보아야 할 것이다.

어쩌면 현재 궁남지보다 훨씬 남쪽에 있었을지도 모른다. 이와 관련하여 한 가지 눈여겨볼 만한 내용이 《삼국사기》에 나온다. 바로 의자왕이 세웠다는 망해정*이다. 이 망해정은 화지산에 세워졌을 가능성이 많은데, 정자 이름을 염두에 두자면 화지산 아래에 바다처럼 넓은 연못이 존재했을 수도 있다. 실제로 이곳이 정비되기 전, 1960년대에는 지금보다 3배나 넓은 지역에 물이 차 있었다고 한다. 그러니 1500년 전에는 이곳이 어떤 모습이었을지 상상하기란 거의 불가능하다. 오랜 세월 동안 기후와 지형, 인간의 삶이 이곳에 얼마나 많은 변화를 가져왔을지 가늠하자면, 옛 궁남지를 찾아 훨씬 광범위한 지역을 조사해야 한다는 데에 모두들 동의할 것이다.

지금은 궁남지에 얽힌 서동과 설화공주의 사랑 이야기를 소재로 한 연꽃축제에 만족하고 있지만, 멀지 않은 미래의 어느 날, 온몸에 진흙을 바른 고고학자들이 궁남지의 실체를 확인하고서 삽을 치켜들고 환호성을 지르는 모습을 상상해본다. 그날은 백제인에게 한발 더 다가가 그들의 숨결을 한결 생생하게 느낀 날로 기록될 것이다.

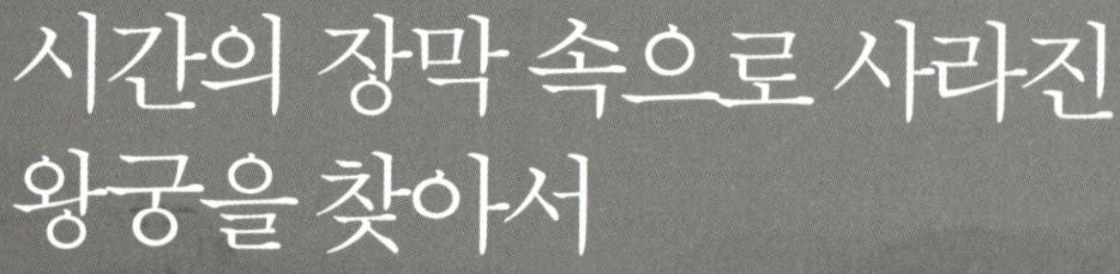

시간의 장막 속으로 사라진
왕궁을 찾아서

: 익산 왕궁리 유적

전용호 국립부여문화재연구소 학예연구사

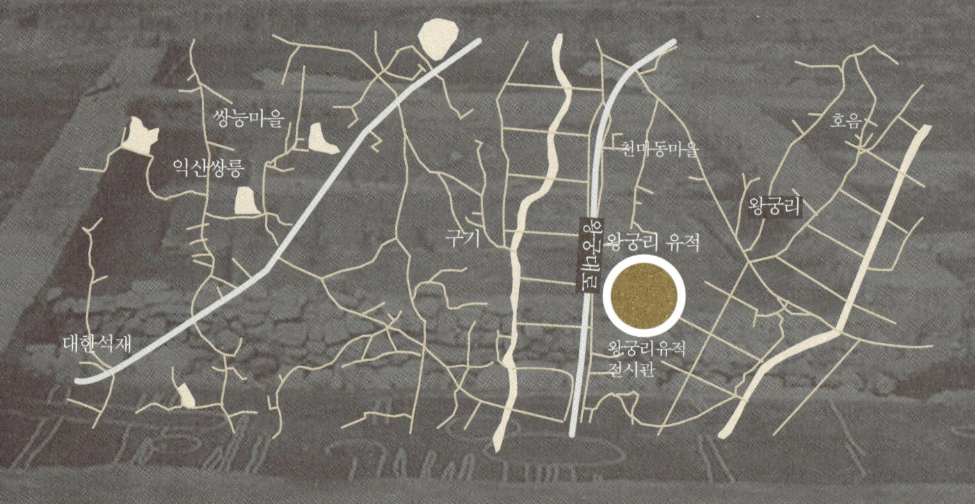

누가 언제 이곳에 왕궁을 세웠을까

왕궁리 유적은 미륵산 동편에서 이어진 한 자락의 낮은 능선이 남쪽으로 2km 이상 길게 이어지다가 마무리되는 마을의 바로 북편 능선^{해발 41.8m}에 자리하고 있다. 인근 지역에는 동쪽으로 1.4km 지점에 제석사지, 북서쪽으로 4.8km 지점에 미륵사지, 북북서쪽으로 5.6km 지점에 사자암이 위치하고 있다. 이로 보아 이곳 왕궁리는 과거 백제의 중심지 가운데 한곳이었을 것이다.

왕궁리 유적은 산줄기를 따라 경사가 져 있는데, 여기에 돌로 축대를 쌓아 계단처럼 만들고 건물을 쌓아올렸다. 건물터는 동서 길이 약 240m, 남북 길이 약 490m인 돌로 쌓은 담장에 둘러싸여 있다. 이 정도 규모는 과거 이곳에 범상치 않은 건물이 들어서 있었음을 말해준다. 아니나 다를까, 발굴 결과 왕궁리 유적에서는 국가적인 행사를 치를 수 있는 정전으로 추정되는 커다란 건물터를 비롯하여 아름답고 산뜻하게 꾸며진 정원, 왕과 관련한 물품을 생산하는 공방이 설치되어 있었다. 어느 한 시기에 왕궁이 자리 잡고 있던 곳임이 분명했다.

처음 왕궁리 유적이 발굴되면서 이 궁궐터를 놓고 고고학계와 역사학계에서 다양한 견해가 쏟아져나왔다. 첫째, 기원전 2세기 초에 고조선의 준왕이 위만에게 정권을 빼앗기고 남쪽으로 내려와 이곳에 궁을 지었다는 학설이다. 둘째, 선화공주와 사랑이야기로 유명한 무왕이 백제 수도를 사비성^{오늘날 부여}에서 익산으로 옮기려고 이곳에 왕궁을 세웠다는 학설이다. 셋째, 신라가 삼국을 통일한 후에 고구려 백성들 마음을 달래기 위하여 고구려 왕족 출신인 안승을 소고구려국의 왕으로 추대하여 정착시킨 곳이라는 학설이다. 넷째, 통일신라 말기에 견훤이 백제의 부흥을 외치며 세운 후백제가 이곳에 위치하였다는 학설이다.

그 뒤로 현재까지 유적 발굴이 진행되면서 출토된 유물은 왕궁 건립과 관련된 몇 가지 단서를 제공하였다. 유물들 가운데는 한 국가의 수도를 의미하는 '수부^{首府}'란 글자 등 여러 글자의 도장이 찍힌 기와

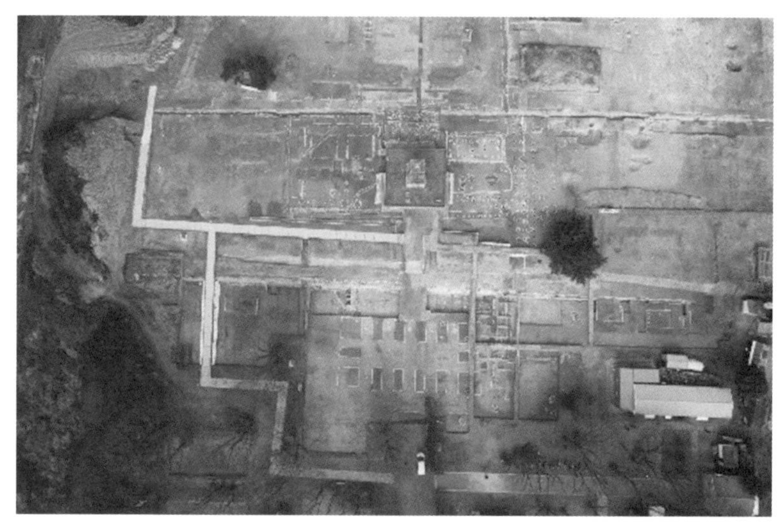

대형건물지 전경. 왕궁 유적과 사찰 유적이 겹쳐 있다.

동서석축 전경. 돌로 축대를 쌓아 계단처럼 만들고 그 위에 건물을 지었다. 유적 규모로 보아 왕궁터가 틀림없다.

를 비롯하여 중국제 청자 조각, 굴뚝 끝부분을 장식한 연가煙家, 짐승 발 모양의 토기조각, 전달린토기일종의 냄비 모양 토기 등이 들어 있었다. 이 들 유물은 6세기 말~7세기 중반에 만들어진 것으로 추정된다. 그리고 서쪽 궁궐 담장과 서북편 배수로의 배치는 7세기 초 백제의 건축에서 주로 발견되던 양식이었다. 따라서 이 왕궁은 백제 무왕 시기에 세워 진 게 확실했다.

한편 왕궁 유적은 사찰 유적과 겹쳐 있다. 예를 들어 왕궁리5층석

탑 주위에는 궁궐 건물을 무너뜨리고 그 위에 사찰 건물을 지은 흔적
이 뚜렷하게 남아 있었다. 따라서 왕궁리 유적은 백제 무왕?~1043년대에
궁성으로 세워졌다가 백제 말기와 통일신라시대에 이르러 탑―금
당―강당의 가람 배치를 한 사찰로 바뀐 것으로 보인다.

코를 찌르던 냄새의 정체

왕궁리 유적 발굴과정에서 기억에 남는 것은 백제시대 대형화장실이
었다. 왕궁리 유적 대형화장실은 국내에서 최초로 발견된 삼국시대
화장실이라는 점에서 그 의미가 자못 크다. 대형화장실은 궁성의 서
북쪽 지역에서 발견되었다. 돌로 쌓은 배수로가 동서 방향으로 길게
나 있고, 그 남쪽에 세 개의 대형화장실이 좁고 긴 물길로 배수로와 나
란히 연결되어 있었다. 그중에서 1호 화장실의 규모는 길이 10.8m,
폭 1 8m, 깊이 3.4m이다. 이 정두 크기면 한꺼번에 많은 사람이 사용
할 수 있다. 이렇게 큰 화장실이 있었다는 건 이 유적지 전체 규모가

대형 화장실 터는 왕궁리 유적의 규모를
짐작케 해준다.

얼마나 컸는지를 짐작케 한다. 또 화장실 내부는 소변을 밖으로 빼낼 수 있게 좁은 물길이 나 있다. 오늘날의 정화조와 유사한 과학적인 구조이다.

사실 발굴단은 처음에는 대형화장실을 과일이나 곡물, 물을 저장하는 지하시설로 생각했었다. 그도 그럴 것이 화장실 내부에는 수분이 다량 포함된 유기물 흙이 두껍게 쌓여 있었기 때문이다. 발굴단은 도르래를 연결하여 유기물 흙을 파내기 시작했다. 구덩이 폭이 좁은 탓에 연구원과 인부 두세 명밖에 들어갈 수 없었다. 그런데 이상하게 유기물 더미에서 냄새가 심하게 풍겼다. 곡식이 아무리 썩었다고 해도 그토록 지독한 악취가 나는 게 아무래도 이상했다. 하지만 발굴단은 구덩이를 다 파내도록 화장실일 거라고는 생각하지 못했다. 유기물 안에서 기와, 토기, 나무자재, 나무막대, 곡물 씨앗, 짚신 같은 다양한 유물이 발견되었기 때문이다.

그런데 2003년 12월, 왕궁리 유적 자문회의에 참석하였던 고려대학교 이홍종 교수가 이곳이 화장실일 거라는 가능성을 제기했다. 이

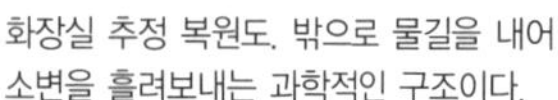

화장실 추정 복원도. 밖으로 물길을 내어
소변을 흘려보내는 과학적인 구조이다.

홍종 교수는 유기물 토양 시료를 채취하여 분석해보자고 했다. 그리고 2004년 1월경에 그 분석 결과가 나왔는데, 놀랍게도 토양 시료에서 회충, 편충, 간흡충 등 기생충알이 엄청나게 발견되었다. 백제시대 고대 화장실의 모습이 세상 속에 드러나는 순간이었다. 고고학계의 또하나의 커다란 성과였다. 한편, 유기물을 파냈던 발굴단은 그 소식에 다들 사색이 되었다. 고대 화장실을 장갑 하나 달랑 끼고 뒤졌던 기억을 떠올리면…… 아! 왠지 모를 이 느낌은 무엇일까?

유기물에서 발견된 유물 가운데 나무막대의 정체도 비로소 밝혀졌다. 바로 대변을 본 다음에 뒤처리를 하는 도구였던 것이다. 이와 같은 나무막대는 일본의 후지와라藤原궁전, 고로鴻臚관 같은 유적에서도 다수 발견되었다고 한다. 특히 왕궁리 유적에서 출토된 나무막대는 일본에서 출토된 것과 달리 나무를 두 조각으로 쪼갠 뒤에 둥그렇게 잘 다듬어져 있었다. 뒤처리를 할 때 상처가 나지 않게 신경 쓴 흔적이 역력했다. 아마도 실제로 사용한 때는 항아리에 물을 담아두고서 뒤처리를 한 뒤에 나무막대에 묻은 대변을 깨끗하게 닦아내 재활용하였을 것으로 보인다.

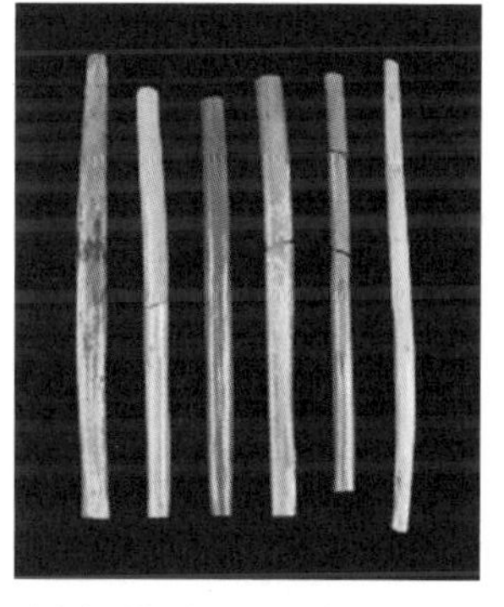

화장실 사용 막대. 뒷처리를 할 때 상처가 나지 않게 정성스레 다듬어 놓았다. 길이 25~30cm

'왕궁사王宮寺' 란 글자가 새겨진 기와조각도 기억에 남는 유물이다. 이 수키와 조각은 궁성의 두번째 축대를 보완조사하는 과정에서 발견되었다. 기와는 몸체 대부분이 사라지고 6cm 정도만 남아 있었다. 더군다나 이 기와조각은 지표면에서 깊지 않은 곳에 서너 개의 작은 돌들과 함께 묻혀 있었다. 너무 작아서 하마터면 다른 돌들과 함께 흙속에 버려질 뻔했던 것이다. 하지만 발굴단의 눈에 띄어 이곳이 왕궁이었음을 알려주는 결정적 자료가 되었으니, 참 다행스러운 일이다.

'왕궁사' 라는 글자가 새겨진 기와가 출토되어 이곳에 왕궁사가 세워졌음을 확실히 밝혀주었다.

좋은 일이 있으려면 뭔가 범상치 않은 일들이 생기나보다. 글자가 새겨진 기와조각을 발견하기 전에 발굴단은 뱀들이 한곳에 몰려 있는 광경을 보았다. 이전 발굴과정에서 가마터를 조사한 뒤에 그 내부를 흙으로 채우지 않고 보온덮개로 덮어놓았는데, 아마도 그 따뜻한 기운 때문에 뱀들이 몰려든 듯했다. 그때를 돌이켜보면, 그 뱀들이 어쩌면 왕궁을 호위하는 수호신처럼 느껴지기도 한다.

백제시대 정원을 거닐다

정원 조경석. 백제인의 단아하고 섬세한 미적 감각을 엿볼 수 있는 유물이다.

개인적으로는 왕궁리 유적 정원을 거닐던 기억도 잊을 수 없다. 정원은 기이한 돌들과 둥글고 아기자기한 자갈돌로 장식되어 이었다. 연못으로 들어오는 물의 양을 조절하기 위해 'ㄱ'자 형태로 만든 물길, 그 물길 곳곳에 알맞게 놓인 반반한 돌들, 그리고 연못과 멋들어지게 어울렸을 정자터 들은 이 정원이 얼마나 아름답고 단아했을지 짐작케 한다. 《삼국사기》 같은 문헌에나 나오는 백제 정원을 눈앞에서 보게 되다니! 나는 가끔 그곳을 거닐며 정원 모습을 떠올려보며 행복한 상상에 잠기곤 했다.

한가지 재미있는 사실은 정원이 발견된 자리는 발굴 직전까지 일반인 무덤이 자리 잡고 있었다는 점이다. 무덤이 정원을 부분적으로 파괴하기는 했지만, 오히려 무덤 덕분에 정원의 나머지 유적이 비교적 잘 보존되어 있었다. 현재 왕궁리 유적 두번째 축대와 세번째 축대 사이에 5기의 무덤이 남아 있다. 그 무덤 아래에는 또 어떤 중요한 유적이 잠들어 있을지 사뭇 기대가 된다.

최근 조사에서는 왕궁 동남쪽 지역에서 평탄한 대지를 만들기 위해 흙을 쌓고 다진 흔적이 발견되었다. 어쩌면 또다른 백제 왕궁을 짓기 위해 엄청난 규모의 공사를 준비했던 곳일지도 모른다.

이처럼 익산 왕궁리 유적에서는 백제 왕궁의 건물구조와 생활모습을 밝히는 자료가 계속해서 발견되고 있다. 왕궁리 유적의 실체를 좀더 정확하게 확인할 날이 멀지 않았음을 느낀다. 왕궁리 유적은 백제사 연구의 새로운 지평을 열어줄 것이다.

끝내 스님이 되지 못했던 왕의 슬픔이 깃들다

：부여 왕흥사터 유적

민경선 국립부여문화재연구소 학예연구사

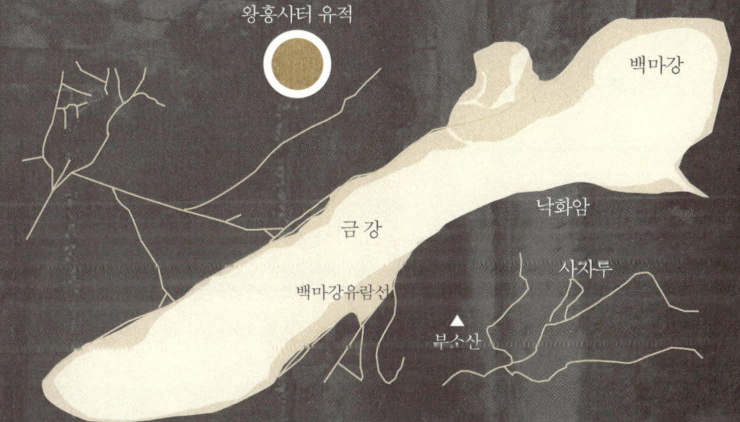

마을 골목에 나뒹구는 백제의 흔적들

부여는 백제 사비기의 수도로서 538년성왕 16년에 웅진에서 천도하여 660년의자왕 20년까지 123년간 사비시대의 중심지로 자리를 지켰다. 이 시기에 이뤄놓은 수많은 문화유산은 부소산, 백마강과 같은 아름다운 자연경관과 잘 어우러져 많은 관광객들이 끊임없이 부여를 찾고 있다.

부여에 남아 있는 문화재 가운데 사비시대 전후의 절터가 40여 곳이나 확인되고 있는데, 대부분 부여의 중심지에 집중되어 있다. 왕흥사지도 이들 가운데 하나로 부소산을 끼고 휘돌아가는 백마강변에 자리하고 있다. 부여읍으로 들어와 가장 눈에 띄는 부소산을 오르면 삼천궁녀가 몸을 던졌다는 전설이 깃든 낙화암이 눈 아래 펼쳐지는데, 이 낙화암에서 강 너머의 산기슭에 왕흥사지가 있다.

《삼국사기》와 《삼국유사》에 따르면 왕흥사는 백제 600년법왕 2년에 창건하여 634년무왕 35년에 준공되었다고 전해진다. 또 30명의 스님들이 이곳에서 출가했고, 왕이 배를 타고 절로 들어와 향을 피우며 불공을 드렸으며, 수려한 자연경관을 자랑한다고 씌어 있다. 이런 기록들을 통해 왕흥사는 백제 왕실과 밀접한 관련이 있었음을 알 수 있다. 다만 문헌에는 그 정확한 위치가 씌어져 있지 않았다.

그러던 차에 지금의 유적 자리에서 1934년에 '왕흥王興'이라는 글자가 찍힌 기와조각이 발견되었다. 역사 속으로 사라진 왕흥사지가 다시 세상에 모습을 드러낸 것이다. 그 뒤로도 유적지는 한동안 이런저런 까닭으로 제대로 발굴되지 못했다. 2000년에 들어서야 국립부여문화재연구소에서 본격적으로 왕흥사지 유적 발굴에 들어갔다. 왕흥사지를 발굴하기 위해서는 많은 준비가 필요했는데, 특히 사유지로 묶여 있는 유적지 땅을 사들여야 했다. 사전조사에 들어간 발굴단은 사태의 심각성에 깜짝 놀랄 수밖에 없었다. 유적지에는 마을이 들어서고 논과 밭이 경작되고 있었다. 마을 곳곳에는 백제시대 유물로 보이는 네모난 주춧돌과 계단돌 등이 나뒹굴었고, 경작지를 만들기 위해 깊게 파놓은 흔적들이 여기저기서 확인되었다. 이런 상태가 조금만 더 계속된다면 왕흥사 유적은 흔적도 없이 사라져버릴 게 뻔했다. 발굴단은 서둘러 발굴조사를 실시했다.

왕흥사지 발굴조사는 산 아래 경사면부터 시작되었지만, 그곳에서는 몇 점의 유물만 보일 뿐 건물의 흔적은 없었다. 발굴단은 이듬해 서쪽의 조금 더 평탄한 곳으로 내려와 조사하였다. 그곳에서는 고려~조선시대 건물터들이 확인되었다. 어쩌면 고려시대 '왕흥사' 건물의 일부일 가능성도 있다. 어쨌거나 발굴단이 찾던 백제시대 왕흥사 유적은 아니었다.

발굴단은 아래쪽 지역을 발굴했다. 그곳에서 드디어 백제시대 문화층과 줄지어 놓인 돌 등이 드러났다. 왕흥사, 그 모습이 드러나기 시작한 것이다. 뒤이어 동쪽과 서쪽에서는 회랑터가, 북쪽에서는 부속건물터의 일부분이 드러났다. 기존 백제 가람과는 다른 배치구조였다.

왕흥사지터 발굴 유적. 백제 말기의 슬픈 역사가 깃들어 있다.

사찰 중심부를 벗어나 동쪽 산기슭에서는 백제~고려시대 기와 가마터가 조사되었다. 이 가마터에서 마침내 '왕흥'이 새겨진 고려시대 기와조각이 발견되었다. 이 기와조각으로 왕흥사가 고려시대까지 운영되었다는 사실이 밝혀진 셈이다.

절의 남쪽 경계에서는 동서 방향으로 95m 넘게 돌로 쌓은 축대가 드러났다. 이 축대 한가운데에서는 백마강 쪽을 향해 13m 너비로 양쪽에 돌을 쌓은 시설이 발견되었다. 말하자면 강에서 사찰로 들어오는 진입로였다. 문헌의 기록처럼 왕은 부소산 아래에서 배를 타고 백마강을 건너 이 진입로를 지나 왕흥사로 들어갔을 것이다. 어쩌면 진입로 끝자락에는 배를 대던 시설이 있었을지도 모른다.

사리기에 새겨진 슬픈 백제사

왕흥사의 대략적인 규모와 구조를 확인한 발굴단은 사찰의 중심부 조사에 들어갔다. 사찰 건물들은 천년 넘게 지나오면서 최근 경작이 이루어지기까지 많이 훼손된 상태였다. 건물 흔적은 거의 남지 않았고, 맨 아랫부분 절터만 희미하게 남아 있었다.

그런데 그 즈음 목탑터 아래에서 아무도 상상치 못했던 유물이 모습을 드러냈다. 유물을 발굴하게 된 사연은 예사롭지 않다. 왕흥사 유적지에는 마을과 경작지가 있던 곳이라 커다란 PVC 배수관이 와이(Y) 자 형태로 가로질러 놓여 있었다. 공교롭게도 배수관은 목탑터의 한가운데로 묻혀 지나고 이었다. 저절로 한숨이 나오는 광경이었다. 이 정도로 훼손되었으니, 목탑 흔적을 찾아내기는 글렀다는 생각이 스쳤다.

어쨌거나 목탑 조성 방법이라도 확인하자는 생각에 PVC 배수관을 잘라내고 그 아래로 흙을 조금 걷어냈다. 그러자 네모꼴의 반반하고 큰 돌이 드러났다. 돌의 중앙에는 붉은색, 갈색, 노란색 흙을 차례로

다져놓은 적심토^{쌓아올린 흙}가 보였다. 반반한 돌은 목탑의 중심 기둥을
받치던 심초석^{건축물의 중심 기둥을 받치는 돌}이 틀림없었다. 원래 심초석은 적
심토 위에 놓이게 마련인데 이 목탑은 특이하게 적
심토 아래 지하에 묻혀 있었다. 덕분에 배수관을 묻
는 과정에서도 훼손되지 않고 온전히 살아남았던 것
이다.

심초석을 살펴보던 발굴단은 끝부분에서 한옥 지
붕 모양의 돌이 덮여 있는 것을 발견했다. 돌 윗면에
는 붉은색 안료로 연꽃문양을 비롯해 각종 문양이
그려져 있었다. 돌을 들어올리자 물이 찬 네모난 구
멍^{크기 16×12cm, 깊이 16cm}이 나타났다. 발굴단은 뭔가 심

붉은색 안료로 여러 문양을 그린 사리공 뚜껑 돌

상치 않은 유물이 나타났음을 직감했다. 흙탕물과 진흙을 걷어내자
검푸른 빛의 사리기가 서서히 모습을 드러냈다. 모두들 흥분하여 숨
죽였다. 행여 유물에 흠집이라도 날까 조심스럽게 사리기를 꺼내들
었다. 사리기는 청동사리합─은제사리호─금제사리병 이렇게 세 겹
으로 봉안되어 있었다. 역사에 기록될 만한, 모두를 깜짝 놀라게 한
고고학적 발견의 순간이었다. 우리나라에서 금·은·동 사리기 세

위에서 본 사리기 내부 모습

❶ 청동사리합 ❷ 은제사리호 ❸ 금제사
리병 모습. 금·은·동 사리기 세트가 함
께 나온 경우는 유례를 찾아보기 힘들다.

트가 발견된 것은 처음이었다. 주춧돌에 사리 봉안 장치를 마련한 방식은 중국에서도 확인되지 않은 사례였다.

이렇게 해서 세상에 모습을 보인 사리기는 국립부여문화재연구소 보존과학실로 옮겨졌다. 사리기를 열어보니 그 속에는 은으로 만든 작은 항아리가 있었고, 다시 그 안에서 4.6㎝ 크기의 조그마한 황금 병이 나왔다. 몸체가 아주 미끈하게 빠진 황금빛 병은 아름답기 그지 없었다. 사리를 담는 병이 틀림없었다. 어떤 까닭인지 아쉽게도 병 안에는 사리가 나오지 않았지만, 그 자체로 국보급 유물로도 손색이 없었다.

이 유물이 주목받는 또하나의 중요한 이유는 글자가 씌어져 있다는 점이다. 청동사리합의 몸체에 "丁酉年二月 十五日百濟 王昌爲亡王子立刹本舍 利二枚葬時 神化爲三"이라는 29자의 글자가 새겨져 있다. 풀이하자면 '577년 창왕이 죽은 왕자를 위해 절 (또는 목탑)을 세웠다.'는 내용이다. 왕흥사가 문헌 자료보다 적어도 23년 앞서 창건되었음을 말해준다. 나아가 사리기의 주인공과 왕흥사 창건 내력까지 확인할 수 있었다.

백제 창왕, 곧 위덕왕의 흔적은 백제금동대향로가 출토된 능산리 능사陵寺에서도 발견되었다. 능사 목탑터에서 나온 석제 사리감사리를 안치하는 시설에 '창왕이 567년에 능사를 세웠다.'는 내용이 씌어져 있었던 것이다. 이 두 유물을 통해 우리는 백제사의 비극적인 시기를 그려볼 수 있게 되었다.

창왕은 성왕의 아들로 태자시절에 이미 백합전투에서 고구려와 맞서 싸울 정도로 용맹스러웠다. 하지만 554년에 신라와 맞붙은 관산성 전투에서 아버지 성왕을 잃게 된다. 창왕은 이에 대한 자책감과 비통함으로 스님이 되려고 한다. 하지만 기울어가는 백제의 운명을 차마 모른 체하지 못하고 결국 왕위에 오르게 된다. 이후 567년 아버지 성왕의 능 가까이에 절陵寺을 세우고, 그로부터 10년 뒤인 577년에는 (어떤 이유에서인지 모르지만) 죽은 아들을 기리는 왕흥사를 세운다.

그동안 위덕왕의 아들로는 597년 일본에 사신으로 갔던 아좌태자
만 문헌에 등장한다. 그런데 왕흥사 사리함 글귀에 따르면 아좌태자
말고도 또 한명의 왕자가 있었음을 짐작할 수 있다. 왕흥사가 목탑을
짓기 전후에 지어졌을 가능성도 있지만, 지금으로서는 목탑을 지은
시기에서 크게 벗어나진 않을 것으로 여겨진다.

다시 부활하는 왕흥사를 꿈꾸며

사리기 주변에는 금·은제 장신구, 구슬 같은 갖가지 유물들이 흩어
져 있었다. 이 공양품들은 능산리 사지와 능안골 고분, 무령왕릉, 나
주 복암리 고분 등 당시 백제의 왕이나 귀족 무덤에서 보이는 부장품
과 비슷했다. 아마 이 사리기가 당시 죽은 왕자의 무덤 역할까지 한 것
으로 보인다. 공양품들은 아기자기하고 예뻤지만, 그 깨알 같우 구슬
들은 진흙과 엉켜 있어 찾아내는 데 여러 사람을 수고스럽게 했다. 1
㎝ 정도 되는 금제품에 누르고 찍고 붙여 만든 세공품을 보면 당시 백
제 사람들의 뛰어난 공예 기술을 엿볼 수 있다.

사리기 주변에서는 중국 남북조시대에 사용된 상평오수전, 오수전
같은 동전도 출토되었다. 재미있는 사실은, 이 오수전이 무령왕릉에
서도 똑같이 발견되었다는 점이다. 무령왕릉 지석誌石 위에는 오수전
90여 개가 꾸러미로 놓여 있었다. 이는 당시 중국 남조에서도 유행했
던 풍습으로, 토지신에게 바쳤던 일종의 묘지 사용료였다. 백제가 중
국 남북조와 문화적 교류가 활발했음을 알 수 있는 대목이다.

이 밖에도 왕흥사터는 발굴이 진행될수록 놀랍고 흥미로운 유물
을 쏟아내고 있다. 왕흥사는 기나긴 시간의 터널을 지나 그 실체를
하나씩 드러내 보이고 있다. 지금까지 확인된 유적만 하더라도 금당,
목탑, 동·서 회랑터와 부속건물터 일부, 축대동서 석축와 진입로남북 석

왕흥사 사리기 주변에 흩어져 있던 사리 공양품. 백제인의 빼어난 공예 기술이 돋보이는 유물이다.

^축, 기와가마터 등 그 면면이 화려하고 풍성하기 이를 데 없다. 현재까지 진행된 발굴 결과만으로도 왕흥사 유적은 그 가치가 충분히 도드라진다. 새로운 가람 양식을 보여준 부속건물터, 금·은·동 사리기 같은 유물은 문헌에만 남아 있던 백제사의 새로운 면모를 보여주고 있다.

게다가 나는 왕흥사터 어딘가에 더 많은 유적이 남겨져 있을 거라고 믿고 있다. 국보급 유물이 출토된 이 절터에서 또다른 유물의 존재를 믿는 게 마냥 억지스런 바람만은 아닐 것이다. 오늘도 나는 '왕흥사'를 덮고 있는 흙을 밟고 서서, 앞으로 드러날 '왕흥사'의 진면모를 이리저리 상상해본다.

일제에 나라를 빼앗긴 설움에 흐느끼는 무덤

: 경주 금관총 유적

이한상 대전대학교 역사문화학과 교수

역사 속에 묻힌 천년고도 경주

벌써 30년도 더 지난 일이다. 처음 경주를 찾았을 때 눈앞에 펼쳐진 고도古都의 풍경은 신비로움 그 자체였다. 나의 뇌리에는 교과서 속 흑백사진의 이미지만이 담겨 있었기에 천연색 자연과 어우러진 경주는 마치 별세계처럼 느껴졌다. 특히 첨성대 주변에서 시작하여 대릉원 북쪽에 이르기까지 동산처럼 울룩불룩 솟은 왕릉, 박물관에 전시된 기묘한 형태의 금관 들을 보면서 두근거리는 마음을 주체하기 어려웠던 기억이 새롭다.

어쩌면 우리는 경주에서 이토록 깊은 감흥에 젖을 수 있다는 사실 자체에 더 감사해야 할지도 모른다. 오랜 세월 방치되고 수탈당한 경주가 지금 이만큼의 모습을 유지하고 있는 것은 거의 기적에 가깝다.

달도 차면 기운다고 했던가. 영원할 것만 같았던 신라도 마침내 국운이 다하여 천년사직을 고려에 넘겨주고 만다. 궁궐과 절은 무너지고, 왕릉에는 나무와 풀이 무성하게 우거졌다. 세월이 흐른 뒤 아무도 신라의 영광을 기억하지 못했다. 경주 토박이들조차 왕릉을 자그마한 동산쯤으로 여기게 되었다.

그리고 일제 강점기가 시작되었다. 당시 수많은 일본 학자들이 우리나라로 건너온다. 그들은 학문조사라는 명목으로 우리 문화재를 막무가내로 파헤쳤다. 그들의 발굴 목록에는 신라고분도 들어 있었다.

1906년, 도쿄대학 대학원생이던 이마니시 류는 18일간 경주에 머무르면서 소금강산 주변에서 돌덧널무덤 2기를, 황남리에서는 폭약까지 사용해서 돌무지덧널무덤적석목곽묘*으로 추정되는 고분을 파헤쳤다. 물론 누구한테도 허락받지 않은 행위였다. 또 도쿄대학 조교수 세키노 타다시 일행이 통감부와 총독부의 지시에 따라 1909년에는 황남리 남총을, 1915년에는 황남리의 검총을 발굴했다. 이들은 문화재에 대한 애정도, 무덤 구조에 대한 지식도 없었다. 오직 유물을 획득할 목적으로 무덤을 파헤친 도굴행위였다.

* **돌무지덧널무덤** 땅을 파서 무덤 광을 만들고 나무 덧널을 넣은 뒤, 그 주위와 위를 돌로 덮은 다음 바깥을 봉토로 씌운 무덤양식. 4세기 초~6세기 초 신라 귀족 무덤에서만 나타나는 특수한 형태이다.

음식점 뒤뜰에서 발견된 신라 금관

일제의 식민통치가 기승을 부리던 1921년 9월 어느 날이었다. 경주경찰서 순사 미야케 요조는 그날도 아침에 마을 순찰에 나섰다. 마침 아이들이 흙더미에서 놀고 있었다. 미야케는 그 곁을 지나치다가 문득 흙더미 속에서 무언가 반짝이는 걸 보았다. 자세히 보니 푸른색 유리구슬이었다. 미야케는 이 유리구슬이 범상치 않은 물건임을 눈치 챘다. 그렇다면 이 흙더미는 어느 유적지에서 실어나른 게 분명했다. 미야케는 수소문 끝에 흙더미가 봉황대 서쪽 음식점 뒤뜰 무덤에서 나왔음을 알아냈다.

미야케는 이 사실을 상부에 보고했고, 곧바로 조선총독부에서 파견된 모로카 데루오의 지휘 아래 발굴단이 꾸려졌다. 발굴단은 9월 27일부터 발굴을 시작해서 이틀간은 무덤 동쪽에 껴묻힌 유물을, 29일

오늘날 금관총 모습. 봉분파 무덤방이 모두 파여나가 복원이 불가능한 상태이다.

초가집(식당) 뒤뜰에 있던 금관총 발굴 당시 모습(1921년)

에는 금관을 비롯한 나무널 내부의 중요 유물을 수습했다. 특히 금관은 금판을 오려 장식을 만들고 표면에 금 달개와 비취 곱은옥을 매단 화려함의 극치를 보여주었다. 당시까지 동아시아에서 이처럼 화려한 금관이 발견된 적은 없었다. 금관이 나온 무덤이라 하여 이름까지 금관총으로 부르게 된다. 유물발굴은 30일에 마무리되었다. 이후 유물은 서울로 옮겨져서 조선총독부의 책임하에 우메하라 스에지가 유물 정리 및 보고서 발간을 담당했다.

금관총 유물은 1923년 10월에 다시 경주로 옮겨왔다. 이는 경주 사람들의 갖은 노력의 결과였다. 경주 여러 문중에서는 함께 뜻을 담아 진정서를 제출했다. '조상들 유물을 경주에 두어 자손의 손으로 보존하는 게 옳다. 유물 보존을 위한 설비를 지어 기부하겠다.'는 내용이었다. 그리고 경주고적보존회 경내에 금관총 유물 전시관금관고을 지어서 기부했다. 덕분에 정처 없이 떠돌 뻔한 금관과 유물이 다시 경주의 품으로 돌아올 수 있었던 것이다.

금관총 유물은 1927년 11월에 다시 한번 큰 위험에 빠진다. 관리자인 모로카가 조선총독부 박물관 직원의 결혼식에 참석하느라 서울에 간 사이에 도둑이 침입한 것이다. 도둑은 금제 허리띠 같은 순금 장식품과 구슬 90여 점을 훔쳐 달아났다. 다행히 금관은 안전했지만, 많은 중요 문화재가 도둑맞은 사실은 특히 경주 시민들을 큰 충격에 빠뜨렸다.

수사는 좀처럼 진전되지 않았다. 경찰은 현상금을 내걸기도 하고, 오래된 금은 녹이더라도 분간할 수 있다는 소문을 퍼트리기도 했으나 소득이 없었다. 사건이 장기화되고 많은 경찰력이 도둑을 잡는 일에 매달렸다. 과장하자면 경주 시민 모두가 조사를 받았으며, 특히 금관고 관리자 모로카가 집중적인 조사를 받았다.

사건 발생 6개월이 지난 1928년 5월 어느 날 새벽이었다. 누군가가 경주경찰서장 관사 앞에 흰 보자기를 슬며시 가져다놓고 사라졌다. 보자기에는 도둑맞았던 금관총 유물이 들어 있었다. 아마도 수사망이 좁혀오자 다급해진 도둑이 돌려놓은 듯했다. 금제 허리띠에 매달던 요패 하나가 없어진 것 말고는 모두 그대로였다. 천만다행으로 유물은 금관고로 돌아오게 된 것이다.

역사의 상처를 치유할 천년의 힘

금관총 유물은 현재 국립경주박물관에 보관되어 있다. 지나온 역사의 굴곡을 보이도 확인할 수 있듯이 금관총 유물은 군데군데 빈틈이 적지 않다. 발굴조사 보고서에 게재된 유물 가운데 여러 점은 국립경주박물관에서 만나볼 수 없다. 그 가운데 일부는 일본 하쿠츠루미술관에 소장되어 있고, 금제 칼집 장식과 드리개, 곱은옥 등은 도쿄국립박물관에 소장되어 있는 오구라 기증 유물에 포함되어 있다. 이 유물들이 어떤 과정을 거쳐 일본으로 넘어갔는지 구체적으로 알 수 없다. 다만 오구라 소장품의 경우 대구전기회사 사장으로 있던 오구라 타케

목가슴 장식 드리개. 길이 20㎝

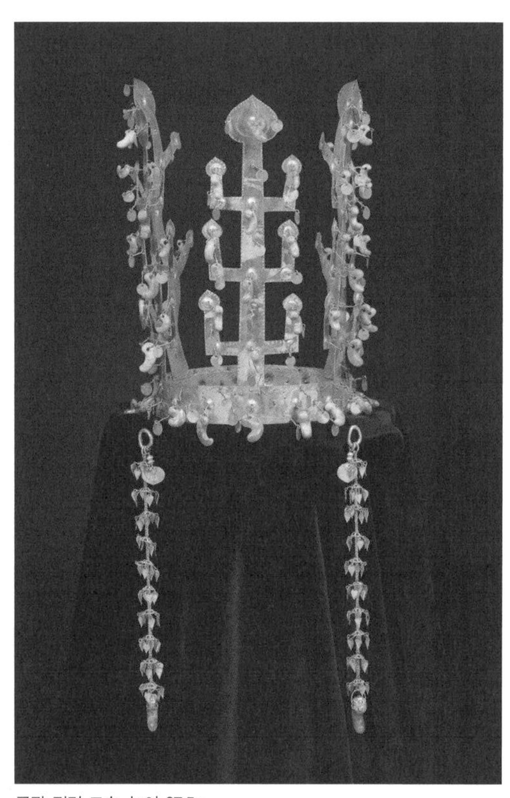

금관 정면 모습. 높이 27.5㎝

노스케가 수집하여 도쿄국립박물관에 기증한 것이다. 조선총독부의 지휘 아래 발굴한 유물을 개인이 사들인 경우를 보더라도 당시 문화재 관리가 얼마나 허술했는지 알 수 있다.

사실 위에서 언급한 금관총 사례는 식민지 조선이 겪을 수밖에 없었던 숱한 시련 가운데 극히 일부에 불과하다. 예를 들어 양산 부부총에서 출토된 489점의 중요 유물은 일본으로 반출되어 오구라 기증 유물과 함께 도쿄국립박물관에 전시되고 있다. 1920년에 조선총독부가 발굴한 뒤에 보고서를 발간한다는 핑계로 일본으로 가져간 것이다. 뿐만 아니라 가야의 수많은 고분은 임나일본부설을 증명하려는 조선총독부의 목적 아래 마구

금제 허리띠 드리개(길이 109cm)와 드리개 장식(아래)

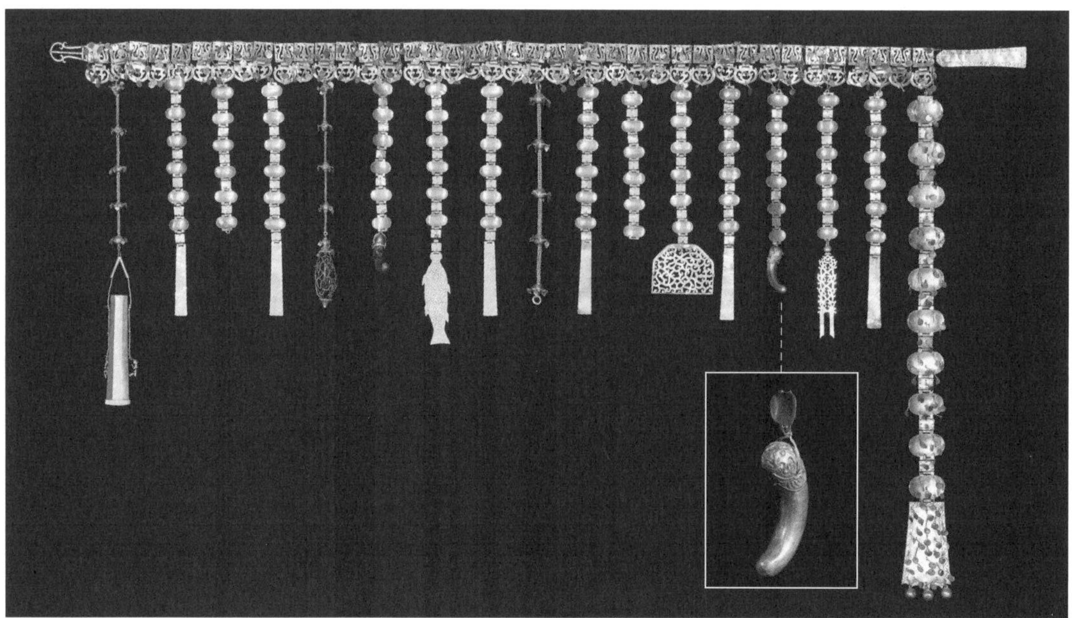

잡이로 파헤쳐졌고 무덤에서 출토된 수많은 유물 가운데 상당 부분은 소재조차 알 수 없다. 제국주의의 총칼은 조선의 백성뿐만 아니라 문화재에도 깊은 상처를 입혔던 것이다.

이처럼 금관총을 비롯한 우리 문화유산은 저마다 숱한 사연을 간직하고 있다. 우리 민족과 함께 갖은 시련을 겪은 역사의 동반자라는 느낌마저 든다. 놀라운 것은 깊은 아픔을 겪었음에도 우리 문화유산은 여전히 그 아름답고 신비로운 빛을 잃지 않고 있다는 점이다. 금관총 유물들만 해도 그렇다. 신라인의 뛰어난 미의식과 세공기술은 동시대에 세계 최고의 경지를 보여준다. 고고학계는 유물 연구를 통해 금관총에서 출토된 유리그릇은 멀리 지중해 연안에서, 청동그릇은 고구려로부터, 말갖춤 장식에 사용된 조개는 일본에서 수입한 것임을 밝혀냈다. 신라가 세계를 무대로 폭넓게 교류하던 국제적인 나라였음을 뜻한다. 우리는 금관총 유물을 통해 세계와 어깨를 나란히 하던 신라 천년의 힘과 조우하고 있는 것이다.

금관총뿐만 아니라 서봉총도 일제강점기의 설움을 톡톡히 당했다. 서봉총 조사를 맡았던 고이즈미 아키오는 1933년에 평양부립박물관장으로 취임한다. 그는 1935년 조선총독부박물관에 보관중인 서봉총 출토품 등을 평양부립박물관에 전시하게 된다. 그런데 전시가 끝난 뒤 전시품을 술집으로 가져가 금관을 비롯한 유물을 기생에게 입히고 술자리를 열었다고 한다. 왼쪽 사진은 당시 신문에 실렸던 기사이다.

무참히 부서진 대신 다른 유적을 무수히 살린 무덤

: 경주 황성동 굴방무덤 유적

이희준 경북대학교 고고인류학과

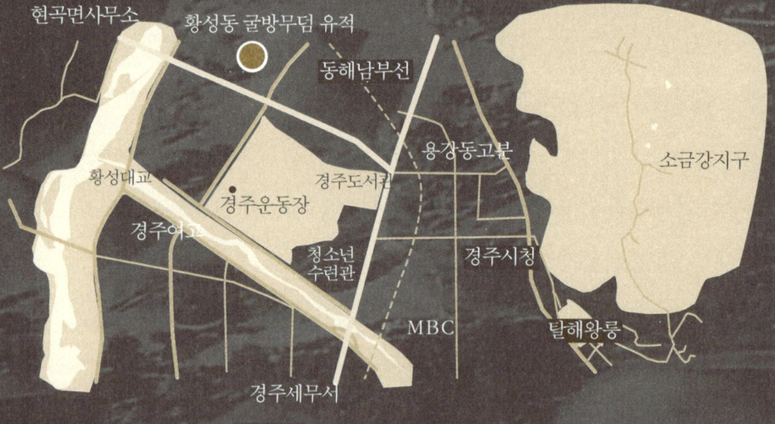

위치에 따라 다른 양식을 띤 신라 고분

경주시내 한복판에는 신라시대의 거대한 무덤들이 한데 모여 있다. 이곳이 신라 천년의 고도라는 사실을 보여주듯 당당하고 기품이 넘친다. 그런데 사실 이 고분들은 천년 신라 무덤의 한 부분에 지나지 않는다. 즉 대부분 신라가 고대국가의 틀을 확립하던 시기[4~6세기]에 만들어진 것들이다. 그럼, 나머지 시기의 고분들은 어디에 있는 걸까? 그 이전 무덤들은 이런 무덤들 주변에 같이 있기도 하고 경주 분지의 곳곳에 흩어져 있다. 그리고 6세기 이후의 무덤들은 주로 경주시내 둘레의 산기슭과 야산 위 여기저기에 대개 떼를 이루고 있다.

산기슭과 야산에 있는 무덤은 크기와 구조가 평지의 무덤과 아주 다르다. 먼저 평지 고분은 돌무지덧널무덤이다. 네모꼴 구덩이나 땅 위에 설치한 나무덧널[목곽] 속에 목관에 넣은 주검을 안치하고, 그 둘레를 사람 머리만 한 냇돌로 채운 다음 흙으로 봉분을 쌓는 방식이다.

여기 견주어 산기슭 고분은 돌방무덤이다. 돌을 쌓아 방을 만들면서 그 둘레로 봉분을 같이 쌓되 앞부분은 틔워 무덤길을 만든 다음 그리로 주검을 모시고 들어가 안치하고는 무덤길을 흙으로 막는 방식이다. 그래서 굴식돌방무덤이라고 하는데, 이런 산기슭 고분은 기본적으로 가족묘이다. 곧 무덤길을 흙으로 막아두었다가 나중에 다른 가족이 죽으면 무덤길을 파내어 무덤방을 열고는 주검을 다시 안치하곤 하였다. 대개 6세기 중반 이후부터 통일신라시대 내내 쓰였다.

그런데 경주시내 평지의 가장자리에도 한 기나 두서너 기의 무덤이 드문드문 자리 잡고 있다. 이를테면 고속도로에서 나와 경주시내로 꺾어 들어가는 길 오른쪽에 자리 잡은 오릉을 들 수 있겠다. 이런 무덤들은 발굴이 이루어지지 않아서 정확하게 신라시대 어느 시기의 무덤인지, 어떤 구조를 띠는지 잘 알지 못했다.

그러던 참에 1986년에 이 무덤들의 성격을 짐작할 수 있는 발굴이 이루어졌다. 경주시내에서 북천을 지나 동북쪽 평지[용강동]에 외따로 서

평지 무덤(위)과 산지 무덤 전경 비교. 평지는 돌무지덧널무덤 양식으로, 산지는 굴식돌방무덤 양식으로 조성되었다.

있던 한 무덤이 발굴된 것이다. 무덤은 서기 700년을 전후한 통일신라 초기의 돌방무덤으로 밝혀졌다. 그뿐만 아니라 이 무덤 안에서는 흙으로 자그맣게 빚은 사람과 동물 모양 인형토용, 무덤에 껴묻거리로 만든 흙 인형이 처음으로 출토되어 눈길을 끌었다. 게다가 청동으로 만든 십이지신상도 출토되었다.

십이지신상은 열두 방위를 나타내는데 이를테면 쥐子는 북쪽, 말午

196

청동으로 만든 십이지 동물들. 높이 7~8.4cm

은 남쪽을 가리킨다. 이 십이지 사상은 중국에서 상왕조 시절에 형성되었으며, 수나라·당나라 시절에는 십이지 동물 얼굴에 사람 몸을 지닌 토용을 무덤에 껴묻었다. 십이지 사상은 한반도에도 커다란 문화적 영향을 끼쳤으며, 신라 왕릉에는 십이지신상을 둘레돌^{호석, 무덤 둘레에 지댓돌을 놓고 그 위에 세운 판돌}에 새겨놓거나 활석으로 새겨 주위에 묻는 문화가 자리 잡는다. 이 용강동 무덤에서 나온 청동 십이지신상은 왕릉 둘레돌에 십이지 신상이 새겨지기 전에 나타난 과도기 양식으로 보인다.

활석에 새긴 십이지신 상들(맨 오른쪽, 높이 11.1cm)

중장비가 집어삼킨 유물

경주 황성동의 한 돌방무덤도 용강동 돌방무덤처럼 평지에 외따로 자리 잡은 무덤이다. 황성동 무덤은 시내를 기준으로 동북쪽 용강동 무덤과 서북쪽에서 마주 보는 곳에 자리 잡고 있다. 황성동 돌방무덤 발굴과정은 개발의 논리가 가져다준 참담한 실정을 잘 보여주는 사례이기도 하다.

1987년 어느 날, 한 주민으로부터 제보가 들어왔다. 황성동 과수원

왕릉 둘레돌에 새겨넣은 십이지신상

자리에 아파트가 들어서면서 거기 있던 옛 무덤을 짓뭉개고 있다는 것이다. 아파트를 지으려던 개발업자가 공사가 중단될 것을 염려해 짐짓 모른 체 중장비로 무덤을 뭉개버린 것이었다.

문화재 전문가가 현장으로 달려갔을 때는 무덤 봉분이 이미 사라진 상태였지만, 다행히 땅속까지 파헤쳐진 상태는 아니었다. 무덤 구조는 용강동 무덤처럼 돌방무덤으로 보였다. 우리는 그제야 한숨을 돌릴 수 있었다. 그런데 더더욱 무지막지한 사건이 벌어졌다. 국립경주박물관이 국가로부터 발굴 허가를 받아 막 발굴에 들어가려고 할 때였다. 아파트 개발업자가 그곳이 유적지라는 사실을 알고 다시금 중장비를 들이대 파헤치고 뭉개버린 것이다.

개발논리 앞에서 이름 모를 무덤 하나쯤은 아무것도 아니었다. 무자비하게 파괴된 현장을 확인한 우리는 허탈한 마음에 망연자실했다. 그래도 흩어진 유물들이라도 주워담자는 심정으로 포클레인으로 파

황성동 돌방무덤 발굴 모습. 아파트 개발업자가 막무가내로 파헤쳐버린 안타까운 사연의 무덤이다.

서 쌓아놓은 흙을 뒤져보았다. 그런데 거기에서 놀라운 유물이 나오기 시작했다. 토용이 여러 점 모습을 드러낸 것이었다. 이 토용들은 용강동 돌방무덤과는 달리 색이 칠해지지 않았다. 아마도 이 토용들은 무덤 속에서 당시 생활모습을 재현한 채로 놓여 있었으리라. 그렇지만 유물들이 이처럼 산산이 흩어져버렸으니 아쉽기 짝이 없었다.

심하게 훼손된 황성동 무덤은 봉분 지름이 14m였고, 무덤방은 동서 너비 2.3m, 남북 길이 2.6m 정도였다. 무덤방은 형체를 알아볼 수 없을 만큼 파괴되어, 겨우 무덤길의 한쪽 벽 일부와 무덤방의 한쪽 벽 일부만 남아 있었다. 밑바닥까지 드러난 폐허에서 우리는 다만 무덤을 짓는 초기 단계에서 어떻게 기초공사를 했는지 확인할 수 있었다. 사실 이런 조사는 무덤 구조물을 일부러 부수어 들어내고 그 밑을 파보기 전에는 알 길이 없다. 하지만 황성동 무덤은 개발업자가 거의 다 파괴해버린 덕(?)에 새로운 사실을 알아냈으니, 정말 아이러니한 일이다. 고고학자들이 즐겨 쓰는 말 가운데 '맨 밑바닥끼지 꾀보고 획인하라^see the bottom' 는 말이 있다. 개발업자의 불미스런 파괴 행위 덕에 바닥을 볼 수 있었으니, 이걸 성과라고 해야 할지 참 난감하다.

고고한 자태의 귀부인은 누구일까

흙더미에서 발견한 토용은 고대사회에서 권력자가 죽었을 때 저승에서도 그를 모시도록 산사람을 죽여 같이 묻던 순장 풍습이 쇠퇴 변형된 것이다. 이런 토용들이 등장하기 전 신라의 돌무지덧널무덤에서만 출토되는 토우는 사람이나 동물의 모습이 아주 투박하게 표현된다. 이에 견주어 토용들은 토우의 전통을 이어받으면서, 중국 문화를 흡수한 결과 모습이 아주 사실적으로 표현되어 있다. 덕분에 토용은 당대의 풍습을 아주 잘 보여주는 귀중한 연구자료가 된다. 예를 들어 실제 옷은 오랜 세월이 지나면서 다 썩어 없어져버린다. 하지만 토용에 새겨진 옷차림은 오늘날까지 여전히 선명하게 남아 있다. 그래서 토용은 우리에게 무덤 주인공이 죽을 당시의 옷차림이 어떠하였는지를 생생하게 보여주는 귀중한 자료인 셈이다.

사실 여기에는 재미있는 에피소드가 하나 있다. 처음 흙무더기에서 토용들을 발견했을 때 그중에 수줍은 자태의 여인상이 있었다. 이를 보고 우리는 《삼국유사》에 기록된 수로부인*이 아닐까 하고 내심 기대했다.

하지만 토용의 옷차림과 역사 자료를 꼼꼼히 살펴본 결과, 토용이 수로부인이 아니라고 결론지었다. 먼저 《삼국사기》에는 신라 진덕왕 3년649년에 처음으로 중국의 의관을 착용하였다는 내용이 나온다. 또 문무왕 4년664년부터 부인의 의관도 중국과 같았다는 내용이 나온다. 《삼국사기》를 바탕으로 황성동 토용을 살펴보면, 남자 모양 토용은 중국식 모자인 복두를 쓰고 있다. 이는 토용이 649년 이후 어느 시점에 만들어졌음을 말해준다. 그런데 여자상은 아직 신라 고유의 옷차림을 하고 있다. 또한 머리 뒷모습이 앞 시기 토우와 같다. 그러므로 이 토용들은 664년 이전에 만들어진 것이라고 할 수 있다.

이것으로 보아 황성동 무덤은 649년과 664년 사이, 즉 통일신라 직전에 만들어졌다. 그런 만큼 고고한 자태의 토용은 수로부인과 관련이 없음이 분명하다. 왜냐하면 수로부인 설화는 성덕왕 시기702~737년의 이야기이기 때문이다.

황성동 돌방무덤의 주인공은 어떤 사람이었을까? 우선 당시에 일반 귀족은 주변 산지의 돌방무덤에 묻혔으니 그와 달리

황성동 돌방무덤에서 출토된 여인상 토용의 앞과 뒤 모습. 수줍은 듯 손으로 입을 가린 모습이 소박하고 자애로워 보인다. 높이 16.5㎝

평지에 따로 묻혔다는 사실만으로도 예사 인물이 아니었음을 암시한다. 구체적인 실마리는 역시 토용에서 찾을 수 있다. 남자 토용은 손에 무언가를 쥐었던 것으로 보인다. 이는 용강동 돌방무덤의 예로 보건대 홀이었을 것이다.《삼국사기》에 따르자면 진골 출신 문관들만이 홀을 쥘 수 있었다. 용강동 돌방무덤에서는 홀을 쥔 토용들이 무덤 주인공의 시신 앞에 줄지어 세워져 있었다. 황성동 돌방무덤도 비슷한 구도였을 것으로 본다면 무덤 주인공은 진골 신분에 속하면서 왕에 버금가는 지위를 지녔던 인물이었을 것이다. 나아가 토용들을 비교해 보자면 용강동 돌방무덤은 당나라 문화가 신라에 어느 정도 유입된 시기에 지어진 데 반해 황성동 돌방무덤은 아직 신라 고유의 전통이 지켜지던 시기에 지어졌음을 알 수 있었다.

황성동 무덤이 발굴되고 한참 지난 2005년에 다시 바로 그 일대의 한 흙더미를 포함한 곳을 개발하려는 움직임이 있었다. 우리는 앞선 잘못을 되풀이하지 않기 위해 사전에 발굴조사를 실시했다. 이곳은 실은 황성동 무덤을 발굴하고 나서 같은 무덤일 것이니 주의하라고 관공서에 알려놓은 곳이었다. 덕분에 자칫 무심결에 파헤쳐졌을 흙더미에서 돌방무덤을 발견할 수 있었다. 이곳 평지에 오로지 하나 남은 돌방무덤은 사적으로 지정되면서 집들 사이에 끼어서나마 보존되었으니 다행스런 일이다.

한편 황성동 돌방무덤 발굴이 끝나고 두어 해 뒤에는 서쪽으로 가까운 곳에서 신라 초기의 대규모 철기 제작지가 발굴되었고, 그 후로 일대에서 신라 태동기로부터 통일신라시대에 이르는 무덤들도 발굴되었다. 요즘은 그런 말을 하는 이가 적겠지만, 우리 할머니 세대만 해도 살다가 좋은 일이 생기면 으레 조상의 은덕을 들먹이셨다. 발굴자로서는 지난 20년 동안 황성동 일대에서 많은 유적이 조사된 것은 무참히 부서졌던 황성동 돌방무덤의 덕임에 틀림없다고 마음속으로 생각하곤 한다.

홀을 쥔 남자상 토용. 홀은 진골 출신 문관들만 쥘 수 있었다. 높이 18cm

통일신라 문화의
연꽃으로 피다

┊경주 안압지 유적

이주헌 문화재청 발굴제도과 학예연구관

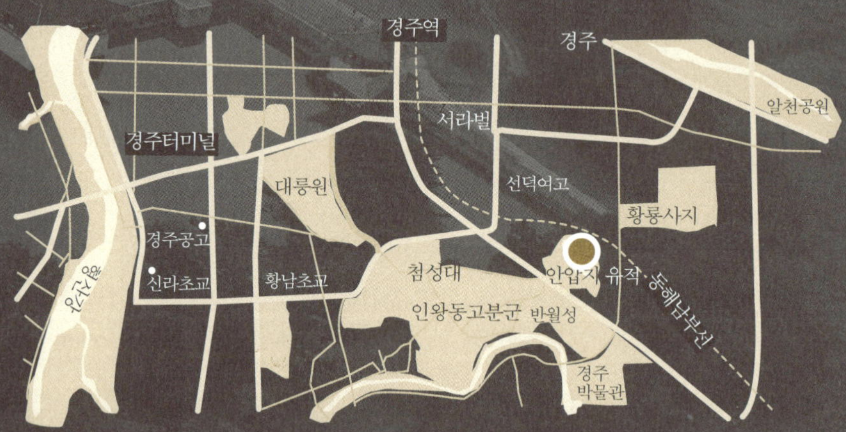

천년 사직의 영광과 비애가 서려 있는 달빛 연못

단풍이 절정을 이룬 11월 초순경 안압지에 가본 사람이라면 곱게 물든 단풍과 연못, 그리고 한옥이 조화롭게 어우러진 풍경에 감탄하지 않을 수 없을 것이다. 더욱이 밤에 이곳을 찾는다면 은은한 분위기의 조명과 물위에 비치는 단아한 자태의 한옥, 부드러운 곡선과 강한 직선으로 견고하게 쌓인 호안석축湖岸石築의 장엄한 모습은 보는 이의 마음을 더욱 설레게 한다. 여기에 가을비라도 소리 없이 내리면 이곳에 서려 있는 신라 천년의 영광과 애잔한 비애가 몸속 깊이 밀려들곤 한다. 누가 안압지를 통일신라 문화의 결정체라 하였는가. 연못가에 나란히 서 있는 나무들은 자연의 신비로운 색으로 자신을 마음껏 뽐내며 오고 가는 이들을 희롱하지만, 잔잔한 물결이 일렁이는 안압지 연못에는 기나긴 질곡의 역사가 고스란히 서린 채 그저 고요할 뿐이다.

경주 안압지는 삼국을 통일한 신라 30대 문무왕이 왕궁 안에 만들어놓은 궁중정원으로, 《삼국사기》에는 월지月池라고 기록되어 있다. 중국처럼 어마어마한 공사로 커다란 연못을 판 것은 아니지만, 아담한 규모의 이 작은 연못에 신라인들의 뜻과 이상을 투영했을 것이다.

연못가에 복원된 건물에 서서 사위를 둘러보라. 안압지는 동쪽과 서쪽의 풍경이 사뭇 다르다. 동쪽 봉우리와 골짜기는 시작과 끝이 없고 전부 곡선인데 견주어 서쪽은 한치의 어긋남 없이 직선을 이룬 건물이 세워져 있다. 양쪽 곡선과 직선은 월지에서 하나로 이어지면서 기막힌 조화를 연출하며 구도적으로 완벽한 미적 완성을 보여준다. 미적 조화라는 게 원래 통일성을 갖추면 무난하게 표현되지만 서로 상반되는 형태가 조화를 이루려면 고도의 미적 계산이 필요하다. 지극한 심미안을 갖추어야 비로소 오를 수 있는 경지인 것이다. 안압지는 직선과 곡선을 완벽하게 소화해낸 신라인의 높은 미적 감각이 스며 있는 곳임에 틀림없다.

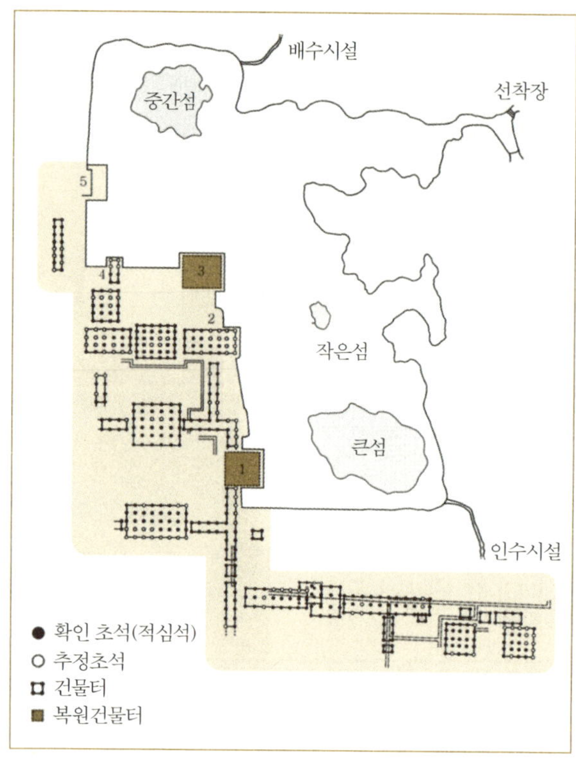

안압지 및 동궁터 배치도

　천년 사직이 스러진 뒤, 월지는 사람들의 머릿속에서 서서히 지워져갔다. 조선시대에는 이곳을 찾는 이가 없고 흔들리는 갈대와 물위의 부평초가 무성하여 무심한 기러기와 오리만 놀았다고 하여 '안압지雁鴨池'라 이름 붙여졌다. 무상한 세월처럼 애잔한 물가에는 초라한 모습의 정자만 홀로 자리를 지키고 있었다. 가끔 이곳에 들른 시인과 나그네가 그들의 고단한 시심을 달래며 짧은 글귀를 한수씩 남겨 오늘날까지 전하고 있다.

　조선 단종 때 생육신의 한사람인 매월당 김시습은 "못을 파서 바다로 만들고 고기와 소라를 길렀는데, 물을 끌던 용의 목은 그 형세가 우뚝도 하여라. 이는 신라 망국의 일이건만 지금 봄물은 좋은 벼를 기르는구나." 하고 애달파했고, 조선말기 한학자 강위는 "열두 봉우리 낮아졌고 아름다운 전각도 황폐해졌는데 푸른 못은 옛날 같고 기러기는 길게 우는구나. 천주사 분향한 곳 찾지를 말 것이 들풀에 깊이 묻힌 내불당 자취"라며 경주 안압지의 영광과 초라해진 모습을 애잔하게 묘사하고 있다.

천년의 세월을 뛰어넘어 부활하다

오랜 세월 버려진 채 퇴락한 안압지가 기념비적인 유적지로 인정받고 오늘날과 같은 모습으로 복원되기까지에는 많은 사연이 담겨 있다. 안압지에 대한 발굴조사는 1970년대 초반 무렵에 처음 시작되었다. 사실 경주관광종합개발을 세울 때만 해도 본격적인 발굴이 아니라 연

못을 정비하기 위한 준설작업 수준이
었다. 그러나 연못을 준설하는 도중 통
일신라의 금동불상과 금은 장신구 등
진귀한 유물이 쏟아져나왔다. 연못 바
닥에 물기를 머금은 채 쌓인 진흙이 유
물의 부식을 막아주었고, 덕분에 유물
이 오래도록 온전하게 남아 있었던 것
이다.

경주사적관리사무소는 부랴부랴
준설을 중단하고 발굴조사단을 급히
꾸려 대대적인 문화재 조사에 들어갔

1975년부터 본격적으로 시작된 발굴 현장 모습. 2년 9개월 동안 평균 200여명이 참여한
대규모 발굴이었다.

다. 1975년부터 2년 9개월 동안, 평균 200여 명이 참여한 대대적인
규모의 발굴조사였다. 안압지 발굴조사 과정은 수많은 일화를 남겼
다. 그 가운데에서도 발굴에 참여한 사람들의 도시락통을 일일이 검
사한 이야기는 발굴현장의 고충을 그대로 알려주고 있다. 당시 현장
의 정직원은 두 명뿐이며, 인부는 최대 250명일 때도 있었다. 그러니
그 많은 인부들이 유물을 조심스럽게 다루고 제대로 작업하는지 관
리하는 게 쉽지 않았다. 게다가 문화재에 대한 시민의식이 부족한 때
라 유물이 몰래 반출될 가능성이 많았다. 그래서 현장 책임자는 불시
에 모든 작업원의 도시락통, 주머니, 모자 따위를 검사하곤 했다. 안
압지 발굴조사는 이런저런 애환을 겪으며 17,500여 점의 유물을 갈
무리할 수 있었다. 이 가운데 대표적인 유물 700여 점이 국립경주박
물관 안압지관에서 상설 전시되고 있다.

조사 결과, 안압지는 동서 200m, 남북 180m 크기의 공간에 조성되
어 있었다. 연못 주위를 돌로 쌓아올렸고, 연못 안에는 세 개의 섬이
들어서 있었다. 또한 연못 주변에는 크고작은 건물터가 26곳에서 확
인되었다. 말하자면 안압지는 수많은 궁궐 건물에 둘러싸인 아늑한

연못정원이었던 것이다.

안압지 발굴은 여러모로 무척 중요한 고고학적 성과를 가져왔다. 먼저 출토 유물은 당시까지만 해도 학술적으로 미진하였던 통일신라 생활상을 연구하는 데 결정적인 자료를 제공했다. 또한 문무왕대에 축조된 궁중정원의 조성방식은 고건축학, 조경학 분야에도 괄목할 만한 연구 성과를 가져다주었다.

목간에 남은 신라의 흔적

출토된 유물을 좀 더 자세히 살펴보자. 가장 먼저 눈에 띄는 것은 연못 바닥에 묻혀 있어서 온전하게 제 모습을 간직한 통일신라의 목제 유물들이다. 건축자재 파편과 당시의 글이 적힌 목간, 그리고 생활이나 신앙과 관계된 배, 노, 물마개, 주사위, 남근, 인물상 등이 그것이다.

일종의 물표로 쓰였던 것으로 보이는 목간

그중에서 목간은 중국이나 일본에서는 많이 출토되었지만, 우리나라에서는 안압지에서 처음으로 출토되었다. 목간은 크기가 다양하지만 대체로 길이 9㎝~23㎝, 두께 0.5㎝~1.5㎝ 정도였다. 목간 가운데는 위쪽의 양 가장자리를 에워 홈을 낸 것이 있는데 이것은 실로 묶어 물건에 매달아두었던 흔적으로 보인다. 일종의 물표[付札]로 쓰이던 목간이었을 것이다. 또 보존 상태는 양호한데 글씨가 씌어진 흔적이 전혀 없는 목간도 있는데, 아마도 면을 가지런히 다듬어서 다시 사용하려 했던 것으로 보인다. 글씨는 예서나 행서를 먹으로 쓰거나 음각으로 새겼으며, 어떤 목간은 낙서하듯이 같은 글자를 몇 번 연습한 것도 있고, 사람 얼굴을 그린 것도 있다. 목간에는 통일신라의 관청 이름인 세택洗宅, 관직 이름인 한사韓舍, 사람 이름인 사림思林, 중국 연호인 천보天寶, 보응寶應 등이 씌어 있었다. 목간이 대부분 8세기 중엽 경덕왕 때 만들어졌음을 알 수 있는 대목이다.

　　목간 가운데는 당시 왕족들의 음식문화를 엿볼 수 있는 자료도 확인되었다. 한 목간에는 "급히 관리를 강원도 고성으로 보내서 항아리 동궁에서 쓸 의례용 옹기 하나 등급은 중상품遣急使條高城 缶 辛審洗宅 瓮一品 仲上"이라고 씌어 있다. 신라시대에도 오늘날과 같은 택배제도가 있었음을 알 수 있다. 다만 차이가 나는 것은 왕족을 위해 국가가 직접 특급택배를 관리했다는 점이다. 또 다른 목간에는 "3월 21일에 만든 노루고기를 담은 항아리三月二十一作 獐助史缶"라는 내용이 적혀 있다. 궁중에서 음식을 담은 항아리마다 제조 연월일을 적었음을 알려준다. 오늘날로 치면 유통기한을 명기한 셈이다. 또 "토끼띠 해에 만든 즙으로 2등품이며 (…) 말이다.卯年第二汁 斗"라는 내용이 기록된 목간도 있다. 여기에서 즙汁은 향신료, 조미료, 탕약, 고기즙, 야채즙, 과일즙 등 다양하게 해석할 수 있다. 어쩌면 제작연도까지만 표기되어 있는 걸로 보아 유통기한이 오래갈 수 있는 식품, 곧 술이나 장일 가능성도 있다. 그 밖에도 목간에는 가물치와 전복을 언급하고 있는 걸로 보아 당시 궁중에서 전복 등 해산물을 즐겨 먹었던 것으로 생각된다.

　　한편, 안압지 연못가 남서쪽 진흙 속에서는 다량의 동물 뼈가 출토되었다. 소, 말, 돼지, 개, 노루, 산양, 사슴, 멧돼지 같은 포유류 뼈와 꿩, 오리, 닭, 기러기, 거위 같은 조류 뼈였다. 이러한 동물 뼈는 "신라 문무왕 14년 2월, 궁 안에 못을 파고 산을 만들어 화초를 심고 진기한 새와 짐승을 길렀다."는《삼국사기》의 내용을 뒷받침하고 있다.

음주가무를 즐기다

안압지가 처음부터 연회를 베풀며 거나하게 놀던 곳은 아니었을 것이다. 문무왕은 삼국을 통일한 후에도 국제정세를 살피며 팽팽한 긴장감을 놓지 않았다. 당대에는 이곳에서 연회를 베풀었다는 기록은 찾아볼 수 없다. 그러나 20여년이 지난 뒤인 효소왕 6년697년에 임해전에서 군신들과 잔치를 베풀고, 혜공왕 5년[769년]에도 군신들과 연회를 가진 것으로《삼국사기》는 기록하고 있다.

통일 후 여러 세대가 지나고 8세기 전반 무렵이 되자, 신라사회는 상층에서부터 서서히 긴장감이 풀어졌다. 헌강왕 7년[881년]에 임해전에서 신하들과 잔치를 베풀었는데, 분위기가 한창 무르익었을 때 왕이 직접 거문고를 타고 좌우의 신하들은 노래를 부르며 놀았다는 기록이 있다. 그러다가 경순왕 5년[931년]에는 왕건을 임해전에 모셔 잔치를 베풀고, 4년 뒤에는 결국 고려에 항복하게 된다.

당시 안압지 연회에서는 주로 술과 노래와 놀이를 벌였을 것으로 짐작된다. 유물 가운데는 당시의 유흥 모습을 엿볼 수 있는 재미나는 주사위가 하나 있다.《삼국사기》기록에 따르면 연회 때 왕과 귀족과 군신 들이 술을 마시면서 흥겹게 갖고 놀았다고 한다. 참나무로 만든 주사위를 보면 우선 세련되고 우아한 모양에 절로 감탄사가 나온다. 기하학적인 조화를 이루며 그 크기도 손에 딱 알맞게 아담하다. 주사위는 모두 14면체로 정사각형이 6면이고, 그 주위를 삼각형 모양의 육면체 8면이 감싸고 있다. 14면에는 각각 글씨가 새겨져 있는데 13면은 네 자, 나머지 한 면은 다섯 자이다.

14면에 씌어진 내용을 모두 파악하기는 어렵지만, 대강의 내용은 이렇다. 소리 없이 춤추기, 덤벼드는 사람이 있어도 가만히 있기, 술을 다 마시고 크게 웃기, 여러 사람이 코 때리기, 스스로 노래 부르고 스스로 마시기, 술 석 잔 한번에 마시기, 얼굴을 간질어도 꼼짝하지 않기, 누구에게나 마음대로 노래를 청하기, 월경[月鏡] 한 곡 부르기, 스스로 괴래만[怪來晩−노래 이름]을 부르기, 시 한 수 읊기 등이다. 이 주사위를 던져가면서 놀이에 흠뻑 빠진 신라인의 모습을 상상만 해보아도 웃음이 절로 난다. 그러나 안타깝게도 이 유물은 불행한 운명을 맞이한다. 발굴 후 특수 제작한 자동전기오븐에 넣고 수분을 제거하던 중에 오븐이 오작동하는 바람에 그만 한줌 재로 변하고 말았던 것이다.

목제 주사위를 던져서 나오는 면에 적힌 내용을 그대로 따라 하면서 놀았을 것으로 보인다. 높이 4.8cm

천년을 넘게 버티어왔던 세계 유일의 기하학적 주사위가 사라져버렸
으니 두고두고 아쉽기만 하다. 어쩌면 그들만의 비밀스런 놀이문화로
간직하고 싶은 신라 정령들의 뜻일지도 모르겠다.

또 하나 재미나는 유물이 안압지에서 출토되었는데 바로 남근 조각
이다. 남근에는 고대사회부터 수렵, 어로, 목축, 농경의 풍요와 다산
을 기원하는 주술적 의미가 담겨 있다. 이러한 남근숭배사상은 역사
가 꽤 깊다. 청동기시대 유적인 울산 반구대암각화와 신라 고분 출토
품인 토우도 남근이 강조되어 있으며, 오늘날에도 민간신앙의 하나로
종종 그 흔적을 찾아볼 수 있다.

안압지에서는 모두 네 개의 남근 조각이 출토되었는데, 소나무를
깎아 아주 사실적으로 만들었다. 군더더기 하나 없이 반질반
질하게 실물같이 만들어놓았다. 비슷한 시기의 남
근이 백제 궁남지 유적 우물에서도 출토되었는
데, 백제 남근은 칼 가는 대로 아무렇게나 쓱쓱
깎아놓아 거친 느낌이 난다. 안압지 남근은 제작

제작수법이 너무나 정교해서 보는 이를 민
망하게 만드는 남근형 목기. 길이 22.4㎝

수법이 너무 정교하여 남근숭배사상의 상징물이 아닌 실용으로 쓰인
물건으로 보일 정도이다. 이 정교한 남근을 과연 누가 만들었고 어디
에 사용 했을까 궁금할 뿐이다. 예사 실력이 아닌 숙련된 목공의 솜씨
가 느껴지며, 이를 갖고 싶어하는 속된 사람들의 눈빛이 어둠속에서
속삭이는 듯하다.

한편, 안압지에서는 수천 점에 달하는 토기가 출토되었다. 안압지에
서 열리는 연회에는 수많은 음식을 접시나 완 같은 토기그릇에 담아 내
놓았을 것이다. 이들 토기그릇의 바닥 또는 안팎에는 붓으로 쓰거나 도
장으로 찍은 신심용왕辛審龍王, 용왕신심龍王辛審, 용龍, 본궁신심本宮辛審,
세택洗宅, 주발酒鉢, 천天, 규圭, 정井, 동東, 회會, 우右 같은 글씨가 남아 있
다. 이 가운데 '용왕신심'은 바닷속 용왕신을 모시는 당시 민속신앙과
관련이 있는 듯하다. 당시 궁궐 안에 용왕신에게 제사를 올리는 용왕전

안압지에서 출토된 토기조각 유물들

이라는 부서가 있었다는 점도 이런 추측을 뒷받침해준다.

출토된 토기 가운데는 높이가 150㎝ 정도 되는 큰 항아리도 있다. 항아리가 두꺼우며 입구는 넓게 밖으로 벌어졌고, 바닥은 뾰족하여 땅에 묻어서 사용했던 것 같다. 그릇의 형태로 보아 된장이나 간장 같은 액체류를 담았던 것으로 추정된다. 이 항아리에는 십구팔옹十口八瓮이란 글씨가 씌어 있는데, 이는 '열 식구가 한겨울을 보내려면 항아리 여덟 개 분의 식량이 있어야 된다.'는 글을 줄여 쓴 것이라 하나 그 원전은 알 수 없다.

신라인들의 아름다움을 음미하다

앞서 이야기했듯 안압지는 직선과 곡선, 인공미와 자연미가 절묘한 조화를 이루고 있다. 촘촘하고 부드러운 돌벽 축조 기술과 제한된 좁은 공간에 자연과 우주의 원리를 집약시켜 조화롭게 만든 뛰어난 조경 기술은 가히 통일신라 문화의 결정판이다. 삼국을 통일한 신라의 저력이 이곳에 모여 있다고 해도 틀린 말이 아닐 것이다. 사실 나는 이처럼 세련되고 고고한 아름다움은 통일신라 문화의 절정기에만 보이는 경지라고 생각한다. 안압지와 견줄 만한 예술적 성취로는 어떤 유물을 꼽을 수 있을까? 감은사지 삼층석탑과 불국사 석가탑이 보여주는 상승감과 안정감, 장중하고 유려한 에밀레종에서 울려퍼지는 깊고 맑은 원음圓音 정도일 것이다.

오늘도 나는 안압지 북쪽 철길 건너편에서 궁성터를 찾는 일로 하루를 보내고 있다. 원래 이곳은 터를 반듯하게 다지고, 기단을 이룬 장대석*을 깔고, 그 위에 주춧돌과 적심**을 놓고, 튼실한 나무로 기둥을 세우고, 날렵한 처마를 얹은 건물들이 복잡하지도 허전하지도 않게 들어서 있었을 것이다. 이 궁궐들과 어울린 안압지는 또 얼마나 아름다웠을까? 발굴이 진행될수록 나는 아련한 상상에 빠지곤 한다. 발굴 작업을 마치고 집으로 돌아가는 어스름한 저녁나절, 안압지 무산십이봉 오솔길 사이에서 손짓하는 아름다운 신라 여인들의 그림자가 아른거린다.

* **장대석** 섬돌 층계나 축대를 쌓는 데 쓰는, 길게 다듬어 만든 돌
** **적심** 주춧돌 아래와 주위에 채우는 보강용 돌무더기

안압지 발굴조사 후 복원한 모습. 통일신라시대 예술적 감각의 정점을 보여준다.

황금과 예술의 시대,
쌍둥이무덤에서 기지개를 켜다

: 경주 황남대총 유적

이은석 국립가야문화재연구소 학예연구관

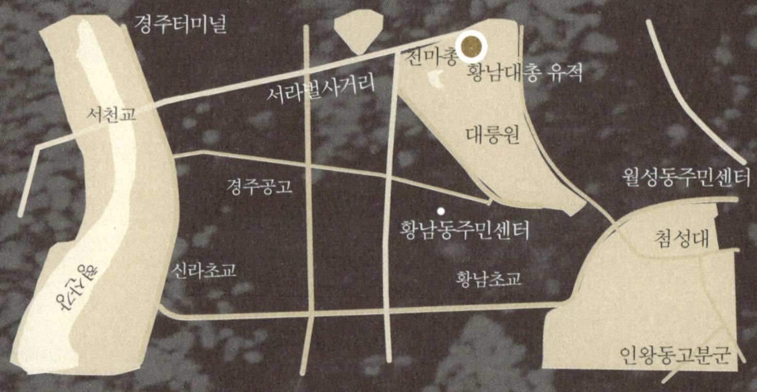

발굴단도 모르는 금관이 발견되었다고?

황남대총을 떠올리면 잊히지 않는 사건이 하나 있다. 그 이야기를 하려면 먼저 경주 고분에서 금관이 발굴된 일제강점기 시절로 거슬러 올라가야 한다. 1921년에 금관총에서, 1924년에 금령총에서, 그리고 1926년에는 스웨덴 구스타프 황태자가 발굴에 참여한 서봉총에서 금관이 연이어 출토된 것이다. 광복 후, 우리 고고학계는 본격적으로 경주 고분을 발굴하였으나 금관은 더이상 출토되지 않았다.

그런데 1970년대 중반 들어 신라 고분들에서 금관이 다시 화려하게 모습을 드러냈다. 1973년에는 천마총에서 천마도와 함께 금관이 발굴되었고, 이듬해에 황남대총 북쪽 무덤에서도 금관이 발굴된 것이다. 원래 천마총 발굴은 황남대총 북쪽 무덤을 발굴하기 위한 일종의 준비운동 격이었다. 그런데 생각지도 못했던 놀라운 유물이 쏟아지자 국민들의 관심은 온통 경주로 집중되었다. 뒤이어 발굴에 들어간 98호분 북쪽 무덤에서도 기대를 저버리지 않고 또다시 금관이 출토되었다.

그랬으니 이어지는 1975년 황남대총 남쪽 무덤에서도 금관이 출토되리라는 게 기정사실로 받아들여졌고 다만 '언제' 나오느냐가 관건이었다. 따라서 고분 주위 발굴현장 울타리 밖에서는 며칠 전부터 기자들이 진을 치고 있었다. 발굴단은 기자들의 날카로운 눈을 따돌리기 위하여 신중을 기해야 했다. 기자들은 어떤 낌새만 보이면 추측기사를 써서 올려보낼 테고, 이 기사는 바로 다음날 아침에 특종이 될 게 뻔했기 때문이다.

그러던 7월 1일, 드디어 우려했던 일이 터지고 말았다. 한 일간지 1면 머리기사에 '경주 황남동 고분에서 또 금관 출토'라는 제목이 대문짝만하게 실렸다. 연이은 금관 발굴 소식에 사람들은 한껏 달아오른 분위기였다. 마침 그날은 오후에 박정희 대통령이 고분 발굴현장을 방문하기로 계획되어 있었으니, 신문사 기자로서는 특종 중의 특종을

황남대총 전경. 우리나라 고분 가운데 가
장 큰 규모를 자랑하는 돌무지덧널무덤
이다.

잡은 셈이었다. 하지만 이 기사는 잘못된 오보였다.

그 전날 발굴단은 무덤의 주요한 유물들을 수습해서 옮기는 작업을
진행했다. 그런데 멀리서 그 광경을 본 기자가 지레짐작으로 금관으
로 판단하고, 일제 때 출토된 금관 사진을 교묘히 합성한 후 기사를 송
고하였던 것이다. 그 기자는 기사나 사진 내용이 어떻게 되던 간에
'금관 출토' 사실만 맞으면 최고의 특종을 잡을 수 있을 것으로 기대
했을 것이다. 그러나 이 기사는 여지없이 빗나가버렸고, 금관은 더이
상 출토되지 않았다.

한편 발굴을 담당하던 경주고적발굴조사단은 기사 내용에 대경실
색했다. 출토되지도 않은 금관 소식이 대통령이 방문하는 날 아침 특
종기사로 떴으니 그럴 수밖에. 덕분에 조사단은 몰려드는 기자들을

214

붙잡고 해명하느라, 대통령 맞을 준비하느라 엄청나게 바쁘고 긴 하루를 보내야 했다. 지금 생각해도 참으로 어이없는 해프닝이었지만, 그만큼 황남대총에 대한 기대치가 컸음을 보여주는 일화가 아닐까 싶다.

황남대총 남분과 북분의 공통점과 차이점

황남대총은 남쪽 무덤과 북쪽 무덤이 이어진 표주박 모양 무덤이다. 국내 고분 가운데 최대 규모로 대표적인 신라 돌무지덧널무덤이다. 황남대총은 서쪽의 천마총, 북쪽의 봉황대 · 서봉총 · 금관총, 남쪽의 미추왕릉 · 검총劍塚 · 109호 무덤들과 어울려 미추왕릉지구를 이루고 있다.

지난 1971년, 정부는 미추왕릉지구 고분군을 발굴, 복원하여 일반인들에게 공개한다는 경주관광종합개발계획이 수립했다. 이에 따라 1973년 7월부터 1975년 10월까지 장장 2년 3개월에 걸쳐 황남대총에 대한 발굴조사가 진행되었다.

발굴 당시에는 길이 120m, 폭 80m, 높이 23m에 이르는 큰 무덤을 발굴한 예가 동아시아뿐만 아니라 세계적으로도 없었으니, 어떻게 발굴해야 할지 난감하기 이를 데 없었다. 이때 발굴단장을 맡았던 김정기 박사는 큰 결정을 내린다. 우선 그 옆에 있는 중소형 무덤을 연습삼아 발굴해보기로 한 것이다.

그런데 발굴 결과 깜짝 놀랄 만한 유물이 출토되었다. 무덤 주인은 금관을 쓰고 금제 과대를 걸치고 있었으며, 껴묻거리 방에서는 천마도와 함께 엄청난 양의 유물이 출토되었다. 훗날 이 무덤은 천마도의 이름을 따서 천마총으로 불리게 된다.

천마총 발굴로 자신감을 얻은 발굴단은 곧바로 황남대총 발굴에 들어갔다. 무덤 안에는 각각 왕남쪽 무덤과 왕비북쪽 무덤가 묻혀 있었다. 남

북쪽 무덤(위)과 유물(아래)

쪽 무덤이 먼저 만들어진 다음 어느 정도 시차를 두고 북쪽 무덤이 만들어진 것으로 보였다.

발굴조사 결과 이 고분들은 동일한 구조를 띠었다. 신라 초기[4세기경] 돌무지덧널무덤은 지하나 반지하에 묻혀 있는 데 견주어, 이들 돌무지덧널무덤은 지상에 조성되어 있었다. 무덤 중앙의 바닥에는 피장자가 안치된 목관이 이중으로 놓여 있고, 그 위를 다시 목곽이 덮고 있었다. 목곽 주위로는 사다리꼴로 나무기둥이 세워져 있고, 목곽과 목제기 사이에는 사람 머리 크기의 냇돌이 차곡차곡 쌓여 있었다. 이게 다가 아니었다. 그 위에는 여러 겹의 점토가 촘촘히 덮여 있고, 자갈을 섞은 부드러운 흙이 발라져 있었다. 이렇게 완성된 봉토는 높이가 무려 15m가 넘었으며, 마지막에는 또다시 점토로 윗부분을 두텁게 발라 마무리하여 전체 높이는 22~23m에 이른다. 피장자와 유물을 보호하기 위해 엄청난 노력을 기울였던 것이다. 한편 무덤 양식은 남쪽 무덤과 북쪽 무덤이 동일하지만, 남쪽 무덤에는 으뜸덧널 옆에 실생활에 쓰이는 유물들을 껴묻어놓은 큰 딸린덧널이 하나 더 만들어져 있었다.

비단벌레의 날갯짓에 매료되다

발굴 당시 남쪽 무덤은 목곽 윗부분에서 쏟아져내린 돌들로 크게 주저앉은 상태였다. 그런데 이 돌들을 들어내는 도중에 귀걸

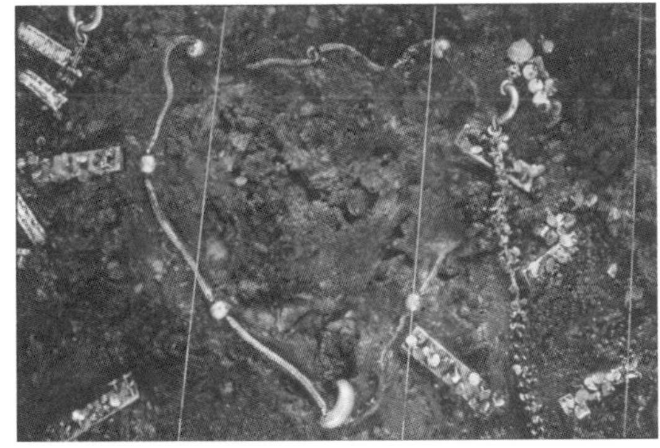

남쪽 무덤에 묻혀 있는 목걸이(왼쪽)와 허리띠 드리개

이와 구슬 같은 유물이 발견되었다. 당시 신라에는 순장 풍습이 있었는데, 이 사실로 보아 순장자가 착용했던 유물일 가능성이 높다.

아니나 다를까, 널과 목곽 사이에서 20대 전후의 여성 시신이 발견되었다. 신라 돌무지덧널무덤에서 최초로 순장지가 확인되는 순간이었다. 순장자는 구슬과 곡옥으로 장식된 가슴걸이^{흉식}와 금제 허리띠꾸미개^{과대}를 걸치고 금반지를 끼고 있었다.

2중의 목곽 덮개를 들어내자 드디어 금관과 금목걸이^{금제 경식}를 착용한 무덤 주인공이 나타났다. 시신은 모든 부위가 심하게 부패되어 대부분 흔적조차 남아 있지 않았다. 다행히 아래턱뼈와 치아 몇 개가 발견되었는데, 이 치아를 감정한 결과 50~60세 전후의 남성으로 밝혀졌다.

금관은 안정된 3단 구조에 77개의 곡옥과 155개의 구슬 장신구^{영락}를 리듬감 있게 드리운 모양으로 금관에서 보기 힘든 균형미의 절정을 보여주고 있었다. 금빛 광채를 내뿜는 몸체와

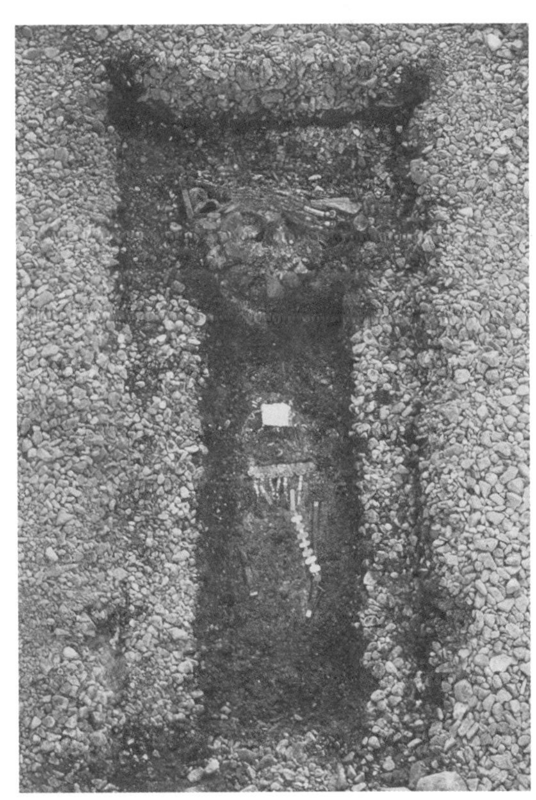

남쪽 무덤 발굴 당시 유물이 묻혀 있는 모습

비단벌레 날개로 장식한 안장앞뒤가림장
식. 출토 당시 모습

비단벌레. 몸길이 0.3~0.4cm에 초록색
또는 금록색으로 화려하게 빛난다. 천연
기념물 496호로 지정

* **옥충주자** 7세기 일본 아스카(明日
香)시대의 유물로 자그마한 불상
을 모시는 가구의 일종이다. 외부
가 비단벌레 날개로 장식되어 있
다. 최근 연구에 따르면 일본에는
없는 호랑이와 사천왕상이 그려
져 있는 것으로 보아, 백제에서 만
들어 일본으로 건너갔을 가능성
이 많다고 한다.

구슬, 그 사이로 흔들리는 푸른 곡옥은 마치 태양빛에 반짝이는 바닷
가를 떠올리게 했다. 신라인들의 금 세공술과 미적 감각의 결정판이
었다.

목곽 유물 상자에서는 금제 칼을 시작으로 금동관 6벌, 은관, 봉황
머리모양^{봉수형} 유리병과 각종 유리잔, 구슬장식, 무쇠솥, 금은그릇,
청동그릇, 곡옥 등 다종다양한 유물이 모습을 드러냈다. 영화에서나
나올 법한, 그야말로 눈부신 보물상자였다. 엄청난 유물들의 면면에
발굴단들은 숨조차 제대로 쉬지 못했으며, 유물을 수습하는 과정에서
손은 땀으로 범벅이 되었다.

그런데 그 와중에 다시 한번 발굴단의 눈길을 사로잡는 유물이 발
견되었다. 딸린 무덤을 발굴하는 과정에서 안장앞뒤가림장식<sup>투조금동
판피옥충장안교</sup>을 비롯한 비단벌레 장식 말갖춤이 완전한 형태를 갖춘 채
로 출토된 것이다. 천여 마리 비단벌레 날개로 장식된 안장가리개의
모습은 가히 충격적이었다. 유물은 1,500년이 지난 오늘날까지 영롱
하고 화려한 빛깔을 내뿜고 있었다. 이 비단벌레 장식 말갖춤은 일본
국보인 옥충주자玉蟲廚子*보다 무려 2백년 이상 앞서 있었다.

북쪽 무덤은 목곽과 적석, 봉토를 만든 방식이 남쪽 무덤과 모두 동일하지만, 딸린덧널이 만들어지지 않았다. 따라서 실생활에 사용되던 유물은 남쪽 무덤에 비해 훨씬 적었다. 하지만 여성 무덤답게 장신구 유물은 훨씬 많이 출토되었다.

그중 금제 허리띠는 구멍을 뚫어 문양을 조각한 네모꼴 금속판과 둥그런 고리를 잇대어 나뭇잎 장식을 각각 34개씩 연결해서 만들었다. 나뭇잎 장식 아래에는 열세 줄의 띠드리개^{요패}가 드리워져 있고, 여기에는 숫돌, 아치, 물고기 모양 금판과 곡옥 등 각종 장식들이 촘촘히 매달려 있어 화려함의 극치를 보여주었다.

더불어 유물 가운데는 직물을 짜는 도구인 가락바퀴도 들어 있었다. 무덤 주인이 여성임을 보여주는 결정적인 유물이었다. 앞서 이야기했듯 남쪽 무덤 주인은 금관이 아닌 금동관을 쓰고 있었다. 남편은 금동관, 부인은 금관을 쓰고 있는 이유가 신분 차이 때문인지 또는 시기적인 차이 때문인지는 밝혀지지 않았다. 여러 연구가 진행되고 있지만, 아직까지 풀지 못한 수수께끼로 남아 있다.

한편 두 무덤에서 발견된 봉황머리 모양 유리병과 각종 유리잔, 유리구슬을 비롯하여 구멍을 뚫어 각종 동물 문양을 새긴 은잔은 멀리 지중해와 페르시아에서 건너온 유물이었다. 이런 형태의 유물은 중국에서는 출토되지 않았으며, 따라서 신라가 비단길을 통해 서역과 직접 교류했음을 보여준다. 더불어 오키나와에서 나오는 조개로 만든 말띠꾸미개^{운주} 유물은 일본과의 교류도 활발했음을 보여주는 증거이다.

이와 같이 호화찬란한 유물과 함께 묻힌 사람은 과연 누구일까? 학계에서는 황남대총 남쪽 무덤의 주인공이 신라 17대 내물왕^{351~402년}이나 19대 눌지왕^{417~458년}이었을 것으로 추정하고 있다. 하지만 아직 그 확실한 해답을 밝히지 못하고 있다.

황남대총 발굴은 우리나라 고분 발굴 역사상 최대 규모로 손꼽힌

다. 이곳에서 쏟아진 엄청난 유물들은 신라 황금시대의 일면을 보여
주기에 부족함이 없다. 물론 이들 유물에는 우리가 미처 발견하지 못
한 비밀이 숨어 있을 것이다. 그건 다른 신라 고분과 유물 들도 마찬가
지이다. 이에 대한 지속적인 발굴과 연구가 이루어져서 신라 천년의
모습이 생생하게 되살아날 수 있기를 바란다.

당대의 사회를 비추는 거울, 토기

이성주 강릉대학교 사학과 교수

누가, 언제, 왜 토기를 만들었을까

사냥과 채집에 의존했던 사람들은 한곳에 정착하지 못하고 사냥감을 쫓아 이동생활을 하였다. 이동생활을 하는 사람들은 간단한 휴대용 필수품만을 들고 다녔다. 토기처럼 무겁고 깨지기 쉬운 물건은 들고 다니기에 적당한 도구는 아니었다. 체코슬로바키아 구석기시대 유적에서는 점토로 만든 여성상과 동물상이 발견되기도 했지만 이 유물들은 음식과 물건을 담는 용기容器로서 토기는 아니다.

원래 의미의 토기는 신석기시대에 이르러 출현하였다. 신석기시대에 사람들이 한곳에 마을을 이루고 정착하게 되었고 이때부터 가재도구들이 늘어나기 시작했다. 특히 농사를 지어 수확한 곡식을 담아두어야 하는데 그런 용도로는 토기가 제격이었다. 돌이나 나무를 파내서 만든 그릇을 쓴 적도 있지만 그런 재료로는 큰 그릇을 만들기 어려울 뿐만 아니라 만드는 데 품이 너무 많이 들어 비경제적이다.

사람들은 흙으로 모양을 빚어 그릇을 만들었다. 고운 흙을 물로 반죽하여 그릇을 만들기는 어렵지 않지만 쉽게 부서져버린다. 그릇을 단단하게 만드는 비밀은 바로 불이었다. 그릇을 빚어서 뜨거운 불에 구우면 흙그릇은 한결 단단해지고 물에도 잘 스며들지 않는다. 물론 선사시대 기술로 토기를 아무렇게나 만들 수 있는 건 아니었다. 이때 불의 온도가 너무 높아도, 너무 낮아도 그릇이 제대로 만들어지지 않는다. 예컨대 신석기시대 빗살무늬토기는 바탕재료가 되는 모래흙이나 찰흙에다가 불에 견디는 여러 광물^{비짐}을 섞어서 모양을 빚었으며, 600~700도 정도의 온도를 유지하며 구웠다.

점토로 빚고 다시 불속에서 구워 만든 질그릇의 발견은 뒤에 인간 사회를 크게 바꾸어놓았다. 토기의 사용으로 음식물의 저장과 조리법, 그리고 식사법에 큰 변화를 가져왔다. 곡물을 저장해두었다 조리해 먹는 생활방식, 그리고 음식을 우려내거나 발효시켜 먹는 음식문화도 토기가 없으면 불가능했다.

이후 그릇을 만드는 기술은 시대에 따라 빠르게 발전해갔다. 불을 이용한 최초의 수공업이었던 토기 만드는 기술은 뒷날 야금술^{광석에서 금속을 제련해내는 기술}로 이어졌다. 청동기와 철기 시대를 거치며 인류가 쌓아온 눈부신 문명의 바탕에는 바로 토기 제작기술이 자리 잡고 있다 해도 틀린 말은 아닌 것이다.

제작기술과 함께 토기의 용도 역시 시대의 변화와 함께 다양하고 복잡하게 변해갔다. 사회가 크고 복잡한 형태로 발전하면 당연히 토기를 만들고 사용하는 방법도 복잡한 양상으로 변해간다. 우선 신분

빗살무늬토기 만드는 방법

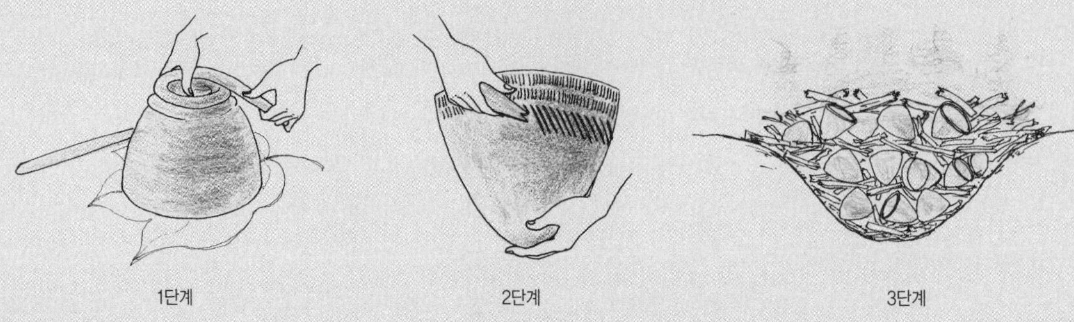

이 높은 귀족과 낮은 서민의 그릇은 종류나 장식이 달랐다. 음식을 저장하고 준비할 때만 토기가 쓰이는 것이 아니라 제사와 장례를 지낼 때도 사용했고, 나중에는 예술적인 장식용 그릇도 나오게 되어 토기문화가 더욱 발전하게 되는 것이다. 고고학에서 그릇 유물에 주목하는 이유가 바로 여기에 있다. 곧 그릇은 시대별로 가장 빠르고 또렷하게 변화하며, 더불어 상류문화와 서민문화까지 가장 다양하게 보여주고 있기 때문이다.

사회의 변화와 함께 한 토기

빗살무늬토기는 먼저 흙을 동그랗게 말아서 그릇 모양으로 빚어올렸다. 그릇 모양은 아주 단순하고 밑바닥이 평평하거나 둥글거나 또는 뾰족한 모양을 띤다. 그런 다음 그릇 표면에 나무나 동물 뼈로 만든 빗 모양의 도구로 누르거나 긁어서 다양한 기하학적 무늬를 그려넣었다. 토기 겉면이 빗살무늬를 띠는 이유에 대해서는 주술적인 의미가 들어있다거나 불길이 토기 안쪽까지 잘 전달되게 틈을 냈다는 등의 추측을 하고 있으나 확실한 것은 아니다. 토기 모양을 만든 다음에는 땅을 판 구덩이에서 별다른 특별한 시설 없이 장작불을 피워 구운 것으로 보인다.

한편 중국에서는 신석기시대부터 단단한 회색 토기를 만들었다. 이런 토기는 연료를 때는 방과 그릇을 넣고 굽는 방이 나누어진 가마 안에서 높은 온도로 구어야만 만들 수 있는 토기이다. 전국시대에 이르러 연나라가 요동지방으로 세력을 넓히면서 발달된 토기 제작기술도 철기문화와 함께 한반도 쪽으로 퍼져 들어오게 되었다. 우리나라에서는 원삼국시대에 그러한 토기 가마를 쓰게 되고, 두드려서 항아리를 만드는 기술^{타날기법}을 익힌 도공도 나타나게 된다.

이후 한반도의 토기 제작기술은 발전을 거듭하였으며, 삼국시대에 들어오면 고구려를 필두로 그릇에 유약을 씌우는 도기도 제작된다. 통일신라에 접어들면 고온 유약을 사용한 자기만 만들지 않았을 뿐이지 원료 가공법이나 성형이나 소성 등에서 토기 제작기술은 최고조에 달한다.

토기를 통해 과거의 삶과 역사를 재구성하다

유적을 발굴하면 가장 흔하게 나오는 것이 토기이다. 궁전이나 절터는 물론이고 일반인의 집터와 무덤에서도 토기는 어김없이 출토되기 마련이다. 그만큼 오랜 시기에 넓은 지역에서 많이 만들어졌고 다양한 용도로 쓰였다는 뜻이다. 물론 토기가 다른 유물에 견주어 오랜 세월이 지나도 변하지 않는 성질을 가졌기 때문이기도 하다.

토기는 시대의 변화에 따라 그 형태나 제작방식이 가장 빠르게 변화하는 유물이다. 그렇다 보니 토기는 고고학자들이 가장 즐겨 다루

빗살무늬토기

민무늬토기

경질토기

는 연구자료이다. 고고학자들은 토기의 변화를 기준으로 유적의 연대를 알아내고, 토기의 종류와 형태, 그리고 장식 등과 함께 출토되는 양상을 분석해서 당대의 사회상을 또렷하게 풀어내기도 한다.

　고고학자는 유적 발굴과정에서 종종 난관에 부딪히곤 한다. 토기를 비롯한 유물을 아무리 들여다봐도 오래전 역사와 사회상을 떠올리지 못하는 경우가 허다하다. 이럴 때 고고학자들은 전통적 방법으로 토기를 만들어 쓰고 있는 원시부족을 찾아가기도 한다. 그곳에서 어떤 실마리를 찾을 수 있지 않을까 하는 기대 때문이다. 얼마 전까지만 해도 이런 연구가 가능했지만 최근에는 그다지 효과를 보지 못한다. 오늘날에는 지구상의 모든 곳에서, 아주 외진 오지 마을에서도 플라스틱 그릇과 전자제품을 쓰기 때문이다. 이제 토기는 유적과 박물관에서밖에 볼 수 없게 되었고, 점점 귀하신 몸이 될 것 같다. 그러니 고고학자들은 오직 인문학적 상상력에 매달려 산산이 부서진 파편을 이이붙일 수밖에 없다. 인내와 끈기로 버티며, 토기조각들과 기약 없는 싸움을 벌이다보면 문득 토기를 쓰던 시절이 그리워지곤 한다. 물론 이 그리움이 토기조각을 손쉽게 맞추려는 바람 때문만은 아니다. 토기에는 플라스틱이 도저히 따라올 수 없는 그 무엇이 있다. 그 따스한 온기를 어찌 말로 다 이야기할 수 있을까.

3부

왕조시대의 뒤안길에서 역사의 숨결을 줍다

바닷속에 잠들어 있는 보물선을 찾아라

: 태안 태안선 유적

문환석 국립해양문화재연구소 수중발굴과 과장

도굴꾼이 먼저 알아본 바닷속 유물

선사시대부터 우리 민족은 바다를 삶의 터전으로 삼았다. 청동기시대부터 이미 배를 타고 바다로 나아가 고래를 사냥했다. 울산 반구대 암각화에 그 모습이 생생하게 새겨져 있다. 9세기 말에는 장보고가 동아시아 해상교역을 장악하여 우리 민족의 해상 경영 능력을 과시하기도 하였다. 바다는 외부의 적으로부터 우리나라를 보호해주고, 더불어 문명과 문화를 교류하는 바닷길을 열어준 고마운 존재였다.

우리 조상들의 빛나는 해양 활동의 흔적은 놀랍게도 바닷속 곳곳에 남아 있다. 거친 풍랑을 겪거나 혹은 다른 이유로 난파된 선박이나 유물 들이 바다 밑에 고스란히 잠들어 있는 것이다. 1976년 이후, 우리 근해에서는 바닷속 '보물'을 찾는 노력이 이어졌으며, 그 결과 230여 곳에서 5,300여 점의 유물이 신고되었다.

우리나라에서 학술적인 수중발굴이 시작된 계기는 1975년 5월 전남 신안군 중도면 빙축리 앞비디에서 고기잡이 그물에 걸린 옛 도자기 몇 점 때문이었다. 그런데 예로부터 어부들 사이에서는 그릇이 그물에 걸려 올라오면 '옛날에 사람을 수장水葬하면서 사용했던 그릇이다'는 속설이 있었다. 때문에 죽은 자의 원귀가 끼어 있다고 여겨 가까이 두려 하지 않았다고 한다. 게다가 조개류 등이 붙어 있어 진정한 가치를 모르고 지나치기 일쑤였다. 신안 유물의 경우도 그랬다. 유물을 발견한 어부는 갯벌과 굴 껍데기가 엉켜붙어 볼품없는 그릇을 그냥 집에 놔두었는데, 그릇을 유심히 살펴본 어부의 친척이 관련기관에 신고했다. 하지만 당시 관련기관 담당자는 보상금이나 타려는 것으로 여기고 신경 쓰지 않았다. 바다에서 이런 최고급 도자기가 인양됐으리라고는 전혀 상상조차 할 수 없었기 때문이다.

그사이에 어떻게 알았는지 도굴꾼들이 잽싸게 움직였다. 도굴꾼들은 도자기를 몰래 인양해 골동품가게에 팔거나 외국으로 밀매하기 시작하였다. 도굴범들을 체포한 경찰은 수사과정에서 값을 따질 수 없

신안선에서 건져올린 도자기 유물과 중국 동전(아래)

는 도자기 수백 점이 바닷속에 더 묻혀 있다는 사실을 알게 됐다. 그때부터 비로소 수중발굴 조사가 시작되었다.

우리에게 '신안 보물선'으로 더 많이 알려진 신안선 발굴 작업은 이러한 우여곡절 속에서 이루어졌다. 신안선 발굴은 1976년부터 1984년까지 9년간 열 차례에 걸쳐 진행되었다. 발굴조사 결과 유물은 배를 포함하여 중국 송·원대 도자기류 2만여 점, 동전 28톤, 고급 목재인 자단목 천여 개가 인양되었다. 유물 가운데 경원로 오늘날 중국 저장성 닝보가 새겨진 저울추는 배의 출항지를 밝히는 결정적인 자료가 되었다. 더불어 지치 3 년 중국 원의 연호, 서기 1323년 연호와 일본인 성명, 일본 사찰 이름이 적힌 물표가 발견되면서 출항 연대와 목적지도 알 수 있게 되었다. 신안선은 1332년 중국 저장성 닝보 항에서 출발해 일본 큐슈 하카다항으로 항해하던 중 우리나라 해안에서 침몰했던 것이다. 신안선 발굴은 중세 동아시아 해상교역로의 실상을 알려주는 계기가 되었다. 또 그동안 문헌 기록으로만 남아 있던 중세시대의 조선술과 선박의 실체를 확인할 수 있게 해주었다.

주꾸미가 건져올린 태안선 유물

'세기의 발견'이라고 부르는 신안 발굴부터 시작된 수중발굴은 이후 수많은 경험을 축적해갔다. 1984년 완도 어두리 부근 수중에서는 도자기를 실은 청자 운반선이 인양되었고, 중국 통나무배가 나온 진도

벽파리굴, 고려 선박이 나온 목포 달리도, 신안 안좌도, 안산 대부도, 다량의 청자가 나온 무안 도리포, 군산 비안도와 십이동파도 발굴이 이어졌다. 이어서 군산 야미도, 보령 원산도와 태안 마도 등에서도 다량의 고려시대 청자가 발굴되었다. 이처럼 많은 경험을 통해 우리 고고학계는 발굴 방법의 현대화와 인력의 전문성을 확보해갔다. 그러던 중 2007년, 드디어 수많은 이들의 관심 속에 바닷속 태안 보물선이 뭍으로 올라오게 됐다.

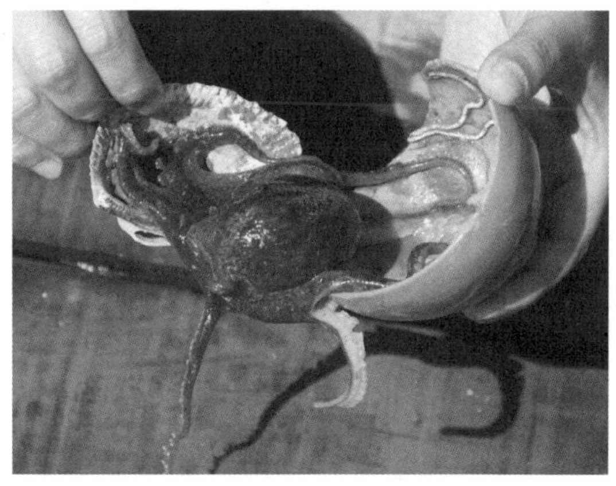

오목한 틈에 알을 낳는 쭈꾸미의 습성 때문에 태안선은 다시 뭍으로 올라오게 되었다.

    2007년 5월 18일, 충남 태안 대섬 앞바다에서 주꾸미를 잡아올리던 어부는 깜짝 놀랐다. 주꾸미 한 마리가 청자를 붙들고 올라오는 것이 아닌가! 봄철 산란기에 접어든 주꾸미는 알을 보호하려고 조개껍질 속에 숨는 습성이 있다. 그런데 그중 한 마리가 조개 대신 바다에 흩어져 있던 청자접시를 보금자리로 사용한 것이었다. 선명한 비색을 띠는 청자는 한눈에 보기에도 매우 아름다운 작품이었다. 청자를 발견한 어부는 태안군청에 이 사실을 알렸다. 주꾸미 덕분에 발견된 고려청자는 언론의 스포트라이트를 받았고 관계기관에서는 곧바로 발굴조사에 나섰다[*]. 국립해양문화재연구소 수중발굴과는 5월 말 현장에서 본격적인 발굴에 앞서서 상황을 파악하기 위한 긴급탐사에 들어갔다. 탐사 결과 수심 12m쯤에서 청자 아홉 점을 수습하였고 주변에 수많은 청자가 흩어져 있는 것을 확인했다. 문화재청에서는 현장 보존을 위해 조사 해역을 문화재 보호구역으로 지정하여 어로작업과 수중 잠수행위를 금지했다. 조사지역이 이미 언론에 알려져 있어 도굴될 가능성도 많았고, 혹시 고기잡이를 하다 유물이 훼손될 가능성도 있기 때문이었다.

    본격적인 발굴조사는 2007년 7월부터 2008년 6월까지 진행됐다.

[*] 바다나 강에 매장되어 있는 인류의 유적이나 유물을 연구 대상으로 하는 고고학의 한 분야를 수중고고학이라고 한다. 수중고고학은 수중이라는 특수한 환경 때문에 발굴에 많은 어려움이 따른다. 따라서 과학기술의 도움이 절실히 필요한 분야이다. 우리나라에서는 문화재청 국립해양문화재연구소의 수중발굴과가 이를 전담하고 있다.

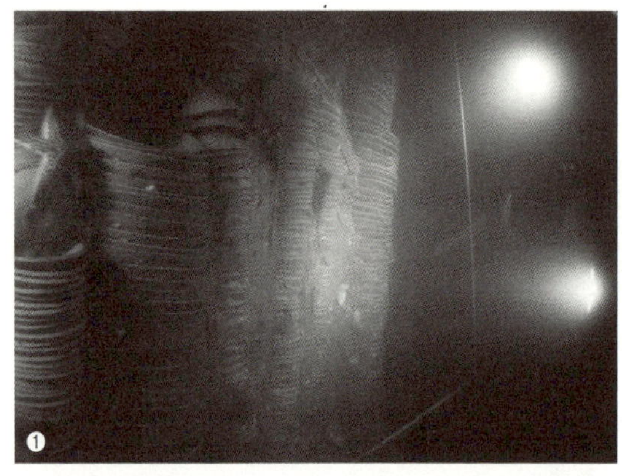

❶~❹ 바닷속에서 갯벌을 걷어낸 뒤의 도자기 유물 상태. ❶번 사진 왼쪽 위에는 불가사리가 붙어 있는 모습이 눈에 띈다. ❹번 사진에는 그릇 묶음 사이로 완충재인 나무와 짚이 고스란히 남아 있다.

* **완도선** 11세기경 전남 해남군 산이면 일대 가마에서 만든 그릇을 싣고 바다를 항해하다가 완도군 약산면 어두리 앞바다에서 침몰했다. 소나무와 상수리나무로 지어진 고려시대 배의 일부분과 고려청자를 비롯한 3만여 점의 그릇이 출토되었다.

** **십이동파도선** 2004년 군산시 고군산군도 앞바다에서 발굴되었다. 11세기 후반~12세기 초에 만들어진 것으로 보이는 배에는 해남군 화원면과 산이면 가마에서 만든 도자기 8천여 점과 갖가지 유물이 실려 있었다.

수중발굴 작업은 지상 작업보다 까다롭다. 조류의 속도, 조석간만의 차, 바닷속 시계視界, 바닷물의 온도 등 모든 조건이 적절하게 맞아야 작업할 수 있기 때문이다.

발굴단은 먼저 갯벌층에 드러나 있는 유물을 수습하는 것부터 시작했다. 유물이 조류 때문에 다시 매장되거나 떠밀려갈 수 있기 때문이었다. 그런데 조사 사흘째 되던 날, 바다 밑에 들어간 잠수사가 놀랄 만한 소식을 전했다. 잠수사가 또다른 청자 운반선의 위치를 알려온 것이다. 이로써 태안 대섬 앞바다에서는 완도선*과 십이동파도선**에 이어 세 번째로 청자 운반선이 발견되었다.

선박은 갯벌에 파묻힌 채로 양 끝단에 선체의 일부가 드러나 있었다. 발굴단은 재빨리 선박 인양 작업에 들어갔다. 먼저 갯벌을 걷어내

232

고 선박 안에 남아 있는 유물을 건져올리기 시작했다. 청자는 놀랍게도 당시 선적^{船積} 상태를 고스란히 간직하고 있었다. 청자 묶음 사이사이에 완충재^{緩衝材}를 넣어 파손 위험을 감소시키고, 받침 목재를 대어 끈으로 묶어 포장해놓은 덕분이었다. 발굴단은 조심스럽게 청자 하나하나를 인양해서 포장한 다음 국립해양문화재연구소으로 운반했다.

운반선에서 출토된 유물은 단연 고려청자가 다수를 차지했다. 청자는 대부분 12세기 중반에 고려청자의 대표적 산지인 전남 강진에서 만들어진 것으로 보였다. 저마다 미묘한 색과 자태를 뽐내는 청자는 왕실이나 귀족층이 사용할 최상품이었다. 대접이나 접시와 같은 그릇뿐만 아니라 참외모양주전자^{과형주자}, 두꺼비모양벼루^{청자섬형연}, 사자모양향로와 같은 특이한 형태도 있었다. 이처럼 다양한 청자가 온전한 모습으로 대량 출토된 경우는 처음이었다. 덕분에 태안 유물선은 '청자 보물선 신드롬' 이라 할 만큼 사회적인 관심을 불러일으켰다.

이 밖에도 선박에서는 다양한 유물이 함께 인양되었다. 발우도 서너 개가 한 묶음인 형태로 많은 수량이 발굴되었다. 고려시대 불교사원의 위세가 고스란히 전해지는 유물이었다.

청자를 묶는 데 사용한 지지대 사이에서 찾아낸 목간도 눈에 띄는 유물이었다. 바닷속에서 고려시대 목간이 발견된 것은 최초이다. 목간에는 청자의 발송자가 탐진^{오늘날 강진}에 사는 인물이고, 수취자가 개경^{오늘날 개성}에 있는 사람이라고 씌어 있었다. 더불어 '도자기를 몇 꾸러미 보낸다' 는 내용과 함께 운송 책임자의 수결^{서명}도 적혀 있었다. 발송자와 수취자, 운송 물량, 운송 책임자 등이 기록된 화물의 물표였던 셈이다.

고려시대 선박 만드는 기술을 한눈에 보다

청자 운반선은 남쪽으로 95° 정도 기울어져 있었다. 선체는 외판의

태안선에서 건져올린 뒤 복원한 고려자기. 저마다 아름다운 자태를 뽐내는 청자는 고려시대 지배층이 사용할 최상품이었다.

일부4단만 남아 있을 뿐, 다른 부분은 사라진 상태였다. 선박은 거센 파도에 휩쓸려 난파된 듯 보였다. 나중에 선박을 인양한 뒤에 주변 바다를 조사하다 발견된 인골에서 난파 당시 긴박했던 순간을 어렴풋이 짐작할 수 있었다. 이곳 태안 대섬 앞바다는 일본과 중국, 한양을 오가던 바닷길의 요충지이다. 하지만 이곳은 원래 난행량難行梁, 물살이 어지럽게 흐르는 곳으로 불렸다. 그만큼 조석간만의 차가 크고 조류가 빨라 예로부터 선박 침몰 사고가 잦은 지역이었다. 얼마나 악명이 높았으면 거센 바다를 잠재울 요량으로 이름을 안흥량安興梁으로 바꾸고, 고려시대와 조선시대 초에는 운하를 파서 새로운 항로를 만들려고 했을까.

발굴단은 남아 있는 선체를 인양해서 좀더 면밀히 조사에 들어갔다. 하지만 워낙 훼손이 심해서 선박의 최초 모습과 규모 정도는 도저히 가늠하기 어려웠다. 다만 선체의 외곽을 이루는 판외판은 3~5개 나무판을 연결해 한 단을 제작했던 것으로 보인다. 외판 오른쪽 2·3단과 왼쪽 1·2단 양끝 이음새 부분에 유공충원생동물의 일종이 갉아먹은 흔적이 없고 연결 부분의 한쪽만 보였다. 이것으로 보아 외판을 연결하던 부속품들이 물살에 휩쓸려 사라진 것으로 추측된다.

태안선은 이전에 발굴된 고려 선박안좌선*보다 외판 목재의 길이가 길고 두께가 얇았다. 또한 외판을 연결하는 방식도 이전 선박과 달랐

* **고려 선박** 2005년 여름 전남 신안군 안좌면 앞바다에서 인양한 고려시대 선박. 13세기 말~14세기 초 대형 선박 조선술을 밝히는 데 중요한 열쇠가 되는 유물이다.

다. 상단 외판의 아랫부분과 하단 외판의 윗부분을 반턱이음으로 잇고, 여기에 작은 산지못으로 박아 단단하게 조이는 방식으로 만들어졌다. 이런 이음 방식은 고려 선박에서 첫선을 보이지만, 얇고 긴 외판을 한결 세련되게 매조지한 솜씨가 돋보였다. 이런 태안선의 특징은 군산 십이동파도선[12세기 초]→완도선[12세기 중기]→안산 대부도선[12~13세기]→신안 안좌도선과 목포 달리도선[14세기]으로 이어지는 고려시대 선박의 계보를 좀더 면밀히 밝히는 데 중요한 자료가 될 것이다.

중국과 일본을 연결하는 바닷길이었던 서해와 남해 바닷가는 수중문화재의 보고이다. 과거 이곳을 지나던 배들은 심심찮게 거센 조류와 태풍으로 인해 예상치 못한 위험에 빠졌을 테고, 그중 몇몇은 바닷속으로 가라앉았을 것이다. 덕분에 서해와 남해 연안에서 현재까지 발굴된 수중유물만 해도 15곳에서 외국 선박 2척, 고려시대 선박 6척을 포함하여 91,000여 점에 이른다. 게다가 이곳에는 발견되지 않은 선박 유적이 훨씬 많이 잠들어 있을 것이다. 아직 우리는 유물이 우연히 그물에 걸려 올라오기를 기다리는 형편이다. 선박을 발견했다 해도 문제이다. 수중발굴 과정은 매우 악조건이다. 바닷속이라는 특수한 환경 말고도 빠른 조류와 탁한 시계가 늘 위험요소로 도사리고 있기 때문이다. 이러한 환경일수록 조사에 필요한 첨단장비와 전문적인 조사 인력을 확보하는 게 관건이다. 또한 바닷속에 있던 유물과 선박을 인양, 보존, 복원하는 데도 과학적이고 체계적인 기술이 필요하다.

바닷속 유적지에 대한 심도 깊은 연구가 이뤄져 우리의 해양문화 역사가 제대로 정립되기를 바란다. 나아가 수중고고학이 인간과 바다의 상호관계를 새롭게 정립하는 계기가 될 수 있다면 더할 나위 없이 좋겠다.

통일왕조의 유적에서
치유한 분단의 상처

: 개성 만월대 유적

이상준 국립문화재연구소 학예연구관

개성 가는 길

2007년 북녘 땅 개성에서 의미있는 고고학 조사가 있었다. 바로 고려 궁성 만월대*에 대한 두 차례의 발굴이 그것이다. 역사도시 개성의 문화유산을 세계문화유산으로 등재하고, 남북한 화해협력의 기반을 조성해보자는 남북한 역사학자들의 염원이 결실을 맺은 것이다.

늘 그렇듯이 새로운 발굴을 시작한다는 건 새로운 유구와 유물을 만날 수 있어 즐겁고 설레는 일이다. 그런데 북녘 땅에서의 발굴은 여기에 약간의 두려움과 긴장감을 더했다. 북측 발굴대원들을 처음 만났을 때 서로가 서먹서먹한 감정을 감추지 못한 채 서로의 눈길을 피했다. 마치 서로 견제하는 듯 행동하기도 했다.

하지만 시간이 흐르면서 그런 감정들은 사라졌고, 거리낌없는 대화를 나눌 수 있었다. 서로가 조금씩 바뀌어가는 모습을 보는 즐거움도 쏠쏠했다. 개성 가는 길이 이처럼 손쉽고도 즐겁다는 사실에 문득 마음 한구석이 이려온다. 분단의 상처가 우리의 작은 발걸음으로 조금이나마 아물 수 있기를 바랄 뿐이다.

개성은 고려시대 왕궁을 비롯한 수많은 무덤과 사찰, 성곽 들이 고스란히 남아 있다. 그래서 역사학자들 사이에서 개성은 '민족문화의 보고'라 불리기도 한다. 그중에서도 송악산 남쪽 기슭에 자리 잡은 고려 궁궐 만월대는 당대 정치·경제의 중심이었을 뿐만 아니라 화려했던 고려의 귀족문화를 꽃피웠던 곳이다.

만월대 유적에 가는 길에 나는 만월대가 어떤 모습으로 남아 있을지 떠올려보았다. 어쩌면 1362년 홍건적이 고려 궁궐을 폐허로 만들었기 때문에 잔재들만 남아 있으리라. 하지만 웬걸, 도착하고 보니 수많은 전각들이 즐비하게 들어서 있었다. 북한에서도 나름대로 고려 궁궐을 복원하는 작업에 힘을 쏟은 흔적이 역력했다. 물론 고려시대의 궁궐들이 완전히 재현된 것은 아니었다. 공동 발굴이 진행된 회경전 서편은 잡초와 잡목이 우거져 있었다. 기록에 따르면 그곳은 '건덕

---

* **만월대** 개성 송악산 남쪽 기슭에 있는 고려 왕궁터를 말하며 궁전은 고려 말기에 불타서 없어졌다.

조사지역 서편에서 노출된 대형 축대.
왼쪽 뒤로 아스라이 보이는 산이 송악산
이다.

전'을 비롯한 주요 정전正殿*이 있던 자리이다.

전하는 얘기에 따르면, 풍수사상의 시조인 도선국사가 이르기를 "송악산 아래에 궁궐을 지을 때는 소나무를 많이 심고 절대로 흙을 파헤치지 말 것이며 오히려 흙과 돌로 돋우어 세우라."고 당부했다고 한다. 그 때문일까. 사실 이곳 지형은 경사가 심하고 고르지 못해 땅을 파헤치지 않고는 건물을 짓기가 여간 불편해 보이지 않았다. 하지만 고려인들은 놀라운 기술과 노력으로 도선국사의 전언을 그대로 수행해냈다. 돌로 축대를 세우고 흙을 북돋아 계단식의 평탄한 터를 닦은 다음, 건물을 세워올린 것이다. 평양 안학궁이나 서울 경복궁은 넓고 평탄한 터에 궁궐을 지었기 때문에 건물을 질서정연하게 배치할 수 있었다. 여기에 견주어 개성 만월대는 자연지형을 최대한 살려 지형에 맞춰 건물의 방향과 배치를 결정했다. 말하자면 자연 순응적 건축

238

발굴된 대형 건물터 모습. 계단을 지나 뒤쪽에 보이는 건물터는 북측이 발굴한 서북건축군이다.

술을 적용한 것이다. 그러면서도 서로 균형과 조화를 이룬 건물들, 건물과 건물을 잇는 멋스러운 계단과 길은 고려인들의 미적 성취를 엿볼 수 있었다.

고려시대 궁궐터에 안기다

발굴현장에 관한 사전 정보는 몇 장의 사진과 도면이 전부였다. 이 정도로는 유적 현황을 정확히 파악하는 데 충분치 않아 걱정이 앞섰다. '혹시 유구와 유물이 남아 있지 않으면 어쩌지' 하며 노심초사했는데 현장을 보자마자 그런 걱정들은 눈 녹듯 사라졌다. 풀을 베어내자 얼굴을 내민 현장은 놀라움 그 자체였다. 칡넝쿨에 가려진 석축, 무수한 기와조각, 비탈진 언덕을 따라 만들어진 7, 8군데의 평지, 그리고 수

많은 주춧돌과 장대석이 우리를 반겼다.

1차 발굴은 조사지역에 있는 유구의 분포현황을 파악하는 시험 발굴 성격이 컸다. 2007년 5월부터 두 달간 진행된 작업은 궁궐 내부 서북쪽 지역의 3만㎡ 정도 공간에서 진행됐다. 조사 결과 좁은 조사지역* 안에 건물과 축대, 배수로 등이 빼곡히 들어 차 있었다.

1차 발굴로 드러난 40여 곳 건물터는 궁궐의 구조 및 배치 양상을 잘 보여주고 있다. 건물들은 3~5채씩 성격에 따라 무리를 이루고 있다. 경령전을 중심으로 한 세 건물은 제사 공간이다. 기록에 따르면 경령전은 태조 왕건을 비롯한 다섯 왕의 어진(왕의 초상)을 모신 건물이다. 경령전 내부에서 어진을 놓기 위한 5개의 기초시설이 드러났다. 이 역시 역사서 기록과 정확하게 일치하고 있었다.

경령전(오른쪽)과 집희전 건물터. 경령전 안에는 다섯 어진을 놓기 위한 예단 기초시설이, 앞쪽에는 세 개의 계단이 보인다.

이어 9월부터 11월까지 진행된 2차 조사에서는 1차 조사에서 확인된 건물 가운데 형태가 독특한 건물 하나를 집중적으로 발굴했다. 그 전모가 드러난 대형 건물터는 생활공간이었다. 평면이 '凸' 자 형이고, 넓은 앞마당이 있으며, 건물 뒤편 축대 위의 다른 건물과 오르내릴 수 있게 돌다리와 계단이 각각 두 개씩 설치되어 있었다. 또 축대 좌우측에는 누각이 세워져 있는데, 아래에서 보면 마치 누각이 구름 위에 떠 있는 것처럼 웅장하게 보였을 것이다.

세상에 알려지지 않은 유물을 출토할 때의 그 전율이란! 발굴현장을 지키는 자만이 누릴 수 있는 행복일 터다. 절터에서나 출토될 법한 비석 받침이 땅속에서 제자리를 지킨 채 발굴되었을 때도 그랬다. 궁궐 안에 있는 비석이라면 혹시 궁궐 안에 있었다는 법운사가 이 주변에 있었던 것은 아닐까? 깨진 조각으로 수습된 도자기가 마치 죽부인처럼 생긴 청자로 복원되었을 때도 마찬가지이다. 이 유물은 어디서 어떻게 쓰이던 물건이었을꼬. 죽부인처럼 생겼으니 정말 '청자부인'으로 쓰였던 건 아닐까? 아니면 특수한 용도의 화분일까? 발굴기간 내내 조각난 퍼즐을 이리저리 맞춰보느라 머릿속이 복잡했다.

원통형청자. 정확한 쓰임새를 알 수 없다.
길이 65cm, 직경 22.2cm.

몸으로 부대끼자 한층 살가워지고

남측 발굴단 숙소가 개성공단 안에 있어서 현장에 가려면 개성시내를 통과해야 했다. 덕분에 출퇴근길은 개성 사람들의 소소한 일상을 볼 수 있는 또다른 여행길이 되었다. 하루에 두 번씩 시가지 풍경과 사람들 모습을 가까이서 볼 수 있었다. 그런데 1차 조사를 마친 뒤 두 달 만에 찾은 9월의 개성이 달라졌다. 잿빛 건물 일부가 유채색 옷을 입기 시작한 것이다. 도로변 건물 몇몇은 분홍색과 연두색 옷으로 갈아입었고, 창틀은 파란색을 칠해 나름대로 멋을 내기도 했다. 그들은 "개성 관광을 오는 남쪽 동포들을 맞이하기 위한 배려"라며 웃었다.

애교스러움에 슬며시 웃음이 피어나고 한편으로는 고맙기까지 했다.

이런 눈에 보이는 변화 말고도 우리를 더욱 놀라게 한 것은 북측 발굴대원들의 행동이었다. 1차 조사 때는 인터뷰나 사진촬영도 한사코 거부하며 경직되고 긴장된 태도를 보여줬던 그들이 2차 때부터는 훨씬 자연스럽게 행동하며 인터뷰에도 적극적이었다. 모 방송사 프로듀서는 1차 조사에서 북측 사람들 인터뷰 내용을 담지 못해 다큐멘터리의 완성도가 떨어진다고 애태우다 2차 조사 때 북측대원들에게 스스럼없이 카메라를 들이대는 모험을 감행할 정도였다. 북측의 태도 변화는 발굴작업에도 영향을 미쳤다. 발굴현장은 늘 훈훈한 분위기가 감돌았고 웃음소리가 새나오곤 했다.

한편, 북측에서는 발굴기간 중에 남측 발굴단과 자문위원들에게 개성시내 유적지를 돌아볼 수 있도록 배려했다. 덕분에 우리는 1차

개성박물관. 원래 조선시대 성균관이었으나 현재는 개성박물관으로 이용하고 있다.

때는 개성박물관^{조선시대} 성균관과 선죽교,
표충사를, 2차 때는 북한의 국보 유적
남대문을 둘러볼 수 있었다. 남대문에
올라 '고려시대의 메인 스트리트' 십
자대가^{남대문을 중심으로 십자 모양으로 낸 큰 길의}
옛 모습을 떠올렸던 기억은 지금도 각
별하다. 만월대로 통하는 북편 길 좌우
에는 그 유명한 민속마을이 자리 잡고
있었다. 수창궁이 있다고 알려진 서쪽
길 저편에는 소년인민궁전이 바라다

개성시내에 위치해 있는 개성남대문. 고려말 개경내성의 남문이었다. 문루위에는 연복사 동종이 놓여져 있다.

보인다. 동쪽으로는 난 길은 필시 정몽
주의 생가인 숭양서원과 성균관, 영통사로 가는 길이리라. 함께 간
지인과 십자대가를 배경으로 사진을 찍는 찰나에 군인이 호루라기를
물어대는 동에 순간 김이 샜다. 그래도 사진 한 장과 내 눈에 십자대
가의 잔영을 담았으니 그것으로 족하다.

차이를 인정하고 끌어안기

북측에서는 조사기간 동안 남측 학자 50여명을 초청하여 네 차례 자문
회의를 개최했다. 이때야말로 궁궐터 전체를 돌아볼 수 있는 절호의
기회이다. 손님 접대를 위해 통제구역을 일부 해제하기 때문이다. 평
소에는 우리 대원들이 발굴현장 바깥으로 나가는 것을 경비군인들이
엄격히 통제했다. 남측 학자들을 안내하며 33개의 가파른 돌계단을
올라 고개를 들었을 때 눈앞에 펼쳐진 궁궐터는 정말 장관이었다. 마
치 산수화를 보듯 바위와 소나무가 절묘하게 조화를 이룬 송악산, 그
앞에 펼쳐진 '황성 옛터'의 폐허더미, 눈에 보이는 하나하나가 모두
묘한 매력을 지니고 있었다. 모두들 내 마음과 다르지 않았는지 카메

라 셔터를 누르기에 바빴다.

　답사를 마치고 북측 인사들과 함께 식사하는 시간이 준비됐다. 답사 뒤풀이에는 늘 여운이 남게 마련이다. 반주 한잔을 곁들여 식사하는 동안 남북 학자들이 이야기꽃을 피웠다. "최신 발굴자료는 어떤 것이 있나요?" "유적과 유물의 보존·관리는 어떻게 하고 있는지요?" "새로 알려진 고구려·발해 유적은 없습니까?" 등등 평소 알고 싶어했던 것들을 묻고 답하느라 분주했다. 북측 학자들은 남측 학자들의 학문적 깊이에 적잖게 놀라는 눈치였다. 특히 고려 궁궐에 대한 남측의 연구성과에 당황하는 기색이 역력했다. 더불어 북측 발굴대원들은 우리가 가져간 기자재와 효율적인 발굴방법을 부러워하는 눈치였다. 이를 공유할 수 있다면 소통의 길이 한결 빠르게 열릴 게 분명하다.

　발굴기간 동안 서로를 이해했다지만, 분단이 가져다준 간극을 다 메울 수는 없었다. 북측에서는 남측 대원들이 발굴하기 전에 통과의례처럼 여기는 개토제*를 못마땅하게 여겼다. 유일사상이 몸에 밴 그들 눈에는 미신행위로 보였을 것이다. 때문에 남측 대원들은 종이에 그린 돼지머리를 놓고 약식 개토제를 지내야 했다. 또 기와에 흔히 보

개토제 흙을 파기 전에 토지신에게 올리는 제사

유적에서 출토된 ❶ 도깨비눈, ❷ 범자문, ❸ 연꽃무늬 암수막새

이는 도깨비귀면무늬를 그들은 괴수무늬라 불렀다.
우리에겐 조금은 희화적으로 보이는 도깨비가 그들
눈에는 왜 무시무시한 괴수로 보이는 걸까. 이 밖에
도 크고 작은 차이가 발굴기간 내내 우리를 멈칫하
게 만들었다. 분단상황이 지속된다면 어쩌면 우리
는 서로 다른 체제와 문화에 길들여져 애써 같음을
찾아야 할지도 모른다. 하루 빨리 남북 공동 문화재
용어사전이라도 만들어야 할 것 같다.

　　발굴현장에는 곳곳에 근대의 부산물이 쌓인 쓰레
기더미가 있었다. 그 쓰레기더미에서 우연히 깨진
도자기조각을 발견했다. 거기에 '개성 MADE IN KOREA'라는 초록
색 글자가 선명했다. 'DPRK KOREA*'가 아닌 그냥 'KOREA'였다.
아마도 휴전선이 그어지기 전에는 개성이 38선 이남이었기 때문이리
라. 분난의 아픔을 상징적으로 보여주는 것 같아 한참 동안 도자기조
각에서 눈을 떼지 못했다.

　　이번 발굴의 성과는 뭐니뭐니 해도 남과 북의 연구자들이 서로 얼
굴을 맞대고 땀 흘리며 공동으로 작업
했다는 데 있다. 나는 출토된 유물과 유
적의 사후 처리를 고민하는 북측 학자
들의 모습에서 문화유산 보존의 희망을
보았다. 나아가 유적의 체계적인 보존
과 발굴조사를 위해서는 남북의 협력이
절실하다는 점을 새삼 확인했다. 늦었
지만 지금부터라도 시작해야 할 것이
다. 만월대 발굴이 그 가능성을 보여주
었지 않은가.

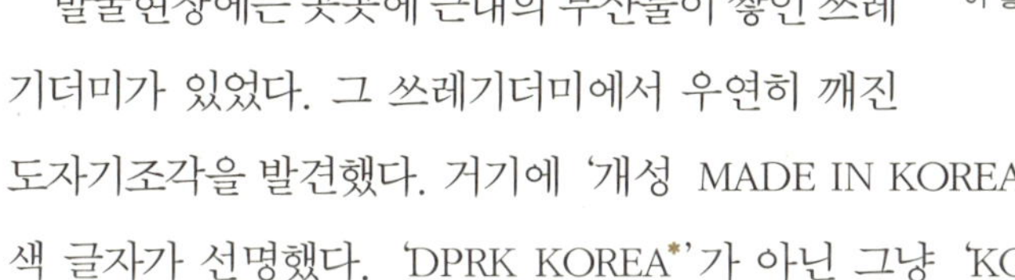

'도깨비 무늬'를 북측 고고학자들은 '괴수무늬'라고 일컬었다. 분단
이 낳은 문화적 차이는 이처럼 사소한 데에서도 나타났다.

* **DPRK KOREA** Democratic
People's Republic of Korea로
조선민주주의인민공화국을 뜻함

'MADE IN KOREA'가 찍힌 개성 도자기. 깨진 그릇에서 분단의 상처가 전해져왔다.

하늘을 울린
애절한 사랑 이야기

: 안동 이응태 무덤 유적

임세권 안동대학교 사학과 교수

땅속에 묻힌 영혼들의 수난

1998년 봄, 낙동강 남쪽의 안동시 정하동 야산지대에 대규모 주택단지가 조성되고 있었다. 낙동강변의 아름다운 풍경은 굉음을 내며 달려드는 중장비에 밀려 빠르게 무너지기 시작했다. 귀래정 서쪽 야산이 깎여나갔고, 골짜기 마을에 옹기종기 모여있던 집도 허물어졌다. 이 마을은 15세기 중엽부터 내려온 고성 이씨 집성촌이다. 고성 이씨들은 삶의 터전을 옮기면서 5백년에 걸친 조상 무덤들도 이장했다. 현대사회를 유지, 발전시키기 위해 개발은 피할 수 없다. 덕분에 이처럼 오랫동안 땅속에 잠들어 있는 영혼들을 깨워내곤 한다. 선사시대나 삼국시대의 주인 잃은 무덤들은 말할 것도 없고, 조선시대 명문거족의 무덤도 개발의 어지러운 바람을 피해갈 수는 없다.

　당시 박물관장으로 있던 나는 박물관 학예사와 학생들에게 어떤 무덤이 언제 이장되는지 꼼꼼히 알아보게 했다. 또 이장되는 무덤이 있으면 잠시도 눈을 떼지 말고 지켜보도록 했다. 혹시 이장 과정에서 유물이 유실되지는 않을까 염려되었기 때문이다. 대부분 무덤들은 오랜 세월을 이기지 못하고 내려앉았고, 목관도 거의 썩어 없어진 상태였다. 그러니 겨우 남은 인골을 수습하는 것이 전부였다.

4백년 만에 햇빛 아래 모습을 보이다

그러던 4월 어느 날, 고성 이씨 문중의 종갓집에서 전화가 걸려왔다. 무덤을 이장하려고 봉분을 팠는데 회곽*이 너무 단단해서 도저히 깰 수가 없다고 했다. 이렇게 두텁고 단단한 회곽을 하였으면 그 안에 유물도 많은 것 같으니 박물관에서 발굴을 해달라는 제안이었다. 우리는 전화를 끊자마자 부지런히 준비물을 챙겨 현장으로 달려갔다.

　회곽은 포클레인을 동원해서 한참 힘을 쓰고서야 겨우 모서리부터 깨져나갔다. 묘의 주인은 귀래정을 지은 이굉의 손자 이명정과 그의

* **회곽** 조선시대에는 구덩이를 파고 목관을 안치한 다음, 느릅나무 껍질을 달인 물에 석회와 황토, 고운 모래를 섞어 널과 덧널을 다졌다. 그러고는 흙으로 봉분을 쌓아 무덤을 만들었다. 이런 무덤양식을 회격묘, 회곽분, 회곽묘라고 한다.

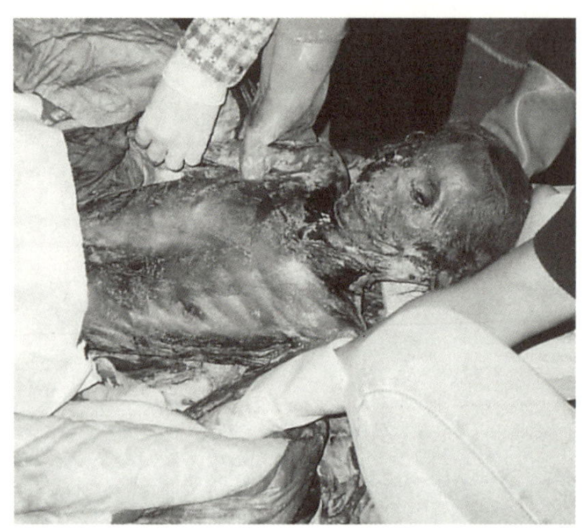

일선 문씨의 미라 수습 장면

아내였다. 이 부부는 회곽을 서로 연결한 합장묘를 쓰고 있었다. 그중 이명정의 무덤은 형체를 알아볼 수 없었고, 아내 일선 문씨의 목관이 온전하게 남아 있었다. 이중으로 제작된 육중한 관뚜껑을 열자 관 내부를 꽉 채운 옷이 눈에 들어왔다. 그리고 일선 문씨는 이불에 두텁게 싸인 채 누워 있었다. 오래전 땅속에 묻혔던 한 부인이 4백여년 만에 다시 세상 빛을 쬐인 것이다.

우리는 관 속에 채워진 옷을 꺼내고 몸을 싸고 있던 이불을 벗겨내었다. 머리가 희끗희끗한 초로의 일선 문씨가 입을 꼭 다문 모습으로 얼굴을 드러냈다. 얼굴이 좀 검게 변했을 뿐 살았을 때의 고운 자태가 그대로 나타났다. 그 순간의 감동과 놀라움은 지금 생각해도 가슴이 두근거린다.

그로부터 보름쯤 지난 뒤였다. 일선 문씨 무덤에서 나온 50여 점의 의복과 장신구를 꼼꼼히 조사하느라 바쁜 와중이었다. 고성 이씨 문중에서 다시 전화가 왔다. 일선 문씨 묘에서 마주 보이는 등성이에 있는 작은 묘를 발굴해달라는 것이었다.

이름 없이 버려진 초라한 묘

이 묘는 첫 지표조사 당시 봉분 위로 백년은 넘었음직한 소나무들이 뿌리를 내리고, 그 사이로 떡갈나무 같은 잡목들이 꽉 들어차 있었다. 당시 연고자가 없었던 이 무덤은 당연히 발굴 대상에 포함되어 있었으나 아직 정식 발굴을 위한 행정절차가 끝나기 전이어서 출입금지 팻말과 발굴 구역의 경계를 표시해둔 채 발굴 시작만 기다리고 있었다. 그러던 1997년 11월에 이 무덤이 남몰래 파헤쳐졌다. 안동의 어느

248

문중에서 조상 묘로 짐작하고 회곽과 외관을 파손했던 것이다. 그런
데 거기에 '철성 이씨'라고 쓰인 명정鉻旌이 나왔다. 철성은 고성의 옛
지명이니, 이 무덤 역시 고성 이씨 문중 무덤이었다.

그 소식을 전해들은 고성 이씨 문중은 사뭇 난감했을 것이다. 이름
도 없이 그냥 '철성 이씨'라고만 씌어 있는 무덤이라니. 게다가 아무
리 족보를 뒤져봐도 딱히 묘 주인이라고 할 만한 인물이 없었다. 다만
족보상에 분묘가 전하지 않고 있는 이명정 부부의 둘째 손자인 이응
태의 무덤이 아닐까 추측할 뿐이었다. 하지만 확실한 물증이 없었다.
고심하던 고성 이씨 문중은 다른 무덤들을 모두 이장하고 마지막으
로 이 분묘를 이장하기로 했던 것이다.

우리는 다시 그 분묘로 달려갔다. 사실 가는 길에 그다지 큰 기대를
걸지 않았다. 주인마저 확인할 수 없는 초라한 무덤에, 그 정도까지
훼손된 상태라면 인골을 수습하는 것도 힘들겠다 싶었다. 아니나 다
를까, 무덤은 내관끼지 파헤쳐졌기 때문에 심하게 파손된 상태였다.
토광 내부를 파내니 분묘를 파헤쳤던 사람들이 덮어놓은 푸른 천이
드러났다. 그런데 웬걸, 천을 걷어내니 아직도 새것 같은 외관이 모습
을 드러냈다! 외관에서 나는 송진 향내가 코끝을 자극했다. 이미 한번
열렸던 외관 뚜껑은 손쉽게 열렸다. 그 안에 내관도 원상태를 유지하
고 있었다. 그 안에 누워있는 인물과 대면할 가능성이 많아진 셈이다.
고성 이씨 문중에서 다음날 이장한다고 했으니 조사는 오늘밤 안으로
마쳐야 했다. 이미 날이 저물고 있었다.

옷가지 유물과 종이 두 장

우리는 먼저 관을 꺼내어 귀래정 쪽으로 옮겨 내려갔다. 그러고는 전
기를 끌어오고 자동차 전조등을 켜서 작업장을 환하게 밝혔다. 이런
저런 준비를 하느라 어느새 저녁 8시가 되어서야 관 뚜껑을 열기 시작

했다. 관은 내관 8㎝, 외관 9㎝ 만만치 않은 두께로 이루어져 있었다. 게다가 뚜껑이 사방 나비접장으로 연결되어 있어서 관을 해체하는 데만 한 시간 넘게 지나가버렸다. 조심스레 네 장의 사방판四方板을 분리하니 시신을 싼 이불과 부장품이 관 모양 그대로 드러났다.

우리는 부장품들에 번호를 붙여가며 부지런히 수습했다. 부장품은 부채와 장신구, 옷가지 들이었다. 그런데 시신 위에 겹겹이 쌓인 옷가지를 걷어내는 순간이었다. 한자 글씨가 씌어있는 누런 한지가 눈에 들어왔다. 한지를 조심스레 들어올렸다. 그랬더니 종이 한 장이 더 따라 올라왔다. 한글이 빼곡히 적혀 있었다. 붉은 도장이나 수결手決이 없는 것으로 보아 행정문서는 아닌 듯했다.

두 장의 종이는 옷가지 유물과 구별하여 따로 수습해두었다. 밤이 깊어지는 터라 현장에서 유물을 하나하나 꼼꼼히 확인할 수 없었다. 게다가 검은 구름이 덮인 하늘이 심상치 않았다. 관을 정자 안으로 옮기지 못한 것이 후회되었다. 일단 수습이 급했다. 입혀진 옷들을 조심스레 한꺼풀씩 벗겨내고, 사진을 찍고, 번호를 매기며 정리하기를 두어 시간. 시신을 싼 이불과 옷을 겨우 수습할 수 있었다.

죽은 이의 신장은 176㎝였다. 살아있을 때는 180㎝가 훨씬 넘었을 것이다. 머리를 덮은 모자 밑으로 턱 부분이 살짝 드러났을 때 까칠한 턱수염이 보였다. 아마도 젊은 나이에 세상을 등진 듯했다. 하지만 좀 더 많은 사실을 알아내기에는 시신이 너무 많이 상해 있었다. 지난 11월의 사건만 없었다면 기골이 장대한 이 젊은이 역시 온전한 모습으로 우리 앞에 나타났을 것이다. 몸의 대부분이 한줌 흙으로 바스러진 시신 앞에서 미안한 마음이 솟구쳤다.

마지막으로 속바지와 손목 토시와 발 버선을 벗겨냈다. 때마침 후덥지근한 공기가 선선해지면서 빗방울이 뿌려지기 시작했다. 비가 쏟아지면 유물과 시신을 정상적으로 보존할 수 없었다. 급히 장의사를 불러 유골을 본디 모습에 가깝게 정돈하고 새로 사온 수의를 입혀 새관에 모셨다.

새벽 1시가 넘어 작업이 끝났다. 부슬부슬 내리던 비는 작업이 끝날 무렵 굵은 빗줄기로 바뀌어 있었다.

사랑하는 사람을 떠나보내는 마음

박물관 정리실은 무덤에서 수습된 유물들로 꽉 들어찼다. 우리는 유물 하나하나를 조심스레 세척하고 정리해갔다. 그런데 흥미로운 유물이 새로이 발견되었다. 옷가지 유물의 작은 주머니에 편지 열한 장이 들어 있었던 것이다. 편지는 대부분 '아들 응태에 답함子應台答書' 또는 '아들 응태에 부침子應台寄書' 이라고 시작해서, '아버지 요신父堯臣'으로 끝을 맺고 있었다. 이요신이 아들 이응태가 살아 있을 때 보냈던 편지들이었다. 편지에는 부자간의 끈끈한 정이 오롯이 담겨 있었다. 또 전염병이 나논다거나, 배를 훈련시켜 분양한다는 내용 등 당시 생활상이 생생하게 나타나 있었다. 이로써 무덤 주인이 이응태라는 사실이 확인되었다. 놀랍게도 4백여년 전 할머니와 손자가 미라가 되어 보름 차이로 세상에 모습을 드러낸 것이다.

그리고 옷가지 유물과 별도로 두었던 한지 두 장! 그중 한자로 씌어진 글은 형 이몽태의 추모시였고, 한글로 씌어진 글은 이응태 아내가 남편에게 쓴 추모편지였다. 특히 아내의 편지글은 우리를 깊은 슬픔과 연민으로 울렁이게 했다.

원이 아버지에게

병술년(1586) 유월 초하룻날 아내가

당신 언제나 나에게 "둘이 머리 희어지도록 살다가 함께 죽자"고 하셨지요. 그런데 어찌 나를 두고 당신 먼저 가십니까? 나와 어린아이는 누구의 말을 듣

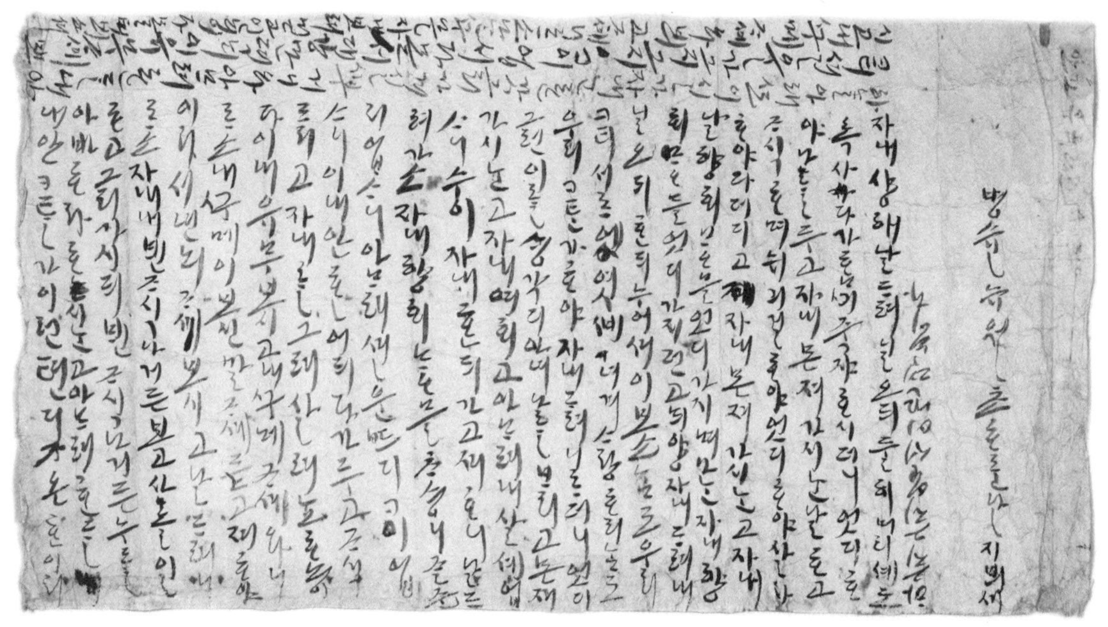

이응태 무덤에서 나온 아내의 편지

고 어떻게 살라고 다 버리고 당신 먼저 가십니까? 당신 나에게 마음을 어떻게 가져왔고 또 나는 당신에게 어떻게 마음을 가져 왔었나요? 함께 누우면 언제나 나는 당신에게 말하곤 했지요. "여보, 다른 사람들도 우리처럼 서로 어여삐 여기고 사랑할까요? 남들도 정말 우리 같을까요?" 어찌 그런 일들 생각하지도 않고 나를 버리고 먼저 가시는가요? 당신을 여의고는 아무리 해도 나는 살수 없어요. 빨리 당신께 가고 싶어요. 나를 데려가주세요. 당신을 향한 마음을 이승에서 잊을 수가 없고, 서러운 뜻 한이 없습니다. 내 마음 어디에 두고 자식 데리고 당신을 그리워하며 살 수 있을까 생각합니다. 이내 편지 보시고 내 꿈에 와서 자세히 말해주세요. 꿈속에서 당신 말을 자세히 듣고 싶어서 이렇게 써서 넣어드립니다. 자세히 보시고 나에게 말해주세요. 당신 내 뱃속의 자식 낳으면 보고 말할 것 있다 하고 그렇게 가시니 뱃속의 자식 낳으면 누구를 아버지라 하라시는 거지요? 아무리 한들 내 마음 같겠습니까? 이런 슬픈 일이 하늘 아래 또 있겠습니까?

여기까지 쓰고 나니 종이가 모자랐다. 이응태의 아내는 종이를 옆으로 돌려 여백에 나머지 글을 써 내려갔다.

당신은 한갓 그곳에 가 계실 뿐이지만 아무리 한들 내 마음같이 서럽겠습니까? 한도 없고 끝도 없어 다 못 쓰고 대강만 적습니다. 이 편지 자세히 보시고 내 꿈에 와서 당신 모습 자세히 보여주시고 또 말해주세요. 나는 꿈에는 당신을 볼 수 있다고 믿고 있습니다. 몰래 와서 보여주세요. 하고 싶은 말 끝이 없어 이만 적습니다.

편지로 보아 부인은 둘째를 임신하고 있었다. 아직 어린 원이와 뱃속의 아이까지 남겨두고 남편이 갑자기 세상을 뜬 것이다. 게다가 살아생전 남편의 사랑이 그토록 깊고 그윽하였으니, 홀로 남은 이 젊은 청상은 이제 어찌 할까? 죽고 싶도록 슬프고 앞으로 살아갈 생각이 아득하였으리라. 1586년의 애절하고 간절한 사랑은 시공을 초월하여 오늘날 우리를 울린다.

편지에서 아내는 남편을 '자네'라고 부르며, '하소' 체로 끝맺고 있다. 연구자들에 따르면 남편도 아내에게 똑같이 '자네'와 '하소'를 썼다고 한다. '자네'는 손위 손아래 사람 모두에게 썼던 호칭이고, '하소'는 극존칭 말투가 아니다. 즉 아내의 편지는 16세기에 부부관계가 비교적 평등했음을 보여주고 있는 것이다.

더불어 형 이몽태 추모시에는 이응태가 서른한살에 죽었으며, 두 형제는 우애가 돈독했고, 효성 또한 지극했음이 생생하게 드러나 있었다.

머리카락 잘라 삼은 짚신 한 켤레

박물관은 묘에서 나온 유물들로 가득 찼다. 전시실은 물론이고 복도까지 옷가지를 비롯한 부장품들로 넘쳐났다. 옥상에는 임시 수조가 설치되었고 유물 세척을 위한 갖가지 시약들이 즐비했다. 퀴퀴한 냄새가 건물을 점령한 것도 모자라 멀리멀리 퍼져나갔다. 얼굴을 찌푸린 사람들 눈치를 보면서도 우리는 유물을 정리하는 재미에 푹 빠져 있었다.

그러던 중에 흥미로운 유물이 또하나 발견되었다. 한지에 꽁꽁 싸인 뭉치였다. 종이에는 한글이 씌어 있었으나 헤진 부분이 너무 많아 제대로 읽을 수가 없었다. 다만 몇 자가 띄엄띄엄 눈에 띌 뿐이었다. 종이에 싸인 물건은 짚신 한 켤레였다. 그런데 짚신을 삼은 재료가 특이했다. 볏짚이 아니라 삼 줄기로 보였다. 그리고 삼 줄기 사이에 까만 섬유질이 섞여 있었다. 짚신 전체가 검은색으로 보일 정도로 많았다. 까만 섬유질은 다름 아닌 여자의 머리카락이었다. 더군다나 한지의 글자를 꼼꼼히 살펴보니 "이 신 신어보지도……"라는 글귀가 있었다. 머리카락으로 만든 짚신이라니!

원이 엄마가 머리카락으로 삼은 짚신

옛날에 남편이 중병에 걸리면 아내가 머리카락으로 신을 엮어 신겼다는 말이 전해 내려오기는 한다. 그런데 그게 눈앞에 실제 유물로 확인된 것이다. 아내의 가없는 사랑 앞에 우리는 다시 한번 눈시울을 붉혔다.

육척 장신의 건장했던 젊은 남편이 갑자기 까닭 모를 병에 걸려 누웠다. 그에게는 예쁜 아내와 귀여운 아들과 아내 뱃속의 둘째가 있었다. 아내는 남편의 병을 낫게 하려고 용하다는 의원을 찾아다니고 천지신명께 간절히 기도했다. 하지만 어떤 약과 정성으로도 남편의 병은 나을 기미가 안 보였다. 평생 길러온 머리카락을 주저 없이 잘라 신을 엮기도 했다. 그러나 젊은 남편은 그 신을 신어보지도 못하고 그만 세상을 뜨고 말았다. 젊고 예쁜 아내는 눈물로 편지를 써서 남편의 시신 위에 덮어주었다. 그리 하면 남편이 꿈속에 나타나줄 거라 믿었을

254

것이다. 아내는 그 뒤로 어떻게 살았을까? 평생 남편을 그리워하며 원이와 둘째를 키웠을까? 아쉽게도 그 뒤 아내의 흔적은 어디에서도 찾을 길이 없다.

이응태 부부의 사랑 이야기는 2007년 2월, 스페인에서 열린 세계미라학회에서 발표되었다. 세계에서 모인 학자들은 애절한 사연에 연신 눈물을 훔쳤다. 이를 계기로 같은 해 11월에 《내셔널지오그래픽》에 원이 엄마의 머리카락 짚신 사진이 실렸다. 이 밖에도 세계 유수의 잡지가 이응태 부부의 사랑 이야기를 잇달아 소개하였다. 이처럼 세계인의 가슴을 울린 주인공들이 지금 이 순간 천상에서 극진한 사랑을 이어가고 있음을 나는 믿는다.

조선 한양도성 안 백성의 살림을 맡은 시전행랑

: 종로 피맛길 유적

최종규 한울문화재연구원 전통연구실장

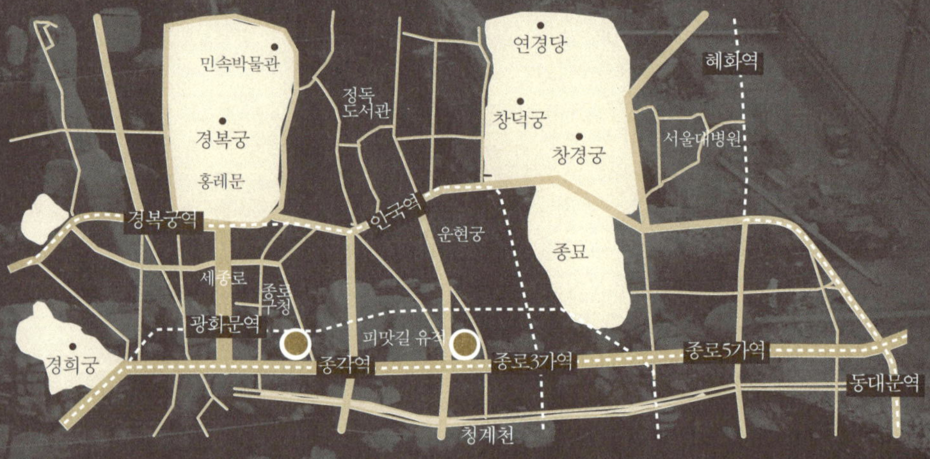

시전행랑의 건설과 변화

조선은 고려를 무너뜨리고 수도를 개
경에서 한양으로 옮겼다. 한양은 궁궐,
종묘, 사직 및 도성이 조성되면서 서서
히 조선의 수도로서 위용을 갖추어갔
다. 조선은 도성 내부의 주요 공간을
배치하면서, 유교적 국가제도를 정리
한 중국 주나라의 예법을 기록한 《주
례》의 동관冬官 고공기考工記 내용을 따랐
다. 곧 '좌묘우사左廟右社 전조후시前朝後
市' 원칙에 따라, 경복궁을 중심으로 왼
쪽에는 종묘, 오른쪽에는 사직, 앞쪽에
는 조정을 배치한 것이다. 다만 경복궁
뒤 공간이 좁아 시전市廛을 아예 더 앞

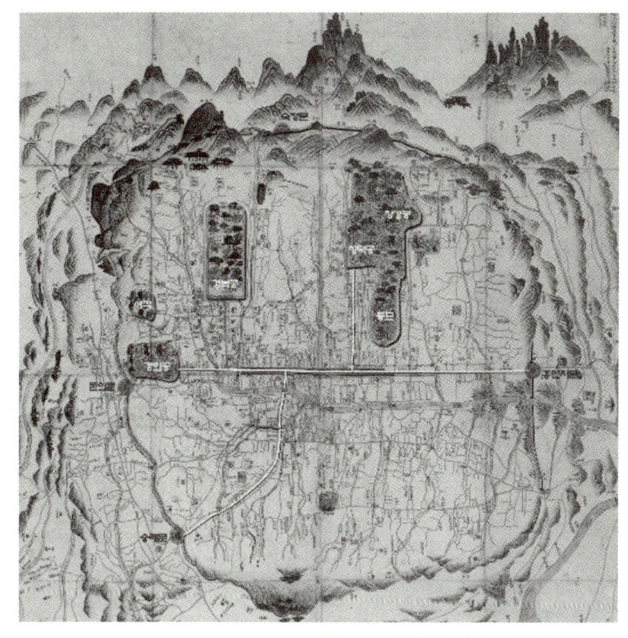

한양도성. 시전행랑 길이 또렷하게 나타난다.

쪽으로 배치하였다. 말하자면 시전은 도성 내부를 구성하는 주요시
설로 계획적으로 조성되었던 것이다. 시전은 왕실과 관아를 비롯하
여 도성 백성의 생활필수품을 공급하는 데 절대적인 역할을 하였으
며, 또 중국 공물을 조달하는 역할도 하였다.

시전은 초기에 시장을 열어 각 집 앞에 상품을 진열하여 장사하게
했는데, 지금의 종로사거리 일대는 여러 종류의 가게들이 운집하여
사람과 물화가 구름처럼 몰려든다는 의미에서 '운종가雲從街'라는 이
름이 붙었다. 운종가 일대는 사람과 물화가 많이 모이다보니 물건을
훔치는 도둑질이 함부로 행하여지고 서로 속이는 일이 잦아지면서 물
건 값이 올라가게 되었다.

마침내 태종 12년1412년 2월부터 국가에서 시전행랑을 건립하게 되
는데 태종 14년1414년 9월까지 3년여에 걸쳐 종로 일대와 창덕궁과 남
대문에 이르는 도로 양쪽에 시전행랑을 건설하였다. 그리고 상인들에

게 점포^{행랑}를 임대해주고 세금을 받았으며, 한 점포에서 한 가지 물건을 파는 일물일전^{一物一廛}을 원칙으로 하였다.

그러나 이때의 시전행랑은 임진왜란 때에 궁궐 등 도성의 주요 건물들과 함께 불타고 말았다. 이후 시전행랑은 효종, 현종, 숙종, 경종 대를 거쳐 지속적으로 복원되었고 영조 30년¹⁷⁵⁰경에 이르러서 다시 조선의 중심시장으로 자리매김하게 되었다. 한편 조선은 임진왜란과 병자호란을 겪으면서 국가 재정이 바닥을 드러냈는데, 이를 타개하고자 시전행랑 운영방식을 크게 바꾼다. 곧 육의전*이 특정 상품에 대한 독점적 지위^{금난전권}를 가지도록 허가하고 높은 세금을 거두어들인 것이다. 하지만 세월이 흐르면서 육의전은 과도한 독점을 불러왔고 백성들의 경제활동을 가로막는 장벽이 되었다. 이에 따라 정조는 육의전의 권한을 크게 제한하였고, 갑오개혁 이후에는 육의전이 완전히 폐지되었다.

일제강점기 때에는 충무로, 명동 일대를 중심으로 하는 일본인 중심의 상점가와 소공동에서 서소문에 이르는 중국^{청나라}인 중심의 상점가에 대항하여 종로는 조선인이 중심이 된 상점가로 자리매김하였다. 종로는 조선시대 시전행랑을 도로 양쪽에 조성할 때부터 그 폭이 27m 정도나 되는, 중국 황제의 도성의 중심도로 폭만큼이나 넓었다. 일제는 도시계획을 할 때 조선인이 중심이 된 종로는 계획만 세우고 실행하지 않고 방치하다시피 하였다. 그리고 일본인 중심 상점가인 충무로 위주로 개발을 꾀하였다. 이것이 현재에도 피맛길이 남아 있는 이유이다.

일제강점기의 종로 일대 모습

광복이 되고 1952년 3월 25일 내무부고시 제23호에 따라 종로를 40m 폭으로 확장할 계획이었으나 당시에는 실행하지 못하였고, 지난 1974년 지하철1호선 공사 때 도로를 정비하여 오늘에 이르고 있다. 이후 종로1가 남쪽은 재개발사업이 이루어져 고층빌딩들이 들어섰고, 북측은 최근에야 재개발사업이 시작되었다. 때문에 종로 북쪽에는 도로 옆으로 비교적 낮은 건물이 있으며, 그 뒤편에는 아직도 피맛길*이 남아 있다. 이는 북쪽 지역 땅밑에 시전행랑과 관련된 문화재가 매장되어 있을 가능성이 높다는 뜻이다.

시전행랑의 6백년 역사와 만나다

지난 2004년부터 종로1가 북측 청진동 일대의 청진6지구현재의 르메이르 종로타운에서 도심재개발사업이 시작되었다. 그런데 개발사업 이전에 실시한 발굴조사에서 조선시대 시전행랑 건물터가 확인되었다. 조선 초기부터 6백여년 동안 퇴적된 많은 유구와 유물 들이 4.6m 깊이까지 시대별로 켜켜이 쌓여 있었던 것이다. 뒤이어 종로2가 육의전빌딩 신축부지에 대한 2007년과 2008년 두 차례 발굴조사를 통해서 시전행랑의 실체가 다시 한번 입증되었다.

종로1가 청진6지구에서 시전행랑 유적지는 모두 6개의 생활문화층으로 퇴적되어 있었다. 가장 위쪽 제1 문화층은 근대화부분적으로 일제강점기 포함부터 재개발 직전까지의 시기에 해당한다. 여기에서는 철근콘크리트, 시멘트블록, 적벽돌, 수도관을 비롯하여 목조건물의 주춧돌과 장대석, 온돌시설 등이 확인되었다. 그중 목조 건물의 흔적은 1930년대 전후 그리고 광복 이후에 건립된 한옥으로 추정된다. 재미있는 점은 이 한옥 터에서 광복 이후 서울지역 난방시설의 변화과정을 한눈에 확인할 수 있었다는 것이다. 나무를 연료로 하는 온돌시설에서 연탄보일러, 기름보일러로 바뀌는 과정이 부엌과 연결되는 온돌방에 고

* **피맛길** 한글학회에서 발간한 《한글지명총람》에서는 "하관(下官)이 말을 타고 큰 길을 가다가 상관을 만나면 말에서 내려 길가에서 허리를 굽히고 있다가 그 상관이 지나간 후에 다시 말을 타고 가는 법이 있었는데, 그것이 너무나 번폐스러워서 종로1가에서 종로6가까지 길가에 행랑을 짓고 뒷골목을 내어 하관이 상관이 오는 것을 보면 몰래 행랑 뒤로 피해 가며, 행랑 뒷길로 피해 가는 관원들은 비록 상관을 만나더라도 서로 피하는 혐의가 없으므로 피맛골 또는 한자명으로 피마동(避馬洞)이라 하였다."라고 설명하고 있다.

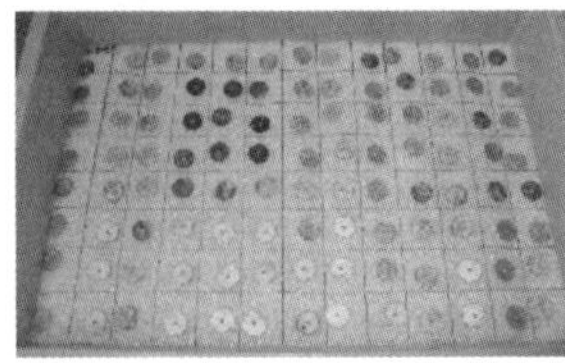

제2 문화층 공방지 부근 전경과 출토 유
물(위)

스란히 남아 있었다.

　제2 문화층은 조선 말 개화기부터 일제강점기 문화층이다. 일제 강점기 목조건물의 석재 유구, 기와조각, 자기조각을 비롯해 일제강점기 이후 사용된 적벽돌, 문양이 화려한 '왜사기' 등이 출토되었다. 또한 건물터 부엌에서 공방시설이 확인되었는데, 이곳에서 화덕과 물항아리 그리고 380여 점의 일본 동전이 발견되었다. 주변 흙이 불에 탄 흔적이 남아 있는 것으로 보아 이 건물은 화재로 소실된 듯했다.

　제3 문화층은 조선 후기18세기 후반~19세기에 해당하는 문화층이다. 이곳에서는 종로변에 인접한 해당 문화층의 시전행랑 건물터와 더불어 그 북측 건물터의 석축 사이에서 피맛길이 확인되었다. 시전행랑 건물터에서는 주춧돌을 받쳐주고 땅을 단단히 해주는 잡석지정, 장대석지정, 모래지정 등 여러 지정地釘 방식이 확인되었다. 또한 당시에 사용된 것으로 추정되는 우물터도 발견되었다.

　제4 문화층은 임진왜란 이후의 조선 중기17세기~18세기 중반에 걸쳐 이루어졌다. 여기에서도 해당 문화층의 시전행랑 건물과 함께 제3 문화층에서 볼 수 있었던 다양한 지정들이 확인되었다. 제4 문화층 하부에

제3 문화층 부분 전경과 우물터(위)

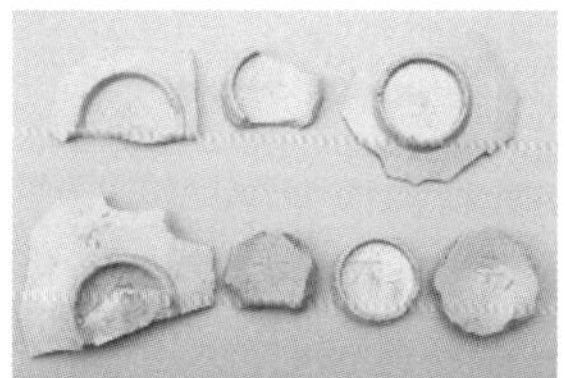

제4 문화층 전경과 출토 유물(위)

는 불에 탄 흙이 두텁게 쌓여 있었으며, 건물 기초 유구들은 대부분 유실된 상태였다.

　　제5 문화층은 조선 전기^{15세기 말~16세기}에 해당하는 문화층이다. 이

문화층에는 피맛길과 종로변 사이에서 해당 문화층의 시전행랑 건물터가 고스란히 남아 있었다. 다만 건물터 윗부분은 불에 탄 흙이 두텁게 덮고 있어서 건물은 불에 타 전소된 것임을 알 수 있었다. 이는 아마도 임진왜란의 상흔일 것이다. 노출된 건물터로 보건데, 당시의 시전행랑 건물의 단위 평면은 정면 두 칸에 측면 1.5칸 규모였던 것으로 판단된다. 정면 칸은 다시 간이 벽체로 반으로 분리되어, 외형상으로는 정면 네 칸에 측면 1.5칸으로 이루어졌다. 이 네 칸은 각각 '방+마루+방+창고' 기능으로 공간을 이루고 있었다. 해당 문화층에는 이와 같은 단위 평면 2개가 대칭으로 연결된 상태로 확인되었다.

방에서는 온돌을 깐 흔적이 발견되었는데, 하나의 방은 잡석과 기와조각으로 고래둑을 쌓고, 북측 뒤쪽에 아궁이 두 개를 만들어서 솥 두 개를 걸 수 있는 구조였으며, 다른 방은 고래둑을 장대석으로 놓아 만들고 아궁이는 하나인 구조였다. 방과 방 사이에는 마루를 두었는데, 역시나 불에 탄 채로 발견되었다. 다행히 불에 탄 목재는 공기가 차단되는 땅속에서는 오래 보존될 수 있기 때문에 사백여년이 지난

제5 문화층 전경과 출토 유물(위)

오늘날에도 그 모습을 그대로 유지하고 있었다.

　제5 문화층의 시전행랑 건물터는 임진왜란 이전 조선 초기의 시전행랑 모습을 복원하는 데 중요한 단서를 제공해주고 있다. 더불어 이 문화층에서 출토된 분청사기조각과 백자조각, 그리고 나막신과 나무신발굽도 당대의 사회상을 알려주는 중요한 유물로 주목받았다.

　가장 하부의 제6 문화층은 조선 건국에서 15세기 중후반에 해당하는 문화층이다. 이곳에서도 역시 해당 문화층의 시전행랑 건물터가 확인되었는데, 제5 문화층 시전행랑 건물터와 거의 동일한 형태를 띠고 있었다. 이로 보아 제5 문화층의 시전행랑은 제6 문화층과 동일한 규모와 형태로 건물을 지었던 것으로 추정된다.

　그리고 제6 문화층 아랫부분에서는 자연퇴적층이 확인되었다. 고려시대를 비롯한 이전 시기의 문화층은 전혀 확인되지 않았다. 이는 제6 문화층의 시전행랑 건물터는 태종 12년에 처음 세워진 시전행랑 건물터라는 것을 의미한다.

　한편 2007년과 2008년 두 차례에 걸쳐 실시된 파고다공원 동측에

제6 문화층 부분 전경과 출토 유물(위)

인접한 '종로2가 육의전빌딩 신축부지' 발굴조사에서도 시전행랑 건물터가 확인되었다. 이곳 유적은 청진6지구에서 조사된 여섯 겹의 문화층 내용과 거의 동일한 양상이었다. 특이할 만한 점은 시전행랑 북측 뒤편으로 흑회색의 점토층과 모래층이 여러 겹으로 퇴적된 길이 확인되었다. 이 길은 동서 방향의 현 피맛길과 같은 선상에 있었고, 폭은 3.4m 정도로 오늘날 피맛길 폭과 거의 똑같다. 피맛길이 이곳까지 이어져 있었던 게 분명하다. 또한 제6 문화층의 '피맛길'에서는 나무로 경계를 만든 배수로가 발견되었다. 조선 초기에 시전행랑 뒤편으로 물길을 내었다는 문헌 내용과 일치하는 대목이다.

그리고 제5 문화층의 시전행랑 건물터 마루 아래에서 가축 뼈와 함께 옥, 고리 등이 출토되었다. 아마도 어떤 제사의식과 관련된 유물이 아닐까 싶다.

도시재개발과 고고학

청진6지구 재개발사업부지와 육의전빌딩 신축부지에 대한 발굴조사를 통해서 우리는 조선시대 시전행랑의 규모와 건물 구조 등을 파악할 수 있었다. 특히 조선 전기의 시전행랑 건물터와 피맛길 유적은 한양의 초기 도시계획에 대한 연구의 중요한 자료가 될 것이다. 더불어 백자조각, 명나라에서 들여온 청화백자 같은 유물은 조선시대 경제와 문화를 밝히는 기초자료가 될 것이다.

이번 발굴조사로 서울 4대문 안의 도심에서 재개발사업을 할 경우, 먼저 문화재 조사를 의무화했다는 점도 의미심장하다. 개발논리가 앞서는 사회 분위기에서 문화재 보존을 위한 최소한의 원칙을 세운 것이다. 나아가 청진6지구에서 확인된 제5 문화층의 시전행랑 건물터는 서울역사박물관의 광장거리에 복원 전시될 계획이며, 육의전빌딩 신축부지에서 확인된 시전행랑 건물터는 빌딩이 완공되면 지하층의 원

위치에 그대로 복원하여 전시관으로 꾸밀 계획이다. 이 또한 유적 보
존의 모범사례가 될 것으로 기대된다.

매장문화재 발굴에서 분석까지

이규훈 국립문화재연구소 학예연구관

왜 매장문화재를 발굴할까

매장문화재는 땅속이나 수면 아래 묻혀 있는 문화재이다. 매장문화재는 크게 유적과 유물로 구분한다. 유적은 흔적이 남아 있는 터로 주거지와 조개더미, 옛무덤자리, 건물자리 등을 말하며, 유물은 유적 안에 있는 각종 도구와 물건 들을 말한다. 한편 유구는 집터 · 무덤 같은 유적에서 발견되는 구조물을 일컫는다. 예컨대 옛무덤 유적을 발굴하는 과정에서 그 안에서 나타난 구덩이 흔적이 유구이고, 껴묻거리로 나온 방울, 장신구, 옷 따위가 유물이다.

매장문화재 발굴은 잃었던 역사를 되찾는 일이며 조상들이 남긴 소중한 유산을 보고 배우기 위한 것이다. 우리나라 역사를 알려면 역사책을 읽어야 한다. 그러나 역사책에는 당시 왕들의 행적이나 궁궐에서 일어난 일, 특별히 기록으로 남길 만한 중요한 일 들만 씌어 있을 뿐이다. 그러니 소소한 역사의 숨결과 일반 백성들이 살아온 이야기들은 자세히 알 수가 없다.

이 잃어버린 역사의 틈을 메워주는 게 바로 고고학적 발굴이다. 예를 들어 역사책에는 한성기 백제가 한강유역에 터를 닦고 세력을 넓했다는 정도의 기록밖에 남아 있지 않다. 물론 백제인의 실제 생활모습도 묘연하다. 말하자면 우리는 한성기 백제에 대해 아무것도 제대로 알지 못했던 셈이다.

하지만 풍납토성 유적이 발굴되면서 상황이 달라졌다. 토성의 규모 등으로 미루어 이곳이 역사 속에서 사라진 백제의 하남위례성일 가능성이 높았다. 더불어 유적에서 살림터와 공공건물터, 그릇 들을 발굴하면서 당시 백제인의 생활모습을 생생하게 알아낼 수 있었다. 풍납토성 발굴 덕분에 우리는 비로소 한성기 백제에 한발짝 다가서게 된 것이다.

발굴은 누가, 어떻게 하나

발굴은 어디까지나 매장문화재를 보호하는 데 목적이 있다. 따라서 일반 토목공사를 하듯이 시간과 예산을 집행할 수 없다. 땅속 유적이 어디까지 묻혀 있으며, 언제 어디서 유물이 발견될지 모르기 때문이다. 유적을 가장 안전하고 철저하게 발굴하려면 모든 가능성을 열어두고 가능한 한 최대한의 시간과 노력, 비용을 투자해야 한다.

어떤 유적의 발굴을 맡게 된 발굴 기관은 먼저 치밀한 계획을 세운다. 유적의 규모와 성격에 따라 기간, 경비, 발굴 방법 들을 맞춤하게 배치한다. 더불어 유적의 시대와 성격에 따라 전문 조사단을 구성하게 된다.

발굴 방법에도 여러 가지가 있다. 발굴은 시간과 인력이 많이 드는 작업이기 때문에 최소한의 경비로 최대의 효과를 얻을 수 있는 방법을 사용해야 한다. 따라서 유적의 성격에 따라 발굴 방법도 다르고 동원되는 인력도 다르다. 여기에서는 가장 일반적인 발굴 방법에 대해 알아보도록 하겠다.

매장문화재 조사는 순서로 보자면 지표조사와 발굴조사로 나뉜다.

눈 내리는 겨울날 유적을 발굴조사하고
있는 모습

지표조사는 땅을 파지 않고 지표면에 드러난 유물, 유적의 분포상황을 조사하는 것으로 조사지역 안에 어떤 성격의 유적들이 있는지를 판단하는 단계이다. 발굴조사는 지표조사로 확인된 유물, 유적을 전문적인 과정을 거쳐 찾아내는 단계이다.

발굴조사단은 본격적인 발굴에 앞서서 유적에 어떤 종류의 유물이 있는지, 문화층의 깊이는 얼마나 되는지 파악하기 위해 시험발굴^{시굴}을 거친다. 시험발굴 방법에는 시굴갱법^{test pit method}법과 시굴도랑파기법^{test trench method}이 있다. 시굴갱법은 유적 곳곳에 일정한 크기로 구멍을 파들어 가보는 방법이고, 시굴도랑파기법은 유적의 일부분을 좁고 길게 잡아 파들어 가보는 방법이다. 발굴조사단은 유적의 지형상태에 따라 적당한 시굴 방법을 선택한다.

발굴조사단은 시험발굴을 마치면 본격적으로 발굴에 들어간다. 이

때 발굴 방법은 유물과 유구의 성격에 따라 도랑파기법^{trench method}, 사분법^{quadrat method}, 격자법^{grid method} 등을 적절히 사용한다. 도랑파기법은 고고학에서 가장 일찍 채택된 방법으로, 유적을 큰 네모꼴의 도랑 형태로 구획을 나누어 잡은 다음 파들어가는 방식이다. 이 방법은 상대적으로 넓은 지역을 한꺼번에 조사하기 때문에 유적의 성격을 쉽게 파악할 수 있으나, 문화층의 시기적 구별이나 유구의 흐름을 파악하기 어렵다는 약점이 있다.

사분법은 주로 봉토가 쌓인 무덤을 발굴하는 데 쓰인다. 우선 봉토 맨 꼭대기를 기준으로 4등분한 뒤 서로 마주보는 구역을 차례로 발굴하는 방법이다. 이때 등분한 선을 따라 폭 0.5~1m의 둑을 남기는데, 이는 봉분의 퇴적 상태를 파악하기 위해서이다. 발굴조사단은 봉토를 모두 발굴한 뒤에는 이 둑을 모두 걷어내고 매장 주체부^{시신이 묻혀 있는 관 부분}를 조사하게 된다.

격자법은 일종의 바둑판식 발굴 방법으로 가장 일반적으로 쓰인다. 먼저 유적 경계에 임의로 기준점을 잡고 여기에서 직각으로 X축과 Y축을 긋는다. 그런 다음 X축과 Y축에 일정한 간격으로 눈금을 잡아서 선을 그으면 유적이 정사각형의 구역^{피트}들로 나뉘게 된다. 이렇게 정사각형으로 구역을 나누어 구덩이를 파들어가는 격자법은 주거지, 건물터, 절터 등 넓은 지역을 발굴할 때 용이하다.

일반적으로 발굴은 위에서 아래로 파내려가면서, 그 과정에서 출토된 유물을 기록하고 수습한다. 이때 발굴조사단은 땅을 한 번에 어느 정도까지 파내려갈지 결정해야 한다. 대부분의 발굴에서는 자연층^{퇴적층}이 쌓인 결을 따라 한 겹씩 벗겨낸다^{자연층서법}. 하지만 경우에 따라 자연층의 구분이 불가능할 때는 임의로 5~10㎝ 단위로 구분해서 땅을 파내려가기도 한다^{인공층서법}.

현장발굴이 끝났다고 모든 일이 완료된 것은 아니다. 이제 유적에서 발굴한 유물과 시료를 연구실로 옮겨 분석할 차례다. 땅속에서 오랜 시간 잠들어 있던 유물은 대부분 심하게 깨지고 산화되고 부패된 상태이다. 따라서 이 유물 조각들을 분석하고 꿰어맞추어 원래 모습을 복원해내는 과정은 난해하고 복잡하다.

유물 분석은 털끝 같은 실마리를 바탕으로 역사적 · 인문학적 상상력은 물론이고 과학적인 방법을 총동원하여 사라진 시간의 고리를 연결하는 과정이다. 유물을 분석하는 가장 기본은 제작기법, 사용방법, 재질 들을 밝히는 재질분석 방법이다. 재질 분석은 다시 성분분석과 조직검사로 구분된다. 예를 들어 흑요석으로 만든 유물은 성분분석을, 토기는 조직검사로 분석한다. 이를 통해 재질 원산지와 제작지의 관계, 시대와 지역에 따른 제작기술 비교, 당대의 교역 상황까지 밝힐 수 있다.

동물류를 비롯하여 어류, 조개류, 조류, 식물류, 지질 같은 자연유물에 대한 분석도 빼놓을 수 없다. 이 가운데 지질 분석은 지질학의 지층 연구 방법과 지식을 고고학에 적용하는 것이다. 예를 들어 구석기시대 지층의 형성과정과 지층을 형성하는 토양을 분석할 때 지질학적 연구 방법은 매우 효과적이다. 이러한 지질 분석을 통해 유적이 형성된 시기의 자연환경과, 과거 인류가 그 자연환경에 어떻게 적응했는지를 파악할 수 있다.

유물의 연대를 밝히는 과정은 고고학의 학문적 특성상 매우 중요한 의미를 지닌다. 연대를 밝히는 방법을 연대결정법이라 하는데, 여기에는 상대연대결정법과 절대연대결정법이 있다. 상대연대결정법은 유물들의 선후관계를 분석하여 연대를 밝히는 방법이다. 절대연대측정법은 방사성원소를 이용한 C14연대측정법, 포타시움—아르곤측정법, 피션트랙측정법, 열발광측정법, 전자회전공명측정법 같은 현대

과학기술로 유물 자체의 연대를 측정하는 방법이다. 이 밖에도 유물의 연대를 측정하는 방법으로 아미노산측정법과 흑요석수화층측정법 같은 화학 방법, 지구 자기장의 방향과 강도에 따른 유물의 변화상태를 분석한 고지자기측정법 등이 있다. 이들 과학적 연대 측정 방법은 특히 불확실했던 선사시대 유물의 연대를 밝혀내어 고고학 연구에 크게 이바지하였다.

| 사 진 자 료   제 공 |

전곡리 : 한양대학교박물관 · 점말동굴 : 연세대학교박물관 · 암사동 : 국립중앙박물관 · 비봉리 : 국립김해박물관 · 여의곡 : 전북대학교박물관 · 천전리 : 강원문화재연구소 · 신창동 : 국립광주박물관 · 검단리 : 부산대학교박물관 · 대평리 : 경남대학교박물관 · 마전리 : 한국고고환경연구소 · 다호리 : 국립중앙박물관 · 지산동 : 대동문화재연구원 · 풍납토성 : 한신대학교박물관 · 수촌리 : 충남역사문화연구원 · 복암리 : 국립문화재연구소 · 아차산 : 서울대학교박물관, 한국고고환경연구소 · 궁남지 : 국립부여문화재연구소 · 왕궁리 : 국립부여문화재연구소 · 왕흥사 : 국립부여문화재연구소 · 금관총 : 국립경주박물관 · 황성동 : 국립경주박물관 · 안압지 : 국립경주박물관, 국립경주문화재연구소 · 황남대총 : 국립경주문화재연구소 · 태안선 : 국립해양문화재연구소 · 만월대 : 국립문화재연구소 · 이응태 무덤 : 안동대학교박물관 · 피맛길 : 명지대학교 부설 한국건축문화연구소 · 그림(부분) : 김혜정

주관
문화재청

편집위원
김길식 용인대학교 문화재학과 교수
김용민 국립부여문화재연구소 소장
손명조 국립제주박물관 관장
심영섭 문화재청 발굴제도과 과장
이강승 충남대학교 고고학과 교수
한창균 한남대학교 역사교육과 교수

진행
이규훈 국립문화재연구소 학예연구관

천 번의 붓질 한 번의 입맞춤
고고학 발굴 이야기

초판 1쇄 발행 2009년 9월 1일

지은이 · 이건무 외
펴낸이 · 김영진
펴낸곳 · 진인진
등　록 · 제25100-2005-000003호
편　집 · 박상육
디자인 · 정하연
주　소 · 경기도 과천시 별양동 1-14 과천 오피스텔 614호
전　화 · 02-507-3077~8
팩　스 · 02-507-3079
홈페이지 · www.zininzin.co.kr
이메일 · pub@zininzin.co.kr

ⓒ 진인진 2009
ISBN 978-89-6347-058-0 03900